本书得到浙江省软科学项目（2021C35062）
和台州市哲学社会科学规划重点项目（20GHZ04）资助

JINGJI ZHOUQI SHIJIAO XIA
QUANGUO SHEHUI BAOZHANG JIJIN ZICHAN ZHANSHU PEIZHI YANJIU

经济周期视角下
全国社会保障基金资产战术配置研究

庞杰 / 著

苏州大学出版社
Soochow University Press

图书在版编目(CIP)数据

经济周期视角下全国社会保障基金资产战术配置研究／庞杰著. —苏州:苏州大学出版社,2023.6
ISBN 978-7-5672-4442-9

Ⅰ.①经… Ⅱ.①庞… Ⅲ.①社会保障-基金-资金管理-研究-中国 Ⅳ.①D632.1

中国国家版本馆 CIP 数据核字(2023)第 105276 号

书　　名：	经济周期视角下全国社会保障基金资产战术配置研究
著　　者：	庞　杰
责任编辑：	薛华强
装帧设计：	吴　钰
出版发行：	苏州大学出版社(Soochow University Press)
社　　址：	苏州市十梓街1号　邮编:215006
印　　装：	广东虎彩云印刷有限公司
网　　址：	www.sudapress.com
邮　　箱：	sdcbs@suda.edu.cn
邮购热线：	0512-67480030
销售热线：	0512-67481020
开　　本：	700 mm×1 000 mm　1/16　印张:12.75　字数:222千
版　　次：	2023年6月第1版
印　　次：	2023年6月第1次印刷
书　　号：	ISBN 978-7-5672-4442-9
定　　价：	48.00元

凡购本社图书发现印装错误,请与本社联系调换。服务热线:0512-67481020

序

本书专注于全国社会保障基金资产配置研究,以经济周期为视角,探索资产随经济周期轮动的战术配置。

近年来,我国老龄化问题日益严重。统计数据显示,到2030年,我国65岁及以上人口将达到3.75亿,届时我国老年人口比例将超过30%,而这一比例在1990年时不到4%。全国社会保障基金不仅是我国最大的投资基金之一,还是我国养老保险的战略储备基金,专门用于应对我国人口老龄化高峰时期的社会养老保险等社会保障支出的补充和调剂。因此,如何优化全国社会保障基金的资产配置,以提高其投资回报和控制其投资风险,从而实现其长期收益和促进其稳健性,成为值得研究的重要课题。

资产配置是指在风险可控的前提下,根据不同期望收益率、流动性、安全性等因素选择资产种类,实现投资组合优化的过程。资产配置既涉及投资目标的确定,也涉及资产组合的构建和持续调整。资产配置问题属于多目标决策问题,需要综合考虑不同投资者的需求和市场情况。本书针对当前经济周期下中国金融市场的阶段性特征进行分析和研究,深入探讨了宏观经济环境、老龄化背景、投资者情绪等多种因素对资产配置的影响。此外,本书还深入研究了全国社会保障基金战术资产配置和风险管理策略,并提出关于全国社会保障基金投资运营的相关建议,包括如何优化资产配置、提高长期收益等方面。

本书的研究成果具有一定的理论和实践价值。从理论层面来看,采用经济周期视角并结合均值方差模型等工具,探讨资产配置问题,拓展了相关领域的研究视野和思路。从实践层面来看，对于全国社会保障基金等长期投资者而言，合理的资产配置战略可以大幅提高投资收益，进而增加社会财富和福利。

衷心祝愿这本书能够为读者带来实质性的收益，并在社会保障基金的投资运营方面发挥积极作用。

2023 年 3 月

前　言

全国社会保障基金是我国的主权养老储备基金,其主要职责是充当国家社会保障体系的"救火队员",专门用于人口老龄化高峰时期为我国社会养老保险金提供补充和调剂,并支持社会保障体系的可持续发展。该基金由全国社会保障基金理事会负责运营并确保基金的保值增值,该理事会也是中国最大的财富管理机构之一。作为一项社会保障事业的重要组成部分,全国社会保障基金的规模不断扩大,其资产管理面临的挑战也越来越多。因此,如何实现资产的长期稳健增值成为全国社会保障基金管理的重点。在这个背景下,本书从经济周期视角出发,探索全国社会保障基金资产的战术配置问题,旨在提高其资产收益率,为社会保障事业的可持续发展提供可借鉴的参考。

本书共分为9章。第1章为绪论部分,界定了相关概念、研究问题、研究方法及研究框架。第2章介绍全国社会保障基金成立的背景、定位、性质及资金来源,并采用代际交叠模型探讨国有资本对社保基金的最优划拨率,对全国社会保障基金与金融市场之间的关系进行分析。第3章对经济周期与资产配置的相关文献进行梳理,并介绍经济周期波动分析方法。第4章对我国经济周期与资产配置的关系进行实证研究,并从经济周期视角出发,统计分析经济周期与全国社会保障基金的大类资产和风格资产的收益之间的轮动关系。第5章采用经典的Markowitz均值方差模型对全国社会保障基金的最优资产配置进行研究。实证结果表明,从经济周期视角出发对资产进行战略配置,可以大幅提高全国社会保障基金资产的累计收益率,但使用均值方差模型进行战术资产配置时会出现模型对输入参数过于敏感的问题。本书使用三种方法解决这一问题，分别对应本书第6、7、8章的内容。第6章通过Resample投资组合的方法，通过蒙特卡罗再抽样技术缓解资产配置时可能会出现的极端值问题。第7章通过引入信息熵，缓解均值方差模型对输入参数过于敏感的问题。第8章通过采用诺贝尔奖得主Black(1997)构建的Black-Litterman模型，将投资者主观看法融入资产配置模型，将传统金融学和行为金融学结合起来，量化设置投资者的行为决策，缓解模型对输入参数过于敏感的问题。第9章归纳总结研究的主要结论、建议、主要创新点和不足之处，并提出进一步研究的方向。

在本书的编写过程中，笔者通过查阅大量文献、分析统计数据、与专家学者交流等方式，尽可能深入研究了全国社会保障基金的资产配置问题。这也是笔者编写本书的初衷：希望为全国社会保障基金管理部门提供有关经济周期视角下的资产配置建议，为其资产的长期稳健增值提供理论和实践参考。同时，也希望本书的研究成果能够为其他公共基金和企业的资产管理提供参考借鉴。

最后，我要表达由衷的感谢。在本书的写作过程中，承蒙许多人的支持和帮助，在此一一致谢。首先感谢苏州大学出版社的支持和帮助，感谢薛华强老师在整个编写过程中提供的专业指导和帮助。同时，感谢台州学院商学院和台州小微金融学院为本书出版提供的支持。

虽然笔者在写作本书过程中投入了大量精力，力求严谨精确，但由于自身学识和能力有限，书中难免存在不足和错误之处，真诚希望广大读者不吝指正，或通过电子邮件pangjie0928@163.com反馈意见。

庞 杰

2023年3月

目 录

■ 第1章 绪论 / 1

 1.1 选题背景及问题的提出 / 1
 1.2 相关概念的界定 / 5
 1.3 研究方法 / 7
 1.4 研究框架及章节安排 / 8

■ 第2章 全国社会保障基金的发展历史及现状 / 10

 2.1 全国社会保障基金成立的背景及性质 / 10
 2.2 全国社会保障基金和金融市场 / 16
 2.3 全国社会保障基金的资金来源 / 23
 2.4 全国社会保障基金的运作和管理 / 35

■ 第3章 资产配置与经济周期关系的相关文献综述 / 42

 3.1 资产配置研究的发展脉络 / 42
 3.2 经济周期与资产配置 / 58
 3.3 经济周期的波动分析方法 / 65

■ 第4章 经济周期与资产配置关系实证研究 / 72

 4.1 经济周期的划分与预测 / 72
 4.2 经济周期与全国社会保障基金的大类资产收益率关系 / 78
 4.3 经济周期与全国社会保障基金的风格资产收益率关系 / 83

第5章 均值方差模型下全国社会保障基金的资产配置 / 90

5.1 均值方差模型及其在资产配置中的应用 / 90

5.2 均值方差模型下全国社会保障基金的大类资产配置 / 94

5.3 均值方差模型下全国社会保障基金的风格资产配置 / 100

第6章 再抽样投资组合方法下全国社会保障基金的资产配置 / 107

6.1 再抽样投资组合方法及其在资产配置中的运用 / 107

6.2 再抽样投资组合方法下全国社会保障基金的大类资产配置 / 113

6.3 再抽样投资组合方法下全国社会保障基金的风格资产配置 / 119

第7章 Robust 投资组合方法下全国社会保障基金的资产配置 / 126

7.1 Robust 投资组合方法介绍 / 128

7.2 Robust 模型对全国社会保障基金的大类资产配置 / 131

7.3 Robust 模型对全国社会保障基金的风格资产配置 / 136

第8章 Black-Litterman 模型下全国社会保障基金的资产配置 / 141

8.1 Black-Litterman 模型 / 141

8.2 Black-Litterman 模型对全国社会保障基金的大类资产配置 / 152

8.3 Black-Litterman 模型对全国社会保障基金的风格资产配置 / 159

第9章 结论与展望 / 166

9.1 研究的结论与建议 / 166

9.2 研究的创新点 / 173

9.3 关于进一步研究的建议 / 174

主要参考文献 / 175

附 录 / 191

第一章 绪 论

1.1 选题背景及问题的提出

当前,我国人口老龄化的问题已成为社会关注的焦点问题,也关系到我国经济未来的健康发展。老年人的养老保险支付问题,也是世界各国政府最为关注的问题之一。我国养老保险体系所面临的压力主要来自以下三个方面:

第一,人口结构失衡,老龄化进程加速。造成人口结构失衡主要有四方面的原因:首先,人口老龄化是世界性趋势。第二次世界大战之后,世界进入了和平期,各国均出现了一个人口生育的高峰期,而我国又在多生多育的政策引导下,人口数量出现了激增。过去人口生育的高峰导致当前老龄人口的比例增大。其次,随着医疗技术的进步和发展,人们生活水平和健康状况在不断改善,人均的期望寿命也在不断提高。根据国家卫健委数据,2022年我国人口的平均预期寿命为77.93岁,比1981年的67.77岁提高了10.16岁[①],在北京、上海等经济发达地区,人均期望寿命达到80岁以上,人均寿命的提高增大了老年人口的比例。再次,我国于20世纪80年代实施的计划生育政策,使我国人口数量增长得到了控制,但同时也出现了"421"的家庭结构(一对独生子女结婚生子后,家庭通常由4个父母长辈、夫妻2人和1个小孩组成),导致人口结构失衡,尽管2021年5月31日我国出台"三孩"人口政策,但未能达到预期刺激生育率

---

① 国家卫健委:我国人均预期寿命提高到77.93岁[EB/OL].[2023-02-10]. http://www.xinhuanet.com/2022-07/05/c_1128804731.html.

的效果,而现实生育率仍在持续下降。最后,在经济不断发展的过程中,孩子的生育成本和抚养成本上升导致整个社会生育率降低,使得整个社会新增人口减少,人口结构失衡,人口老龄化进程加速。当前,我国加速进入老龄化进程:2023年2月28日,国家统计局发布《中华人民共和国2022年国民经济和社会发展统计公报》,数据显示截至2022年年底,我国60岁及以上老年人口总数约为2.8亿人,占总人口数的19.8%①,远超国际上衡量一个国家进入老龄化的标准10%。同时,根据国家统计局公布的数字,我国老年人口的抚养比(65岁以上人口规模/15~64岁人口规模),从1996年的9.5%上升到2021年的20.8%。② 而联合国经济与社会事务部人口司在2015年对我国人口的结构进行了预测,预测数据显示,到2040年我国老年人口的抚养比将达到39.6%,而到2050年老年人口的抚养比将接近50%。③

第二,我国养老保险体系存在着诸多历史遗留问题,包括养老金分配不公平问题、养老金覆盖率问题等,其中一个主要问题是养老金的历史空账问题,并且个人空账规模逐年增加。在我国,养老保险体系建立的时间较晚,养老保险的个人账户于1997年才开始建立。在建立之初,"老人"和"中人"的个人账户实际上是空账。并且,我国施行社会统筹与个人账户相结合的基本养老保险制度,也称为"混账管理制度",对于历史空账是通过"个人账户"的资金来弥补的。但随着时间推移和老龄化进程加快,累计的空账将会变得越来越大。截至2011年年底,全国城镇职工基本养老保险个人账户记账金额约2.49万亿元,个人账户实际累计2 703亿元,空账金额2.21万亿元④,2015年个人账户空账金额一度达到4.71万亿元。2017年11月,国务院发布了《划转部分国有资本充实社保基金实施方案》,规定企业国有股权划转比例统一为10%,用以弥补职工基本养老保险基金因实行视同缴费年限政策而出现的缺口。截至2020年年末,中央共划转国有资本总额1.68万亿元。此后,养老金账户个人缺口有所缩减,但我国养老资产储备远未达到充足水平。虽然一个国家积累多大规模的养

---

① 中华人民共和国2022年国民经济和社会发展统计公报[EB/OL].[2023-02-10]. http://www.stats.gov.cn/sj/zxfb/202302/t20230228_1919011.html.
② 2021年度国家老龄事业发展公报[EB/OL].[2023-02-10]. https://www.gov.cn/fuwu/2022-10/26/content_5721786.htm.
③ 联合国经济与社会事务部人口司网站[EB/OL].[2023-02-10]. https://esa.un.org/unpd/wpp/DataQuery/.
④ 戴相龙.戴相龙社保基金投资文集[M].北京:中国金融出版社,2013:154.

老金资产才算达到充足状态,目前尚无统一标准,然而,就OECD(经济合作与发展组织)国家而言,即使不考虑公共养老金,仅第二、第三支柱养老金的平均规模也达到了其GDP的99.9%。然而,在我国,截至2021年年末,各项养老金资产总额仅达到10万亿元,其占GDP的比例不到10%。这主要是因为我国养老金体系建立得较晚,前期积累相对较少①。

第三,通货膨胀和贫富差距扩大问题。在经济发展过程中,通货膨胀对全国社会保障基金保值增值构成较大威胁。在20世纪,我国经历了比较严重的通货膨胀,根据国家统计局提供的统计数据,可以计算出1993—1996年我国城市居民消费价格指数分别为16.1%、25.0%、16.8%、9.3%。进入21世纪,我国通货膨胀率虽然有所缓和,但是在2008年和2011年也出现了5.9%和5.4%的通货膨胀率。并且,从2000年开始我国的房价出现了大幅上涨,导致居民的生活费用大幅上升。高通货膨胀率和高房价使得我国贫富差距在逐渐扩大。党的十八大报告提出要全面建成小康社会,我国各地区在党中央的坚强领导下,已经全面消除了绝对贫困。但相对贫困和贫富差距加大问题仍不容忽视。2020年5月28日,李克强总理出席十三届全国人大三次会议的记者会时,提到中国人均年可支配收入是3万元人民币,但是有6亿中低收入及以下人群,他们平均每个月的收入也就1 000元左右,可见我国贫富差距之大,令人担忧。养老保险体系是维护社会团结稳定的重要保障,也是维护经济持续发展的必要力量。养老保险制度通过其特有的社会财富转移机制,达到社会收入再分配的目标,努力做到公平。所以,通货膨胀和贫富差距扩大问题也给养老保险体系造成巨大压力。

在人口老龄化趋势不断扩大,养老金面临的压力也越来越大的背景下,我国政府于2000年8月设立了我国主权养老储备基金——全国社会保障基金,专门用于应对我国人口老龄化高峰时期的社会养老保险等相关事项支出的补充和调剂。全国社会保障基金自成立以来,基金的规模在不断扩大。截至2021年年底,全国社会保障基金的资产总额达到30 198.10亿元②,为我国积累了一笔巨额社会保障储备基金。所以,如何更好地实现全国社会保障基金的保值增值就成为无法回避的现实问题。

---

① 董克用,姚余栋.中国养老金融发展报告(2022)[M].北京:社会科学文献出版社,2022:43.
② 全国社会保障基金理事会基金年度报告(2021年度)[EB/OL].[2023-02-10].http://www.ssf.gov.cn/portal/xxgk/fdzdgknr/cwbg/sbjjndbg/webinfo/2022/08/1662381965418407.htm.

要实现保值增值的目标就需要在确保安全的前提下,对全国社会保障基金进行恰当的资产配置。然而我国经济对外依存度高,国内金融市场发展不成熟,社保基金在资产配置过程中会遇到国内外经济动荡以及资本市场波动性不断加大的问题。2008 年,由美国次贷危机引发了席卷全球的金融海啸和经济危机。同年,全国社会保障基金资产投资收益率为 -6.79%,亏损约 390 亿元。这也是全国社会保障基金成立以来首次出现亏损。2015—2016 年,我国股票市场出现了罕见的股灾。2020 年年初,在新冠疫情全球大流行冲击下,世界各国经济遭遇到了前所未有的冲击,经济下滑甚至停摆,美联储开启超低利率政策,释放天量货币。随后,美国通货膨胀率不断攀升,为抑制通货膨胀,美联储开启连续加息的货币政策。面对错综复杂的经济环境,如何实现社保基金保值增值目标,如何对社保基金进行资产配置,就成为非常现实而又具有挑战性的问题。

资产配置可以分为战略资产配置和战术资产配置两种类型。长期资产配置为战略资产配置,投资期限一般为 5—10 年,中短期资产配置则为战术资产配置。战略资产配置计划通常是由政策决策者基于长期投资目标制订的中长期资产配置计划,在计划中限定了各类资产配置的比例及比例范围,并且一旦战略资产配置计划制订后,在整个投资期内一般都比较稳定。所以,战略资产配置计划往往以规范性的文件体现出来,战略资产配置也被称为政策性资产配置。本研究的目标是全国社会保障基金的战术资产配置,它是在战略资产配置框架指导下,为了完成战略资产配置的目标而进行的积极的资产配置。

要对资产进行战术配置,有必要分析经济周期与资产配置之间的关系。许多专家学者都认为宏观经济状态与资产收益和风险有着密切的关系。Joe Brocato 等人(1998)经过实证研究后得出结论:宏观经济状态的变化会导致资产收益率也发生改变。基于这个结论他们提出假设:如果投资者能够从经济周期视角出发积极地配置资产,则可以提高资产的风险回报率。在经济扩张期,积极的资产配置可以多产生 3.53% 的风险回报率;而在经济衰退期,积极的资产配置可以多产生 79.14% 的风险回报率。从经济周期视角出发,对全国社会保障基金进行战术资产配置是本书研究的主要问题。在不同的经济阶段,建立资产配置模型,探讨最优资产配置策略,对全国社会保障基金的发展来说具有重要的现实意义。

1.2 相关概念的界定

研究主要涉及三个主要概念：全国社会保障基金、经济周期及战术资产配置，下面对这三个概念进行界定。

全国社会保障基金往往被简称为"社保基金"，而"社会保险基金"也往往被简称为"社保基金"，但这是两个完全不同的概念。社会保险基金（通常说的"五金"，目前部分城市变为"四金"）包括基本养老保险基金、工伤保险基金、失业保险基金、基本医疗保险基金和基本生育保险基金（部分城市将这"两金"合并为"一金"）。该基金来源于企业和个人按工资收入的一定比例缴费，用于退休人员养老等保险的支出[①]。而全国社会保障基金于2000年8月设立，是国家的战略储备基金，其资金来源为中央财政预算拨款、国有资本划转、基金投资收益及国务院批准的其他资金筹集方式，专门用于我国人口老龄化高峰时期的社会养老保险等相关事项支出的补充和调剂，并由全国社会保障基金理事会负责管理运营。所以可以看出，全国社会保障基金与社会保险基金属于不同的基金，其资金来源不同，运营管理方式不同，基金的定位及用途也存在区别。本研究是针对全国社会保障基金开展研究。需要说明的是，书中为了表述简单，有时将"全国社会保障基金"简称为"社保基金"。

经济周期按时间长短可以分为四类：康德拉季耶夫周期、库兹涅茨周期、朱拉格周期及基钦周期。其中，康德拉季耶夫周期又称为长周期，一个周期的时间长度为50～60年；库兹涅茨周期为中长周期，一个周期的时间长度为15～25年；朱拉格周期为中周期，一个周期的时间长度为9～10年；基钦周期为短周期，一个周期的时间长度约为40个月。[②] 因为本研究是在全国社会保障基金5年的战略资产配置计划下开展战术资产配置研究，所以涉及的经济周期从时间长度上来说属于短周期。"二战"之后，一些西方国家对经济进行了大规模的干预，虽然没有彻底消除经济周期的波动和经济危机，但是使得经济波动的幅

---

① 戴相龙. 戴相龙社保基金投资文集[M]. 北京：中国金融出版社，2013：1.
② 高铁梅，陈磊，王金明，等. 经济周期波动分析与预测方法[M]. 2版. 北京：清华大学出版社，2015：45-47.

度变小。由于经济形态的变动,一些经济学家提出了增长率周期波动的概念。增长率周期波动是指观察经济时间序列的增长率(考察与上年同月或同季比的变化率),如果这些增长率上下波动具有某种规律性,则称这种波动为增长率周期波动。我国许多研究部门和政府机构都采用增长率周期波动来研究我国经济周期的波动状况。所以本研究涉及的经济周期波动指的是增长率周期的波动。并且,本研究将经济周期的波动状态划分为四个阶段:复苏阶段、繁荣阶段、衰退阶段及萧条阶段。

战术资产配置与战略资产配置的主要不同之处在于投资期限的长短不同。全国社会保障基金每5年会制订战略资产配置计划,每个年度会制订战术资产配置计划,每个季度又会制订资产配置的执行计划。其中,战略资产配置计划按照风险政策和投资目标的要求,根据各类资产中长期的预期收益、风险和各类资产之间的相关性等因素的变动趋势,使用定性和定量方法确定各类资产中长期目标配置比例和比例范围,指导今后5年左右时间滚动的投资运作。① 所以,战略资产配置主要体现为规范性的法律文件,包括全国社会保障基金投资的相关法律、法规及规范性的文件,在研究中主要体现为《全国社会保障基金投资管理暂行办法》(以下简称《暂行办法》)。倘若我国资本市场是完全有效的,或者全国社会保障基金不需要考虑短期风险,从长期来看,只需要将社保基金中的大部分资金投资于股票市场或者证券基金市场,就可达到保值增值和战胜通货膨胀的目标。但我国当前的资本市场为非完全有效市场,并且市场的短期风险较高,这一点得到许多经济学家的认同。而战术资产配置是在非完全有效市场的条件下②,为了完成战略资产配置的目标而实施的积极的中短期资产配置。具体来说,战术资产配置是围绕战略资产配置目标,通过对未来1年以上时间各类资产风险收益特征进行预测,在各类资产阈值范围内,确定各类资产的最优投资比例。

需要说明的是,由于全国社会保障基金资产采用委托管理的模式,也就是除了银行存款、在一级市场购买国债为理事会直接运作的投资外,其他投资均须委托投资管理人进行管理和运作,基金需要委托基金托管人托管。委托投资以法律合同进行约定,所以资产委托合同一旦签订,基本上不会发生变动。所以,本研究讨论的资产配置方案是对社保基金新增资金和到期资金的战术配置

---

① 戴相龙. 戴相龙社保基金投资文集[M]. 北京:中国金融出版社,2013:235 - 236.
② 按照有效市场假说,完全有效市场不需要积极的资产配置策略,仅需被动的资产配置策略即可。

方案。

此外,本研究将在《暂行办法》的战略资产配置框架下,对全国社会保障基金资产进行战术配置。自社保基金成立以来,国务院在《暂行办法》规定的基础上,又对社保基金资产配置的比例和范围进行了一定程度的修改。如2006年4月国务院颁布了《全国社会保障基金境外投资管理暂行规定》,对境外投资范围、投资方式,以及境外投资管理人、境外资产托管人的资格进行了明确规定,规定全国社会保障基金境外投资比例不得超过基金总资产的20%。虽然文件规定境外投资比例最高为20%,但是社保基金境外资产占基金总资产的比例仍然较低,截至2021年年底,境外资产占基金总资产的比例仅为9.02%①。本研究在《暂行办法》的战略框架下对资产的战术配置进行研究,因为社保基金的大部分投资回报仍然来自《暂行办法》中规定的资产类别的投资收益,倘若今后基金的资产配置结构发生比较大的变化,则研究的思路类似,仅需要增加一些资产,改变一些约束条件即可。

1.3 研究方法

本研究根据研究内容的需要,采用文献综述法、比较分析法、历史分析与现实分析相结合的方法、规范研究和实证研究相结合的方法。

(1)文献分析法,主要用于梳理与研究内容相关的文献,对相关文献进行整理分析,总结提炼,为进一步研究提供理论依据。

(2)比较分析法,主要用于分析比较不同的资产配置方法的优劣。

(3)历史分析与现实分析相结合的方法。本研究分析了全国社会保障基金成立的历史,将2005年5月至2022年4月共17年间我国宏观经济数据划分为不同的宏观经济周期阶段,从经济周期视角出发,研究我国金融市场的历史数据的规律,并结合其现状探讨全国社会保障基金的大类资产和风格资产的最优配置。

(4)规范研究和实证研究相结合的方法。全国社会保障基金的资产该如

---

① 全国社会保障基金理事会基金年度报告(2021年度)[EB/OL].[2023-02-10]. http://www.ssf.gov.cn/portal/xxgk/fdzdgknr/cwbg/sbjjndbg/webinfo/2022/08/1662381965418407.htm.

何配置,其既有规范性研究,也有通过数据、模型加以分析的实证性研究。研究涉及的规范包括:探讨国有资本对社保基金的最优划拨率以使整个社会福利达到帕累托最优,也包括有效市场的规范性研究。在论述过程中使用的实证模型包括:采用代际交叠模型探讨国有资本净收入对社保基金的最优划拨率;基于 CPI 和工业增加值同比增速数据,采用 Probit 模型对本研究的经济周期的划分结果进行检验;在经典的 Markowitz 均值方差模型基础上,对全国社会保障基金进行最优化的资产配置;针对 Markowitz 均值方差模型的固有缺陷,即模型对输入参数过于敏感,使资产配置结果往往出现极端值,导致该方法的资产配置方案难以在实际资产配置中加以应用,本研究采用三种方法,包括 Resample 投资组合方法、Robust 投资组合方法、Black-Litterman 模型方法,从三个不同的角度对 Markowitz 均值方差模型加以改进。

1.4 研究框架及章节安排

首先介绍全国社会保障基金的发展历史及现状,梳理经济周期和资产配置的研究文献,并对经济周期和资产配置之间的关系进行理论分析和数据统计分析,然后从经济周期视角出发采用实证方法研究全国社会保障基金的战术资产配置。具体来说,首先,将社保基金的投资工具按照大类资产和风格资产两种划分标准进行分类,然后从经济周期视角出发,研究全国社会保障基金的大类资产配置和风格资产配置,资产的配置方法是基于经典的 Markowitz(1952)均值方差模型,并针对均值方差模型资产配置的缺陷——模型对输入参数过于敏感的问题,采用三种方法加以改进,分别为:Resample 投资组合方法、Robust 投资组合方法、Black-Litterman 模型方法。本研究的整体架构是以 Markowitz(1952)的投资组合选择理论为基础,以探讨经济周期和资产配置关系的投资时钟理论为基本脉络,建立三个不同的战术资产配置模型,具体框架如图 1-1 所示。

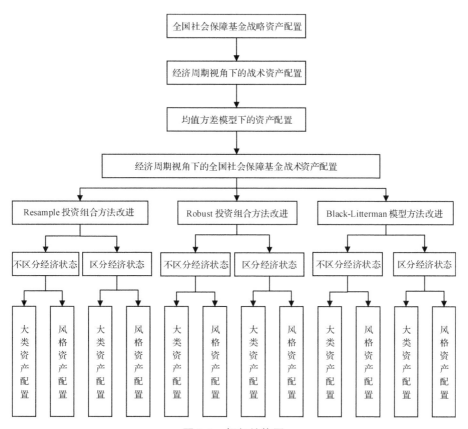

图 1-1　框架结构图

第2章 全国社会保障基金的发展历史及现状

如果要对全国社会保障基金资产进行战术配置研究,则有必要对全国社会保障基金成立的背景、定位、性质以及全国社会保障基金和金融市场的关系做一简要介绍,有必要对全国社会保障基金的资金来源做简要介绍,进而对资金来源渠道的扩充进行探讨,亦有必要对全国社会保障基金投资的相关法律法规、基金的管理和运作特征进行简要梳理。

2.1 全国社会保障基金成立的背景及性质

2.1.1 全国社会保障基金成立的背景

人口老龄化、养老保险支付问题,已经成为世界各国政府最为关注的问题之一。我国养老保险体系成立较晚,历史较短,加之我国人口多、经济仍处于发展中国家的基本国情及人口老龄化趋势日益加速,使得我国的养老体系正面临一系列严峻挑战。

第一,人口老龄化问题严重,养老体系面临严峻挑战。从20世纪70年代开始,我国实施独生子女政策,由于该政策得到了有效实施,越来越多的家庭出现了"421"的家庭结构,使得人口增长率迅速下降,同时人口老龄化的问题也变得日益严峻起来。并且,随着医疗技术的进步,人口的平均寿命大幅提高。在这两个因素的共同作用下,老龄人口比例迅速增加。根据联合国经济与社会事务部人口司的统计,2000年,在60岁以上人口比例方面,中国和世界平均水平大体相当,均为10%左右。而按低生育率的方案进行预测,到2030年世界平均水平将增长至16%,同期中国的比例则高达25.3%。人口司分别在低、高、中和不变生育率方案下对我国人口比例进行预测,结果显示,2050年我国60岁以上的老年人口占总人口的比例将分别达到36.5%、33.7%、38.9%和40.6%。以上数据表明我国养老体系将面临以下几个问题:其一,我国的老龄人口规模大、比例高、增速快、未富先老,导致养老金的支出大幅增加,养老体系面临支付危机;其二,如果老龄人口占比增高,人口赡养比将逐步加大,年轻人需要承担的赡养义务比以往更重,从而会压低居民储蓄,减少社会资本投资,导致未来产出减少,于是养老问题变得更加难以解决。

第二,国家基本养老保险不够健全,存在诸多历史遗留问题。我国的基本养老保险于20世纪90年代开始建立,建立时间较晚,筹资渠道和筹资面较窄,养老金替代率低。起初养老保险基本上只覆盖了城镇企业职工,后来其他经济成分的职工才逐步加入,养老金的覆盖率近年来才基本得到好转。根据《中华人民共和国2022年国民经济和社会发展统计公报》,截至2022年年末,全国参加城镇职工基本养老保险的人数约为50 349万人,参加城乡居民基本养老保险的人数约为54 952万人[1],可以推断出我国第一支柱养老保险覆盖人数约为10.5亿人。此外,我国的基本养老保险的替代率低。根据国家统计局数据,2021年全国规模以上企业就业人员年平均工资为88 115元[2],对应月平均工资为7 343元,同时,人社部公布的2021年全国企业退休人员月人均养老金为2 987元。从这两个平均水平来计算,粗略估计,2021年企业养老金替代率为2 987/7 342≈40.6%。国际经验表明,倘若职工退休后的养老金替代率大于70%,即可维持退休前的生活水平;如果达到60%~70%,可维持基本的生活水平;如果低于50%,生活水平则会较退休前有大幅下降。[3]

第三,我国养老金资产储备远未达到充足水平。虽然在确定一个国家需要积累多少养老金资产才能实现"充足"状态方面,目前尚无统一的标准,但是以占GDP的比例来衡量其养老金融资产储备的充足性是一种较为简洁的方法。

---

[1] 中华人民共和国2022年国民经济和社会发展统计公报[EB/OL].[2023-03-28]. https://www.gov.cn/xinwen/2023-02/28/content_5743623.htm.

[2] 2021年规模以上企业就业人员年平均工资情况[EB/OL].[2023-03-28]. https://www.gov.cn/xinwen/2022-05/21/content_5691599.htm.

[3] 张祖平.中国城镇职工养老保险制度的缺陷与改进建议[J].江西财经大学学报,2012(3):46-51.

基于此,OECD国家2020年的数据显示,即便不考虑公共养老金,其二、三支柱养老金平均规模也达到了其GDP的99.9%。与此相比,在我国,截至2021年年末,各项养老金资产合计仅有10万亿元,占GDP的比例不到10%。这很大程度上是由于我国养老金体系建立相对较晚,前期积累相对较少所致。此外,我国正面临着老龄化趋势越来越严重的挑战,养老金的"混账管理",养老金个人账户空账问题,使得养老压力日益加重。这也进一步暴露了我国养老金体系目前储备资产难以达到"充足"水平的问题,迫切需要加强养老金储备资产的积累,以应对未来的老龄化挑战。

面对人口老龄化日益严峻的形势,以及存在的诸多历史遗留问题,我国政府开始着手谋划未来养老问题的解决方案。在这样一个背景下,国务院决定成立全国社会保障基金。

2.1.2 全国社会保障基金的性质

全国社会保障基金是主权养老储备基金。下面简要介绍主权养老储备基金的运作,部分境外国家的主权养老储备基金的资金来源、管理运营,以及全国社会保障基金的定位。

随着人口老龄化趋势的不断扩大,越来越多的国家面临公共养老金收不抵支的压力。为了尽早应对这个问题,已有不少国家设立了养老储备基金。通常这项基金由国家依法设立,其资金一般来自国家预算、自然资源收入和国际收支盈余等,用途是国家未来公共养老战略储备,一般在十几年或几十年内不作支出安排。该项基金一般归财政部所有,由财政部或养老事业主管部门,或设立专门委员会对其投资管理进行监督。同时成立有政府背景的专门投资机构或委托已有的投资机构进行管理运营,促使其保值增值。主权养老储备基金是公共养老战略储备基金,一般都坚持长期投资方针,对资产实行多元化配置,将基金按不同比例投资到固定收益产品、股票和股权投资等投资类别中;对投资运作实施市场化管理,一部分由受托投资机构直接投资,另一部分特别是股票等类别的收益率波动大的可交易产品,则通过竞聘委托社会上的专业投资机构进行投资。一般来说,主权养老储备基金的投资目标是获得比通货膨胀更高的收益率。除中国之外,也有其他国家设立主权养老储备基金,下面简要介绍国外几个有代表性的主权养老储备基金①。

法国为三支柱养老保障体系,第一支柱为强制性的养老金计划,第二和第三支柱为补充和自愿的供款计划。同时,法国政府于1999年还设立了"国家退休储备基金"(FRR),它是法国的主权养老储备基金。基金最初的资金来源于老年团结互助基金公司缴税的一部分。自2000年起,该基金主要来自三个部分:一是私人部门雇员养老金体系中的第一支柱的基金结余;二是以房地产收益和资本投资收益为税基的社会税的2%;三是特定国有资产出售收入。该基金主要用于养老金体系中的第一支柱的补充和长期储备,在未来用于由于人口老龄化而产生的养老金收支缺口,2020年前限制支取。按照有关法律,法国建立储备基金监督管理委员会作为基金的管理机构。监督委员会由来自法国的国民议会、上议院、经济部、预算部、社会保障部等立法机构和行政机构的代表,社会保障受益者代表,雇主代表等20人组成。委员会的主席从委员中选聘,由法国总统任命。基金的投资运营由法国信托投资局负责。信托投资局是一个公共投资集团,成立于1816年,有着200多年的历史,主要业务是管理受保护的私人储备基金。该基金的战略资产配置比例为:股票投资55%,其中欧元区占38%,非欧元区占17%;债券投资45%,其中欧元区占38%,非欧元区占7%。

北欧国家中挪威政府于2006年成立了"全球养老基金",它是挪威的主权养老储备基金。其资金来源主要有三部分:一是由中央政府直接预算拨款,主要是依法征收的石油业务税收收入;二是国家石油公司投资股份产生的红利、股份出售产生的净收入;三是基金的投资回报。挪威财政部为"全球养老基金"的法定所有人,负责管理"全球养老基金",其职责是制定投资策略,包括投资目标、战略资产配置计划、投资基准等;对执行机构进行监督;评估管理业绩,并定期向议会报告。"全球养老基金"的执行机构为中央银行,做出这种安排的主要原因是,中央银行具有丰富的海外投资经验。中央银行专设"投资管理部"负责此项基金和外汇储备的投资运作。该部门实行总裁负责制,下设股票、固定收益等投资部门。挪威财政部制定的战略资产配置比例为:股票或拟上市公司股权为60%,固定收益率产品占资产的35%,房地产投资占5%。

澳大利亚的"未来基金"(AGFF)成立于2006年,该基金是澳大利亚的主权养老储备基金。设立该项基金是为澳大利亚政府雇员和退伍军人的未来养老

---

① 戴相龙.戴相龙社保基金投资文集[M].北京:中国金融出版社,2013:93-105.

金负债提供资金,缓解人口老龄化高峰时期财政支出压力。该基金主要的资金来源为财政转移和出售国有公司资产的收入。按照法规,除非发生特殊情况,该项基金在 2020 年前不可动用。未来基金管理委员会是"未来基金"的法定管理机构,它是一个永久存续的法人团体,由一位主席和六位成员组成,委员由财政部部长任命。管理委员在《投资委托协议》的要求下制订战略投资计划,并对投资决定和结果负责。管理委员会下设基金管理局,具体负责未来基金的投资运营和日常管理工作。截至 2017 年 6 月 30 日,"未来基金"实际的资产配置为:股票比例 28%,私募股权 12%,房地产 6%,基础设施 8%,债券 11%,另类资产 15%,现金 20%。

智利的养老保险体制比较成功,其首创的独特的养老保险体制也引起世界各国和有关组织的广泛关注,其保险制度的理念为:强制储蓄、私营机构经营、政府监管且承担部分财政责任①。智利的养老保险制度受到世界银行的高度评价,世界银行认为该制度是养老保险制度的典范,并向世界其他国家推荐。智利的自然资源以铜矿为主,其铜矿的储量、开采量和出口量均居世界第一。2004 年至 2006 年国际铜矿石价格暴涨。借此良机,智利政府于 2006 年 12 月 28 正式建立了养老储备基金。该基金由财政注资,每年拨款规模占 GDP 的 0.2% ~ 0.3%。政府还规定该基金在 2016 年之前,注资不能撤出。基金由财政部委托智利中央银行作为其代理机构进行管理。财政部下设金融咨询委员会,协助财政部制定投资管理政策。智利政府制定了《养老储备基金投资规则》,文件规定基金应完全投资于境外,并由政府部门之外的第三方投资管理人负责基金的投资运营。投资管理人的选择应在符合条件的国际国内金融机构的名单目录之中,通过招投标程序来确定具体的投资管理人。

日本的"政府养老投资基金"(GPIF)成立于 2006 年,该基金设立的目的是解决养老金储备资产的投资管理问题。GPIF 也是世界上规模最大的公共养老投资基金,截至 2021 年年底,GPIF 规模达到 199.25 万亿日元。《厚生年金保险法》规定了养老储备基金的来源和目的,并要求 GPIF 制订 5 年期投资计划和投资目标。在此背景下,GPIF 主张多元化投资理念,并设立长期最低实际回报目标,如以养老金储备基金的净投资收益减去名义工资增长率。同时,GPIF 在投资活动中注重避免对私营部门市场定价或投资活动的影响,且主张被动投资和

---

① 万解秋,贝政新,黄晓平,等. 社会保障基金投资运营研究[M]. 北京:中国金融出版社,2003: 189 - 194.

主动投资相结合,以寻求超额收益,并将环境、社会和治理因素纳入决策范畴。GPIF要求所有重要的投资决策都要经过理事会审议,并确保谨慎和信托义务得到彻底遵守。此外,GPIF在资产配置方面应考虑市场规模,以防受到不利市场影响,同时避免过度集中投资或减仓。基于均值方差模型,GPIF为股债资产各自的预期收益和波动性及两者的相关性确定了有效前沿,并在此基础上提出了满足投资要求的风险最低的投资组合。5年期计划的权重配置中枢旨在实现国内债券25%、国外债券25%、国内股票25%、国外股票25%的目标比率,并为股债类别和整体资产类别分别设立了偏差限制,以加强对股票的风险管理。从实际资产配置情况来看,GPIF每年的实际资产配置严格按照配置中枢的要求执行,并在允许的范围内上下浮动。GPIF在资产配置方面表现出富有弹性的特点,权益资产配置比例不断提高,债券资产被动投资比例约为80%,股票资产被动投资比例约为90%,委托投资资产比例则超过70%。①

新西兰政府于2001年成立"超级年金基金",设立的目的也是为应对未来老龄化压力。该基金由新西兰财政部制定政策,由新西兰养老金监管人负责统一管理。超级年金基金的投资目标是在风险可承受的前提下,通过"专业化的投资团队构建最合适的投资组合",实现较长期限内基金投资收益的最大化。截至2021年6月,超级年金基金资产规模达到597.90亿新西兰元,而同期新西兰GDP约为3 397亿新西兰元,超级年金规模可观,占比超过17%。新西兰超级年金基金坚持长期投资理念,考虑到2034财年之前政府不会动用基金,流动性需求较低,短期内可以承受较大的市场波动,基金在成长性资产方面风险敞口较高。新西兰"超级年金基金"具有"高权益+被动投资为主"的特点,采用80%权益、20%固定收益的仓位配置。同时,监管人设有内部投资团队,主要负责主动抵押品管理、直接套利、战略偏离及部分新西兰股票投资等策略和机会的投资操作,并选聘符合要求的外部管理人共同管理基金。截至2021年第二季度末,新西兰"超级年金基金"实际投资组合的资产配置情况如下:全球权益类资产63%,本国权益类资产4%,债券投资16%,衍生品投资6%,农场及森林投资5%,PE投资4%,基础设施及不动产的配置比例各为1%。② 新西兰"超级

---

① 董克用,姚余栋.中国养老金融发展报告(2022)[M].北京:社会科学文献出版社,2022:322-345.

② 董克用,姚余栋.中国养老金融发展报告(2022)[M].北京:社会科学文献出版社,2022:411-436.

年金基金"的特点是长期坚持ESG投资理念,甚至将气候变化作为基金的投资策略之一,将气候变化因素纳入直接投资估值。基金积极寻找受益于低碳经济的投资标的,并以此为基础构建投资组合,旨在为社会创造正向影响和价值。截至2021年6月份,"超级年金基金"年化收益率达到10.67%,实现了出色的投资收益,远远超过其既定的投资目标。

此外,荷兰、比利时、俄罗斯为了确保本国的养老体系能够长期稳健地运行,各自均建立了本国的主权养老储备基金,但这三个国家的基金不允许对股票资产进行投资,只能对国债等固定收益率产品进行投资。

我国全国社会保障基金是我国的主权养老储备基金,于2000年8月设立,成立的目的是应对我国人口老龄化高峰时期的社会养老保险等社会保障支出的补充和调剂问题。基金由全国社会保障基金理事会负责运营并确保基金的保值增值。国务院授权财政部会同人力资源和社会保障部对社保基金理事会的投资管理进行监督。2016年5月1日开始实施的《全国社会保障基金条例》对基金的定位以法律的形式做了明确规定:全国社会保障基金是国家社会保障储备基金,用于人口老龄化高峰时期养老保险等社会保障支出的补充、调剂①。

2.2 全国社会保障基金和金融市场

本节简要介绍金融市场及社保基金可以利用的投资工具,探讨全国社会保障基金与我国金融市场之间的相互作用、相互影响关系。

2.2.1 金融市场及其分类

按照经济生活中交易的产品类别划分,市场可以分为两大类:一类是产品市场,提供商品和服务的交易;另一类是要素市场,提供劳动力和资本的交易。金融市场属于要素市场,专门提供资本。在这个市场上进行资金融通,实现金融资源的配置,最终帮助实现实物资源的配置②。金融市场可以按照不同的划

---

① 中华人民共和国国务院令第667号《全国社会保障基金条例》[EB/OL].[2023-04-18].https://www.gov.cn/zhengce/2016-03/28/content_5059134.htm?from=androidqq.

② 黄达.金融学(精编版)[M].3版.北京:中国人民大学出版社,2013:90-93.

分标准进行分类,最常见的划分标准是按照交易期限的长短进行划分,交易期限在1年之内的短期金融交易市场为货币市场,交易期限在1年以上的长期金融交易市场为资本市场。按照资金融通的中介特征可将金融市场分为直接金融市场和间接金融市场。按照金融资产的发行和流通特征可将金融市场分为一级市场和二级市场①。按照金融资产的交易方式可将金融市场分为现货市场、期货市场和期权市场。此外,在金融市场这个大系统中,还有外汇、黄金和保险几个较重要的市场领域。由于本研究是对社保基金的资产配置进行研究,所以主要从金融工具角度考察金融市场。根据《全国社会保障基金条例》和《暂行办法》的规定,社保基金主要可以通过如下几个常见的金融工具来实现资金的保值增值。

1. 银行存款

一般来说,银行存款是无风险的金融工具,收益率虽低,但资产具有完全的流动性。全国社会保障基金的银行存款包括协议存款和一年期以上的单位定期存款。社保基金中的意外准备金及其他暂时不用的资金,可以选择活期存款或短期定期存款方式。倘若银行的定期存款利率高到足以抵消通货膨胀的影响,则社保基金的资金完全可以采取这种方式进行保值增值。部分国家(如新加坡)为了体现国家对社会保障事业的支持和资助,对存入银行的社保基金给予优惠利率,尤其在通货膨胀水平较高的时候,对存入银行的社会保障基金给予一定的保值甚至增值补贴②。

根据2017年财政部、人力资源社会保障部等部门联合印发的文件《社会保险基金财务制度》中的规定,全国社会保障基金的银行存款限定在国有或者国有控股的16家商业银行之内,开设的银行账户也必须按时报财务部门备案。同时,《暂行办法》规定,在一家银行的存款不得高于社保基金银行存款总额的50%。此外,银行存款资金划入指定开户当日,相关银行于当日开具存款证实书后按约定时间送达社保基金理事会。同时,社保基金委托的证券投资基金托管的资产所开设的银行账户,由财务部门统一归口管理和使用,并按财政部要求报备其变化情况,按时与各银行核对存款余额,确保各项资金的安全。

---

① 王光伟. 金融学概论[M]. 苏州:苏州大学出版社,2008:268-271.
② 万解秋,贝政新,黄晓平,等. 社会保障基金投资运营研究[M]. 北京:中国金融出版社,2003:189-194.

2. 国债

国债是国家政府为筹集财政资金而发行的债权债务凭证。由于国债发行主体是国家,所以它具有最高的信用度,风险较低,容易变现,收益率高于同期银行存款利率。从长期来看,国债的收益虽然低于股票的收益,但国债的风险小且安全性高。此外,无论我国未来是否继续实行积极的财政政策,短期内我国财政赤字问题都难以解决,因此,如果社保基金能够每年购入一部分国债,将会在低风险情况下增加社保基金的收益。所以,对于社保基金而言它是最重要的投资工具之一。

国际上,由于国债具有安全性和流动性强的特点,社保基金大量投资国债是非常普遍的。在美国,当1974年股市出现动荡之后,社保基金更是看好政府债券。虽然美国的相关法律并没有对社保基金持有政府债券的比例做出规定,但是社保基金资产中政府债券投资比例还是从1970年的7%上升到1985年的22%。智利的社保基金也十分重视国债的投资,智利社会保障基金资产结构中,政府债券的投资比例一直保持在40%左右。所以,我国全国社会保障基金也需要持有一定比例的国债资产,以确保基金投资的流动性和安全性。国债投资运营方面,按照相关文件规定,除对国债一级市场由社保基金理事会直接投资外,二级市场的国债交易须委托外部投资管理人来完成。

3. 金融债和企业债

金融债和企业债均属于公司债券。金融债券是由银行和非银行金融机构发行的债券。金融债券包括政策性银行债券、商业银行债券、非银行金融机构债券和证券公司债券等,其中政策性银行债券在金融债中的占比最大,其主要发行主体是国家开发银行。按照相关规定,社保基金可投资的金融债券还可以包含央行票据。企业债是指从事生产、贸易、运输等经济活动的企业发行的债券。公司债券包括中央和地方企业公司债券。由于存在违约风险,一般来说,金融债和企业债的收益率要高于国债的收益率。按照有关规定,社保基金只能投资国内A级以上的企业债,并且金融债和企业债的交易也需要委托外部投资管理人来完成。

4. 股票与证券投资基金

股票是股份公司为筹集资金而发行给股东作为持股凭证并以其取得股息和红利的有价证券。通常认为股票是减小通货膨胀对资产贬值影响的主要投资方式。所以,股票也是全国社会保障基金的配置重点,是社保基金收益的重要来源。

投资基金属于大众化的信托投资工具,它将公众手中的零散资金集中起来,由基金公司或其他发起人将收益凭证发行给投资者,委托具有专业知识和投资经验的基金经理进行管理和运作,并由信誉良好的金融机构充当资金托管人。基金经理则通过资产组合,使资产的风险水平降低,达到稳定增值的目标。由于资产配置的分散性和专业化运作的特点,证券投资基金的风险要低于股票资产。

全国社会保障基金对股票投资比例进行约束的原因是股票资产风险偏高,《暂行办法》规定,证券投资基金、股票投资的比例不得高于40%。此外,全国社会保障基金理事会对股票投资采取委托投资和直接投资相结合的模式。股票直接投资主要采取完全复制并跟踪主要市场指数的被动投资方式,委托投资主要是通过设立委托投资组合,以专业化的视角和投资理念,在市场中选择专业资产管理机构(证券投资基金)进行投资管理,进而实现资产的保值增值。

以上6种资产是2001年颁布的《暂行办法》中规定的6种大类资产。近年来,社保基金的投资范围、种类也在不断扩大,下面对社保基金的其他投资工具做简要的介绍。

5. 信托投资

全国社会保障基金的信托投资,是指按照有关政策投资于有银行担保的信托贷款产品。这些信托贷款主要投资于国家支持的基础设施项目和社会保障房项目。基础设施项目一般投资规模大、建设周期长、现金流较好、风险较小,非常适合全国社会保障基金这样规模大的长期资金投入。近年来,全国社保基金先后对铁路、电力、公路、机场、港口、地铁、市政建设等多个国家重点项目开展了信托投资[①]。但目前,信托投资在全国社会保障基金投资中占比较小。

6. 对未上市企业的股权投资

由于社保基金作为社保战略储备基金,在今后相当长的一段时间内都没有支付安排,可以通过放弃一定的流动性来获取长期稳定回报,适合开展一定比例的股权投资。股权投资的对象一般为处于行业领先地位、盈利模式清晰、利润稳定、风险相对较低、未来发展可期的企业。2004年以来社保基金先后对交通银行等近10家国有金融企业和中航国际等国有非金融企业在其未上市前进

---

① 戴相龙.戴相龙社保基金投资文集[M].北京:中国金融出版社,2013:247-249.

行股权投资,取得了较高的收益率。2007年12月社保基金参与京沪高铁有限公司的股权投资,金额100亿元,占比8.7%。此外,全国社会保障基金还对自主创新型企业进行股权投资,2008年对大唐电信科技产业控股有限公司进行股权投资26亿元。

7. 境外投资

从不同国家养老金投资的发展历史来看,养老基金的投资范围由国内逐步扩大到国外是一个趋势。全国社会保障基金也在开展境外股票投资。起初,2005年7月,国务院批准同意全国社会保障基金持有境外转持国有股,即凡含有国有股份的公司在境外首次公开发行和公开增发股票时,按实际发行股份数量的10%,转由全国社会保障基金所有。2006年3月,全国社会保障基金第一次通过转持方式持有境外上市公司的国有股票。2006年11月,全国社会保障基金通过公开招标的方式选聘了第一批境外投资管理人,正式开始境外股票和债券的委托投资。2007年4月,全国社会保障基金理事会设立境外投资部,负责基金的境外投资业务。此后全国社会保障基金又陆续开设新的投资组合,选聘新的投资管理人,投资规模逐渐扩大。但境外投资在全国社会保障基金中占比相对较小,截至2021年年末,境外投资资产仅占基金资产总额的9.02%[①]。

2.2.2 全国社会保障基金对金融市场的影响

截至2021年年底,全国社会保障基金管理的资产总额达30 198.10亿元,对金融市场的影响巨大。全国社会保障基金作为机构投资者,秉持价值投资、长期投资和责任投资的理念,对金融市场所起的作用主要体现在以下几个方面:

第一,全国社会保障基金有助于金融市场的稳定发展。首先,社保基金与普通的基金相比,其投资具有长期性、稳定性的特点,可以对公募基金和私募股权基金的市场发挥引导作用,能够为我国机构投资者的规范运作发挥示范作用。其次,与个人投资者相比,社保基金作为典型的机构投资者,信息搜集能力和处理能力更强,交易成本更低。并且社保基金的投资遵循安全性原则,在投资方面更加理性,能有效地稳定市场。最后,全国社会保障基金的重要资金来源为国有股的转持。2009年6月经国务院批准,财政部、国资委、证监会、社会保障基金会联合发布《境内证券市场转持部分国有股充实全国社会保障基金实

---

① 全国社会保障基金理事会基金年度报告(2021年度)[EB/OL]. [2023-02-10]. http://www.ssf.gov.cn/portal/xxgk/fdzdgknr/cwbg/sbjjndbg/webinfo/2022/08/1662381965418407.htm.

施办法》,将上市公司部分国有股转由全国社会保障基金持有。截至2021年年末,国有股向全国社保基金减转持资金和股份2 844.13亿元(减持资金971.59亿元,境内转持股票1 028.99亿元,境外转持股票843.55亿元)①。并且《境内证券市场转持部分国有股充实全国社会保障基金实施办法》规定,将由社保基金持有的部分国有股禁售期再延长3年,缓解了国有股的减持压力,最大限度降低了社保基金在筹集资金过程中对市场的冲击。

第二,全国社会保障基金能够促进资本市场结构完善。规模庞大的社保基金投入资本市场往往还会影响到资本资产的价格,导致资本资产收益率上升或者下降。其在二级市场上投资可大大提高资本的流动性,由此活跃二级市场,提高投资者在一级市场上购买各种新股票、新债券的积极性,刺激一级市场证券发行,从而改变一、二级市场结构,促进二者协调发展。与此同时,有关投资机构需要根据情况变化经常调整自己的资产组合,以期在一定前提下实现收益最大化,这客观上有利于改善资本市场中各种资本资产的结构比例,使其在动态中趋于合理。

第三,全国社会保障基金能够促进金融市场创新。社保基金要求基金的投资在稳健原则下战胜通货膨胀,达到保值增值的目的。这就对金融市场中各种金融工具提出了新要求。社保基金要求有不同风险和收益组合的金融产品以供选择,这就会促进金融结构多元化,也推动了金融工具的创新。比如,为社保基金量身定做的收益率相对稳定的资产组合产品应运而生。

第四,全国社会保障基金能够改善公司的治理结构。全国社会保障基金是国家社保战略储备基金,这个定位就要求社保基金进行长期投资。此外,由于社保基金的持股量巨大,所承担的责任也重大,这就要求社保基金参与所持股份的上市公司的治理。陈婷(2011)认为社保基金参与治理股权过于分散或过于集中的公司,有助于改善公司治理结构,加强对企业管理者的监督,在一定程度上能缓解代理问题②。实践证明,社保基金战略投资交通银行、中国银行、工商银行、农业银行和国家开发银行,有力地支持和推动了我国国有商业银行及其政策银行的股份制改革,在增强银行资本实力和完善公司治理等方面发挥了积极作用。

---

① 全国社会保障基金理事会基金年度报告(2021年度)[EB/OL].[2023-02-10]. http://www.ssf.gov.cn/portal/xxgk/fdzdgknr/cwbg/sbjjndbg/webinfo/2022/08/1662381965418407.htm.
② 陈婷.中国社会保障基金参与上市公司治理研究[D].北京:北京交通大学,2011.

2.2.3 金融市场对全国社会保障基金的影响

金融市场是全国社会保障基金的主要投资场所,金融市场的成熟度关系到社保基金投资的安全性、收益性、分散性与流动性,具体来说:

第一,成熟的金融市场系统性风险低,能够为全国社会保障基金提供良好的投资环境。在成熟的金融市场环境下,资本市场的资产价格指数的波幅相对较小,全国社会保障基金可以在符合安全的前提下以逐利为目的,获取稳定的投资收益。相反,如果在不成熟的市场环境下,整个资本市场的资产价格指数波动幅度较大,社保基金也不可避免要面临巨大的市场风险,这将导致以安全为原则的社保基金缺乏合适的投资渠道,导致资金闲置浪费,达不到保值增值的目标。

第二,成熟的金融市场的投资结构是以机构投资者为主,市场投机性较弱,资产价格也能够较为真实地反映资产价值。成熟的金融市场减弱了市场价格波动风险,有利于社保基金进行长期的价值投资。而不成熟的金融市场以个人投资者为主,市场投机性较强,资本资产的价格常常会大大偏离资本资产的真实价值。以股票市场为例,我国股票市场以中小投资者为主,这样的市场结构会导致过度投机,市场换手率过高,2013—2015 年深市 A 股中流通股的年平均换手率分别为 400.79%、459.80% 和 870.87%,而发达国家成熟股市的年平均换手率为 30% ~60%。换手率过高导致牛市、熊市成交量相差悬殊,加剧了投机心理①。此外,我国股市的估值过高,表现在市盈率偏高。市盈率是判断股价估值高低和股票风险大小的重要参考指标。2022 年 12 月 31 日,我国 A 股市场市盈率仍旧较高,个别行业市盈率甚至达到上千倍。其中,畜牧业行业市盈率为 5 039.46 倍,文化行业市盈率为 3 943.04 倍②,而国际股市的市盈率一般为 15 ~20 倍。

第三,成熟的金融市场的监管体制完善,市场化程度高。成熟的金融市场能够在政府监管与市场自由发展之间找到较好平衡。所以,成熟的金融市场降低了政府对市场人为干预所带来的政策性风险,有利于机构投资者对市场进行合理预估。我国金融市场在一开始就由政府出面设立,与成熟市场相比,我国

---

① 万解秋,贝政新,黄晓平,等.社会保障基金投资运营研究[M].北京:中国金融出版社,2003:236 – 239.
② CSMAR 数据库/公司研究系列/行业财务指标.

金融市场行政色彩较浓,是典型的"政策市"。此外,我国资本市场的监管体制主要存在多头监管、行政干预过多、自律组织弱化、法律配套措施不足、执法力度不够等缺陷。此外,成熟市场通常具备多层次资本市场体系,能够为社保基金的投资运营提供多种可供选择的、安全的投资渠道。

综上所述,全国社会保障基金作为最大的机构投资者之一,对我国金融市场会产生影响,同时金融市场作为全国社保基金的运营环境也会影响到基金收益、风险和运营。目前,我国金融市场还不够成熟,市场风险较高,所以必须对基金投资运行进行一定程度的管制,对资产结构配置比例进行约束,以确保基金运营安全。

2.3　全国社会保障基金的资金来源

要对全国社保基金资产配置进行研究,首先需要解决一个前提性问题——社保基金资金来源的充裕性问题,在此基础上研究基金的资产配置才更具现实性。2017年11月份,国务院印发《划转部分国有资本充实社保基金实施方案》,规定了划转范围、划转对象和划转比例等重要问题,明确划转比例统一为企业国有股权的10%,弥补因实施视同缴费年限政策形成的企业职工基本养老保险基金缺口①。本书尝试从学术视角,基于社会福利的最大化角度,探讨国有资本对社会保障部门的最优划拨率。

2.3.1　全国社会保障基金的主要资金来源

按照《全国社会保障基金条例》的规定,全国社会保障基金的主要资金来源为中央财政预算拨款、国有资本划转、基金投资收益和以国务院批准的其他方式筹集(目前主要是彩票公益金)的资金。截至2021年年末,财政性拨入全国社保基金资金和股份累计10 291.62亿元,其中,一般公共预算拨款3 548.36亿元,国有股减转持资金和股份2 844.13亿元(减持资金971.59亿元,境内转持

---

① 国务院关于印发划转部分国有资本充实社保基金实施方案的通知[EB/OL].[2023-02-07]. http://www.gov.cn/zhengce/content/2017-11/18/content_5240652.htm.

股票1 028.99亿元,境外转持股票843.55亿元),彩票公益金3 899.13亿元①。可以算出,截至2021年年底,社保基金的资金来源情况为:一般公共预算拨款占比34.48%,国有股减持收入占比27.64%,彩票公益金占比37.89%。

2.3.2 国有资本对社保基金的最优划拨率

我国养老保险制度建立得较晚,自1997年起才逐步建立起来。在我国养老保险制度建立之前企业职工并没有缴纳养老保险,国家也没有为这些职工缴纳养老保险,这些职工进入养老保险体系,视同他们缴过养老保险费,从而造成了新人必须提高缴费率,来补充老人未交费造成的缺口。但是换个角度来思考,中国养老保险制度有一个巨大优势,就是在养老保险建立时我国已经积累了大量的国有资产。如何充分发挥这笔国有资产使之造福于整个社会是非常重要的问题,也是更为公平地解决历史空账问题的办法。

下面,将结合生命周期消费理论和代际交叠模型,建立一个最优模型,从社会福利最大化的角度,通过静态数值模拟来探讨国有资本对社会保障基金的最优划拨率。Samuelson(1958)最早提出生命周期消费理论,此后Mordigliani F(1963)等人对生命周期消费理论做了进一步的完善。该理论假设理性的经济人会对自己一生的生活消费进行规划,以期实现整个生命周期内总消费效用最大化,经济人在其生命某一个阶段的消费支出不仅与其当期收入有关,更取决于整个生命周期的全部收入。同时,Samuelson(1975)也提出代际交叠模型,Diamond(1977)和Fischer(1979)等学者对代际交叠模型做了进一步的研究。该理论的基本假设是经济体由企业和个人组成。其中,企业将资本和劳动力结合在一起,目的是实现利润最大化;对于个人来说,工作期间进行储蓄和消费,退休以后消耗掉全部储蓄,以实现个人一生的效用最大化。下面,介绍本研究建立的最优化模型的结构。

2.3.2.1 模型结构与社会福利最优

养老保险并轨后退休工资将由基础性养老金、个人账户中的养老金、补充养老金三部分组成,其中基础性养老金相当于现收现付制部分,而个人账户中的养老金、补充养老金相当于个人储蓄。分析养老保险并轨后的情况仍然可以

---

① 全国社会保障基金理事会基金年度报告(2021年度)[EB/OL].[2023-02-10]. http://www.ssf.gov.cn/portal/xxgk/fdzdgknr/cwbg/sbjjndbg/webinfo/2022/08/1662381965418407.htm.

采用代际交叠模型。这个模型的关键假设是每个人生命只有两期①,即青年期和老年期,本期的青年人将在下一期变为老年人,每期都存在一代年轻人和一代老年人,年轻人是有效劳动者,可以从事生产,而老年人只能进行消费;年轻人拥有劳动而没有资本,而老年人拥有年轻时的储蓄资本可以变现。

按照这样的假设,如果总人口数是 N_t,那么在 t 期有 $N_{1,t}$ 的年轻人和 $N_{2,t}$ 的老年人,那么 $N_t = N_{1,t} + N_{2,t}$,而本期的老年人是上一期的年轻人,所以 $N_{2,t} = N_{1,t-1}$,则 $N_t = N_{1,t} + N_{1,t-1}$,我们假定每一代劳动力数量的增长率为 n,则

$$N_{1,t} = (1+n)N_{1,t-1} \tag{2-1}$$

所以,t 期总人口数 N_t 可以用 t 期年轻人的人口数表示为

$$N_t = N_{1,t} + (1+n)^{-1}N_{1,t} \tag{2-2}$$

最优化模型中包含了三种基本经济单位:政府、企业和经济个体。其中,政府是社会经济的调控者,政府自身不参与企业的生产,其目标是使得整个社会经济福利达到最大化。企业是完全竞争的,企业通过生产来创造社会财富,其目标是实现企业利润最大化。经济个体则按照是否向社会提供劳动划分为:年青一代(劳动者)和年老一代(退休者),经济个体通过选择年轻时的储蓄水平,使其一生的总效用实现最大化。模型中各经济单位的具体假设如下。

1. 政府

假设政府包含两个部门:财政部门和社保部门。政府拥有国有资本 $K_{s,t}$,每期可以从企业得到来自国有资本的净收入,国有资本净收入只有两条使用渠道:财政部门和社保部门。政府通过向两个部门划拨资产净收入,使得两个部门的收支达到更高的均衡水平,而其中划拨到社保部门的比例 φ 称作国有资本净收入的划拨率,另一部分比例 $(1-\varphi)$ 将被划拨到财政部门,则有

$$\Pi_t = R_t K_{s,t-1} - K_{s,t} \tag{2-3}$$

(2-3)式表示,在 t 期,国有资本净收入等于 t 期的国有资本收入减去下一期国有资本投资后的净额,其中 Π_t 表示整个社会的国有资本净收入,R_t 为资本总回报率水平,$K_{s,t}$ 和 $K_{s,t-1}$ 表示本期的国有资本和上一期的国有资本②。为了讨论人口结构变化对资本存量的影响,我们需要将(2-3)式中总资本存量转化为人均资本存量,结合本期年轻人的人口数 N_{1t} 和上一期年轻人的人口数 $N_{2t} =$

---

① 以往的研究中通常假设每一期的时间跨度为 30~35 年,出于数据的可获得性,本研究将每一期的时间跨度设置为 35 年。

② 本研究假定本期的资本不能在当期投资产生收益,而要到下一期才能产生资本收益。

$N_{1,t-1}$，将(2-3)式两端同时除以 N_{1t}，得

$$\frac{\Pi_t}{N_{1t}} = R_t \frac{K_{s,t-1}}{N_{1t}} - \frac{K_{s,t}}{N_{1t}} = R_t \frac{N_{1,t-1}}{N_{1t}} \frac{K_{s,t-1}}{N_{1,t-1}} - \frac{K_{s,t}}{N_{1t}} \tag{2-4}$$

在(2-4)式中令 $\pi_t = \frac{\Pi_t}{N_{1t}}$ 表示第 t 期有效劳动创造的平均国有资本净收入，将 $\frac{K_{s,t-1}}{N_{1,t-1}}$ 和 $\frac{K_{s,t}}{N_{1t}}$ 分别记为 $k_{s,t-1}$ 和 $k_{s,t}$，表示第 $t-1$ 期和第 t 期有效劳动的平均国有资本，所以

$$\pi_t = (1+n)^{-1} R_t k_{s,t-1} - k_{s,t} \tag{2-5}$$

社保部门的收入来自两个部分：养老保险缴费收入部分和国有资本净收入划拨部分，每期的支出为当期养老金的支出，其预算约束为

$$\varphi \Pi_t + \tau_1 N_{1t} w_t = p_t N_{2t} w_t \tag{2-6}$$

(2-6)式左侧是社保基金部门的收入部分，包括：国有资本净收入划拨部分 $\varphi \Pi_t$ 和养老保险缴费收入部分 $\tau_1 N_{1t} w_t$。右侧 $p_t N_{2t} w_t$ 是社保部门对当期老年人的支出部分。τ_1 是养老保险占工资的比例，w_t 是第 t 期劳动力的工资水平，p_t 是养老金对当期工资水平的替代率。

两边同时除以年轻人的数量 N_{1t}，化简得到人均养老工资水平满足(2-7)式：

$$\varphi \pi_t + \tau_1 w_t = (1+n)^{-1} p_t w_t \tag{2-7}$$

财政部门的支出主要用于提供必要的社会公共服务，而财政部门的收入来自两个部分：收税收入部分和国有资本净收入划拨部分。这样财政部门预算约束为

$$(1-\varphi) \Pi_t + \tau_2 Y_t = g Y_t \tag{2-8}$$

(2-8)式左侧是财政部门收入部分，包括：第 t 期财政部门获得的国有资本净收入的补充部分 $(1-\varphi) \Pi_t$ 和政府向劳动者征得的所得税部分 $\tau_2 Y_t$。其中 Y_t 为社会总产出水平，τ_2 为政府对劳动者征税①占经济总产出的比例，g 为公共开支占总产出的比例。

考虑人均情况，在(2-8)式两端同时除以年轻人的数量 N_{1t}，化简得到(2-9)式，其中 y_t 为劳动力的人均产出，其他符号同上。

---

① 本研究假设所得税均由劳动者支付，因为老年人虽然也须缴纳所得税，但究其来源，所得税的缴纳最终仍然来自社会财富的创造者。

$$(1-\varphi)\pi_t + \tau_2 y_t = gy_t \quad (2\text{-}9)$$

2. 企业

本研究假定企业处于完全竞争市场,其目的是实现利润最大化。假设生产函数为柯布-道格拉斯生产函数形式,由于只有年轻人工作,则生产函数形式为

$$Y_t = F(K_t, N_{1t}) = AK_t^{\alpha} N_{1t}^{1-\alpha} \quad (2\text{-}10)$$

式中,A 为技术水平变量;K_t 为第 t 期的社会资本存量;α 为资本对产出的贡献。上式两边同时除以当期年轻人的数量 N_{1t},并化简得

$$y_t = F\left(\frac{K_t}{N_{1t}}, 1\right) = Ak_t^{\alpha} \quad (2\text{-}11)$$

式中,k_t 为劳动力人均有效资本存量,其值等于第 t 期社会资本存量与本期劳动力的数量的比值 $\frac{K_t}{N_{1t}}$。而第 t 期社会资本存量 K_t 等于上一期国有资本和个人储蓄之和,则

$$K_t = K_{s,t-1} + S_{t-1} \quad (2\text{-}12)$$

(2-12)式两端同时除以年轻人的数量 N_{1t},得

$$\frac{K_t}{N_{1t}} = \frac{N_{1,t-1}}{N_{1t}} \frac{K_{s,t-1}}{N_{1,t-1}} + \frac{N_{1,t-1}}{N_{1t}} \frac{S_{t-1}}{N_{1,t-1}} \quad (2\text{-}13)$$

由于 $N_{1t} = (1+n)N_{1,t-1}$,所以

$$k_t = (1+n)^{-1} k_{s,t-1} + (1+n)^{-1} s_{t-1} \quad (2\text{-}14)$$

式中,s_{t-1} 为第 $t-1$ 期年轻人的人均储蓄。

而企业利润最大化意味着资本回报率 R_{t+1} 与资本净边际产出相等,并且每期资产折旧率为 δ,可以得到 $R_{t+1} = f'(k_t) + (1-\delta)$。王小鲁、樊纲(2005)等建议使用每年5%的固定资产折旧率,而2019年新财会制度规定的平均折旧率为3.5%,由于模型中每期长达35年,所以在本研究的模型中将折旧率 δ 设置为100%,于是

$$R_{t+1} = f'(k_t) = \alpha Ak_t^{\alpha-1} \quad (2\text{-}15)$$

企业付给劳动力的工资水平为劳动力的边际产出。在规模报酬不变的假设前提下,劳动力的工资就是产出中去掉资本收入的部分,为

$$w_{t+1} = f(k_t) - R_{t+1}k_t = (1-\alpha)Ak_t^{\alpha} \quad (2\text{-}16)$$

3. 经济个体

经济个体按照是否向社会提供劳动划分为年轻人和老年人。假设经济个体在年轻时能够提供一单位有效劳动,通过劳动得到工资收入。在上缴所得税

和养老保险费之后,将税后的工资在个人储蓄和消费之间进行分配,以达到其一生总效用最大化。所以,年轻人的消费预算约束为

$$c_t = w_t - \tau_1 w_t - \tau_2 y_t - s_t \tag{2-17}$$

式中,w_t 为当期的工资收入;c_t 为年轻人当期消费;$\tau_1 w_t$ 为现收现付制下养老保险缴费费率;$\tau_2 y_t$ 为个人上缴所得税;s_t 为年轻人的储蓄。

年轻人年老退休后,其消费约束为

$$D_{t+1} = R_t S_t + \tau_1 W_{t+1} + \varphi \Pi_{t+1} \tag{2-18}$$

式中,D_{t+1} 为老年人总消费;S_t 为老年人在年轻时的储蓄总额;$\tau_1 W_{t+1}$ 为现收现付制下年轻一代向年老一代支付的总额;$\varphi \Pi_{t+1}$ 为国有资本净收入对老年人的划拨总额。

上式两边同时除以老年人的人口数 N_{2t},经化简得到

$$d_{t+1} = R_{t+1} s_t + (n+1)\tau_1 w_{t+1} + (n+1)\varphi \pi_{t+1} \tag{2-19}$$

4. 模型的最优分析

理性经济个体通过选择年轻时的消费水平和储蓄水平来最大化一生的总效用水平,也就是说理性经济个体的目标是最大化个人效用,用目标函数可以表示为 $\max[u(c_t) + \beta u(d_{t+1})]$,其中 $u(x)$ 为个人效用函数,β 为时间贴现因子。由(2-17)、(2-18)、(2-19)式,建立拉格朗日函数,得

$$L = u(c_t) + \beta u(d_{t+1}) + \lambda [d_{t+1} - R_{t+1}(w_t - \tau_1 w_t - \tau_2 y_t - c_t) + (n+1)\tau_1 w_{t+1} + (n+1)\varphi \pi_{t+1}]$$

上式的一阶条件为

$$\frac{\partial L}{\partial c_t} = u'(c_t) + \lambda R_{t+1} = 0$$

$$\frac{\partial L}{\partial d_{t+1}} = \beta u'(d_{t+1}) + \lambda = 0$$

整理上述两式,得到消费的边际效用函数满足等式

$$u'(c_t) = \beta u'(d_{t+1}) R_{t+1} \tag{2-20}$$

(2-20)式是代际交叠的欧拉模型,它反映了年轻时消费的边际损失 $u'(c_t)$ 和年老时的边际收益 $\beta u'(d_{t+1}) R_{t+1}$ 相等的均衡状态。本研究采用幂函数形式的效用函数

$$u(c_t) = \frac{c_t^{1-\sigma} - 1}{1 - \sigma}$$

式中,σ 为经济人的风险回避系数,代入(2-20)式,得

$$(c_t)^{-\sigma} = \beta(d_{t+1})^{-\sigma} R_{t+1} \qquad (2-21)$$

在长期经济均衡水平状态,资本存量达到稳态水平,模型在长期均衡水平所满足的必要条件组成的方程组如下:

$$\pi_t = (1+n)^{-1} R_t k_{s,t-1} - k_{s,t}$$
$$\varphi \pi_t + \tau_1 w_t = (1+n)^{-1} p_t w_t$$
$$(1-\varphi)\pi_t + \tau_2 y_t = g y_t$$
$$k_t = (1+n)^{-1} k_{s,t-1} + (1+n)^{-1} s_{t-1}$$
$$R_{t+1} = \alpha A k_t^{\alpha-1}$$
$$w_{t+1} = (1-\alpha) A k_t^{\alpha}$$
$$c_t = w_t - \tau_1 w_t - \tau_2 y_t - s_t$$
$$d_{t+1} = R_{t+1} s_t + (n+1)\tau_1 w_{t+1} + (n+1)\varphi \pi_{t+1}$$
$$(c_t)^{-\sigma} = \beta(d_{t+1})^{-\sigma} R_{t+1}$$

由这9个方程组成非线性方程组:第一个为国有资本净收入方程;第二个为社保部门预算约束方程;第三个为财政部门预算约束方程;第四个为当期资本组成成分方程;第五个为生产过程中资本边际收益方程;第六个为生产过程中劳动边际收益方程;第七个和第八个为经济个体年轻时和年老时消费预算约束方程;第九个为经济个体最优消费效用选择约束方程。

我们对方程变量进行划分,模型中的外生参数变量有4个,即$\{A,\beta,\alpha,\sigma\}$,外生政策变量为$\{\tau_1,\tau_2,g,\varphi\}$,模型的内生变量为$\{c,d,k_s,s_t,R_{t+1},w_t,p_t,k_t\}$。其中,$\varphi$是国有资本划拨社保基金部门的比例。而劳动力数量的增长率n也是一个外生变量,我们可以在不同人口增长率下模拟经济中各变量的稳态值的变化情况。为了深入探讨模型状况,下面对模型的主要外生参数进行设置。

依照以往财政支出的状况,本研究将财政支出占总产出的比例g设置为0.18,将财政收入占总产出的比例τ_2设置为0.16,将资本贡献率α设置为0.3,将时间贴现率β设置为0.5,将技术变量A设置为1,将个人风险回避系数σ设置为5。本研究采用基于最优规划的数值模拟来求解均衡水平下各个变量之间的关系。

2.3.2.2 模型的静态分析结果

党的十八届五中全会提出,通过划拨部分国有资产,充实社会保障基金,以适时降低社会保险费率。首先,我们用党的政策对所建模型进行检验,验证模型是否合理。表2-1是在劳动力人口增长率不变的情况下,国有资本净收入对养老保险账户划拨与不划拨的模拟比较。按照中国现行养老保险缴费制度,个人缴费8%进入个人账户,单位缴纳20%进入社会统筹账户,社会统筹部分实际上是现收现付制的养老保险制度。因此,在劳动力人口增长率不变情况之下,社会统筹部分的替代率p也应该与社会统筹部分的缴费率相等,亦为20%。

比较划拨前与划拨后的稳态经济状况,我们发现通过划拨可以降低个人缴费水平,提高退休后的消费水平和整个社会的平均消费水平,提高整个社会的福利水平。也就是说我们所建模型,符合党的政策,具有合理性。

表2-1是在劳动力人口增长率不变情况下的数值模拟比较结果。然而现实情况是,我国人口红利正在逐年消退,劳动力人口增长率在逐年下降。所以,在劳动力人口增长率变化的情况下,如何确定国有资本净收入对养老保险账户的最优划拨率,成为值得进一步探讨的问题。

表2-1 国有资本净收入对养老保险账户划拨与不划拨的数值模拟比较

划拨率	0%	10%
最优个人缴费率	20.00%	19.68%
资本回报率	112.57%	114.39%
国有资本	0.090 3	0.087 0
个人储蓄	0.060 9	0.060 7
资本存量	0.151 2	0.147 8
工资	0.397 2	0.394 4
平均工资	0.198 6	0.197 2
年轻消费	0.166 0	0.165 9
退休消费	0.148 0	0.148 4
平均消费	0.157 0	0.157 1
替代率	20.00%	20.00%
劳动力增长率	0%	0%

说明:国有资本收入对养老保险的划拨率为0%或10%,人口增长率不变情况下社会统筹部分的养老保险的替代水平为20%,本研究将财政支出占总产出的比例g设置为0.18,将财政收入占总产出的比例τ_2设置为0.16,将资本贡献率α设置为0.3,将时间贴现率β设置为0.5,将技术变量A设置为1,将个人风险回避系数σ设置为5。

我们接下来确定劳动年龄人口增长率的波动范围。从理论上讲,实行独生子女政策以后,人口结构应是"421",人口增长率n应当等于－50%,但是考虑到现实世界的复杂性,我们用劳动年龄人口数量的增长率来替代劳动力的增长率。联合国经济与社会事务部的人口司定期公布其对世界人口的预测[22],预测所用的出生率、死亡率和国际移民等数据来自各国最新统计。因为预测存在很多的不确定性,所以人口司在进行预测时会依据对出生率的不同判断而采取四种方案:高生育率方案,中等生育率方案,低生育率方案,以及生育率保持不变的方案。具体预测数据见表2-2。

表2-2 我国劳动年龄①人口2015—2085年间25～59岁②人口数量的预测数据

单位:亿人

年份	高生育率方案	中等生育率方案	生育率保持不变方案	低生育率方案
2015	7.475 3	7.475 3	7.475 3	7.475 3
2050	6.428 4	5.874 3	5.759 6	5.320 3
2085	6.776 0	4.752 6	3.903 9	2.820 1

数据来源:联合国经济与社会事务部人口司。

四种方案下,我国老龄化趋势均比较明显。鉴于我国开始放开计划生育政策,这一举措将改变我国目前低生育率的状况。所以未来人口的出生率处于低生育率的可能性不大。可以计算出2015—2050年这35年人口的波动区间③为[-22.95%,-14.01%],2050—2085年的波动区间为[-32.22%,5.41%]。为了讨论方便起见,我们将2015—2085年这70年间,劳动力人口增长率的波动区间设置为[-30%,5%]。

为了探讨在不同的人口增长率下整个经济福利水平的变化,我们还需要计算整个社会的平均工资水平和整个社会的平均消费水平。

假设有效劳动力的平均工资水平为w_t,则整个社会的平均工资水平可表示为

---

① 中国现行企业职工法定退休年龄为男60周岁,女50周岁,以后可能会延迟法定退休年龄,并且15～24岁劳动力人口占比相对较小,所以我们将劳动力人口的年龄段设置为25～59岁,这样每一代人时间跨度就为35年。

② 联合国经济与社会事务部的人口司在其网站上并不直接提供25～59岁的人口预测数据,只提供15～59岁以及15～24岁人口数量的预测数据,我们将这两个人口数据相减就可得到25～59岁的人口预测数据。

③ 区间下限按人口增长率较低的生育方案来计算,区间上限按人口增长率较高的生育率方案来计算。例如2015—2050年这35年人口的波动区间的下限-28.83%≈(5.320 3-7.475 3)/7.475 3,而区间上限-14.00%≈(6.428 4-7.475 3)/7.475 3。

$$\overline{w}_t = \frac{w_t}{1+(1+n)^{-1}} \qquad (2\text{-}22)$$

假设年轻一代的消费水平为 c_t,退休一代的消费水平为 d_t,则整个社会的平均消费水平可表示为

$$\overline{c}_t = \frac{c_t + (1+n)^{-1} d_t}{1+(1+n)^{-1}} \qquad (2\text{-}23)$$

下面用所建模型模拟未来70年劳动力人口增长率在[−30%,5%]区间波动时,国有资本净收入的最优划拨率及经济中其他变量的稳态值变化情况(表2-3)。

表2-3 劳动力人口增长率的下降对各经济变量稳态值的影响

劳动力增长率	5.00%	0.00%	−5.00%	−10.00%	−15.00%	−20.00%	−25.00%	−30.00%
劳动力年增长率①	1.39‰	0.00‰	−1.46‰	−3.01‰	−4.63‰	−6.36‰	−8.19‰	−10.14‰
资本回报率	1.280 5	1.219 5	1.158 5	1.097 6	1.036 6	0.975 6	0.914 6	0.853 7
国有资本	0.082 0	0.080 7	0.079 2	0.077 5	0.075 6	0.073 3	0.070 8	0.067 9
个人储蓄	0.050 1	0.054 2	0.058 7	0.063 6	0.069 0	0.075 1	0.081 7	0.089 2
资本存量	0.125 8	0.134 8	0.145 1	0.156 8	0.170 1	0.185 5	0.203 8	0.224 5
工资	0.375 8	0.383 8	0.392 3	0.401 5	0.411 5	0.422 3	0.434 1	0.447 2
平均工资	0.192 5	0.191 9	0.191 1	0.190 2	0.189 0	0.187 7	0.186 1	0.184 1
年轻消费	0.164 7	0.165 1	0.165 5	0.165 8	0.166 1	0.166 3	0.166 3	0.166 3
退休消费	0.150 7	0.149 6	0.148 4	0.147 1	0.145 6	0.144 0	0.142 2	0.140 3
平均消费	0.158 2	0.157 9	0.157 5	0.157 1	0.156 5	0.155 9	0.155 1	0.154 1
替代率	0.230 3	0.217 6	0.205 0	0.192 7	0.180 5	0.167 6	0.155 4	0.143 3
最优划拨率	40.36%	38.10%	35.52%	32.56%	29.12%	25.07%	20.22%	14.31%

注:本研究将2015—2085年分成两代人,按照联合国经济与社会事务部人口司的预测,劳动力增长率的波动范围为[−30%,0%],劳动力增长率为年5%,0%,−5%,−10%,−15%,−20%,−25%,−30%,养老保险缴费率水平为20%,将财政支出占总产出的比例 g 设置为 0.18,将财政收入占总产出的比例 τ_2 设置为 0.16,将资本贡献率 α 设置为 0.3,将时间贴现率 β 设置为 0.5,将技术变量 A 设置为 1,将个人风险回避系数 σ 设置为 5。

从表2-3可以发现:

(1)劳动力的增长率和国有资本的最优划拨率正相关。也就是说,随着未

---

① 如果一代人为35年,每代人的人口增长率为 n,则人口的年增长率 r 满足 $(1+r)^{35}=(1+n)$,则人口的年增长率 $r=(1+n)^{\frac{1}{35}}-1$。

来劳动力人口的不断减少,国有资本的最优划拨率亦在不断减小。这是因为在劳动力人口不断减少,老年人口比重相对增加的状况下,劳动力人口所缴纳的所得税也在相对减少。为了维持整个社会的正常运转,财政部门的支出实际上是刚性的,此时就需要提高国有资本的净收入向财政部门的划拨,同时降低国有资本的净收入向养老保险账户的划拨。

(2)劳动力的增长率和退休工资的替代率正相关。也就是说,随着未来劳动力人口的不断减少,工资的替代率亦在不断降低。同时,我们也可看出:劳动力的增长率同稳态资本存量负相关。因为随着劳动力人口增长率的下降,有效劳动变得相对稀缺,资本存量变得相对富裕,所以,有效劳动的单位工资在不断提高,资本的回报率水平会随之下降。同时我们也可以得出结论:随着劳动力增长率的下降,资本存量的相对增加,未来经济的增长模式将要向资本密集型转变。

(3)劳动力的增长率和退休工资的替代率正相关。也就是说,随着未来劳动力人口的不断减少,工资的替代率亦在不断降低。同时,我们也可看出:劳动力的增长率同稳态资本存量负相关。因为随着劳动力人口增长率的下降,有效劳动变得相对稀缺,资本存量变得相对富裕,所以有效劳动的单位工资在不断提高,资本回报率水平会随之下降。同时也可以得出结论:随着劳动力增长率的下降,资本存量相对增加,未来经济增长模式将要向资本密集型转变。

实际上,我们也可以按照托洛维斯基(Turnovsky,1996)的方法,通过分散经济均衡复制中央计划者均衡来决定最优的划拨率水平。中央计划者的目标是通过全社会总消费的最大化,实现全社会最大化的福利水平。假定人口增长率为n,将本期劳动力人口单位化,设定为1,则本期老年人口数也就是上一期劳动力的人口数为$(1+n)^{-1}$,下一期劳动力人口数为$(1+n)$,所以总的消费水平为$c_t+(1+n)^{-1}d_t$。中央计划者的资源约束条件为产出=消费+资本积累+公共开支,即

$$c_t+(1+n)^{-1}d_t=f(k_t)-(1+n)k_{t+1}-gf(k_t) \quad (2\text{-}24)$$

考虑长期均衡水平,得到$c+(1+n)_t^{-1}=(1-g)f(k)-(1+n)k$,再求极大值,得到

$$f'(k)=\frac{n+1}{1-g} \quad (2\text{-}25)$$

通过上式可以求出总消费水平最大化时,所对应的资本回报率,也可推导

出满足帕累托效率的资本存量水平,也被称作"黄金律"的资本存量水平。

表 2-4 求出的资本回报率水平 $f'(k)$ 及"黄金律"的资本存量水平 k 和表 2-3 中求出的资本存量是一致的,即随着劳动力人口增长率的下降,资本的回报率水平在不断下降,而有效劳动的资本存量水平在不断上升。

表 2-4 劳动力人口增长率与最优资本存量的比较静态分析

人口增长率 n	5.00%	0.00%	-5.00%	-10%	-15.00%	-20.00%	-25.00%	-30.00%
$1+n$	1.05	1	0.95	0.9	0.85	0.8	0.75	0.7
$f'(k)$	1.280 5	1.219 5	1.158 5	1.097 6	1.036 6	0.975 6	0.914 6	0.853 7
$f'(k)/\alpha$	4.268 3	4.065 0	3.861 8	3.658 5	3.455 3	3.252 0	3.048 8	2.845 5
资本存量 k	0.125 8	0.134 9	0.145 1	0.156 8	0.170 1	0.185 5	0.203 4	0.224 5

注:2010—2070 年劳动力增长率为 5%,0%,-5%,-10%,-15%,-20%,-25%,-30%,将资本贡献率 α 设置为 0.3,生产函数为柯布-道格拉斯生产函数。

2.3.2.3 小结和建议

养老保险双轨制并轨后,养老保险的公平性问题逐步得到解决,但养老保险的历史空账问题仍是养老改革必须面对的难题。对于历史空账,理应由国有资本来补偿,本研究提出将国有资本净收入逐年划拨至社保部门(全国社会保障基金)账户是解决空账问题的较为温和的办法。通过静态模拟研究发现,与不划拨的情况相比,通过划拨国有资本净收入能提高全社会的福利水平。但是我们发现如果劳动力人口增长率从 0.00% 下降至 -30.00%,国有资本净收入向社保部门的最优划拨比率将从 38.10% 下降至 14.31%,这说明如果政府从社会福利的最大化角度出发,则国有资本净收入的划拨存在上限。当然,以上所有结论的成立和政策的有效性还有赖于人口统计特征和其他参数,以及初始经济状态的设定。本研究按照联合国经济与社会事务部人口司提供的预估数据,对我国劳动力人口增长率的波动范围进行估计。而实际上,人口增长率的变化是按波段进行的,全面放开三胎政策后,我国人口数量可能会出现一波增长(当然也取决于居民的生育意愿和孩子的抚养成本)。

此外,还可以参照智利解决历史空账的方法。智利在建立个人账户过程中也区分了"老人""中人""新人",采用不同的方式解决历史空账问题。对于 1980 年前的"老人",由国家包下来,不建立个人账户。对于建立"新制"以后就业的"新人",则强制规定必须建立个人账户。对"新制"以前就业的"中人",可以自主选择,如果选择留在"旧制中",则继续由国家包下来,不建立个人账户,但同样由个人完全缴费,雇主不再缴费;如果选择了由"旧制"转为"新制",则采取发行一种专门的有息债券,即"认可债券"(Recognition Bond)的办法,作为对这些"中人"养老金权益的补偿。也就是说,智利在没有办法用国有资产来补偿历史空账的情况下,发行了国家"认可债券"。"认可债券"的意思是政府承认以前欠职工的钱,但一时无法补偿,先预付一定数量的政府债券,到法定退休年龄时,退休人员到财政部兑现。并且这些"认可债券"按照每年弥补物价上涨后的4%的固定利率进行计息。我们也可以采取类似智利政府发行"认可债券"的办法,尽早解决养老金的历史空账问题。

2.4 全国社会保障基金的运作和管理

本节将主要介绍全国社会保障基金的组织架构、相关投资管理法律,以及全国社会保障基金的投资理念和投资管理模式。

2.4.1 全国社会保障基金理事会的主要职责和治理结构

2022年10月25日《全国社会保障基金理事会章程》正式颁布,社保基金理事会的主要职责如下:(1)管理运营全国社会保障基金。(2)受国务院委托集中持有管理划转的中央企业国有股权,单独核算,接受考核和监督。(3)经国务院批准,受托管理基本养老保险基金投资运营。(4)根据国务院批准的范围和比例,直接投资运营或委托专业机构运营基金资产。定期向有关部门报告投资运营情况,提交财务会计报告,接受有关部门监督;定期向社会公布基金收支、管理和投资运营情况;根据有关部门下达的指令和确定的方式拨出资金。(5)完成党中央、国务院交办的其他任务。(6)职能转变。全国社会保障基金理事会要适应新的职责定位,切实转变职能,作为投资运营机构,履行好基金安全和保值增值的主体责任。

纵观世界上主要国家的养老金投资管理体系,均涉及多个方面,按照《中华人民共和国信托法》的原则,在基金治理过程中主要涉及以下法律主体:一是基金投资委托人;二是基金投资受托管理人;三是受托投资管理人;四是基金投资受托管理人要选择的投资基金托管机构。对于全国社会保障基金而言,基金的投资委托人是国务院,基金的投资监管人为财政部、人力资源和社会保障部,基金的受托管理人为全国社会保障基金理事会,基金的托管机构为公开选聘的各大证券基金机构。

全国社会保障基金理事会的治理结构如图2-1所示。按照国务院有关规定,社保基金理事会建立理事大会,作为社保基金理事会的决策机构,负责审议社保基金投资资产配置等重大事项,并建立投资决策委员会、风险管理委员会和专家评审委员会等非常设机构,负责基金投资项目的审定和风险管理。社保基金理事会的理事长和副理事长由国务院任命,理事长负责主持社保基金理事会日常工作,组织实施理事大会决议和社保基金的各项投资运营工作。

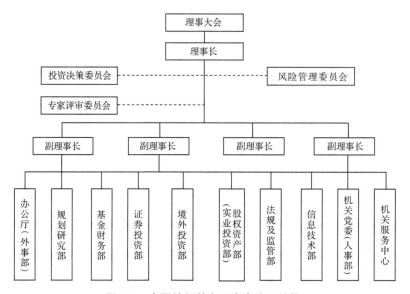

图 2-1　全国社保基金理事会治理结构

全国社会保障基金理事会还建立了若干内设部门(图2-1),理事会现设10个部门。办公厅(外事部)主要负责协调、处理机关日常事务、文秘、档案、机要和信访工作,以及对外信息发布和新闻宣传工作;规划研究部主要负责制定资产的战略和战术配置计划,对基金的总体风险及相关风险进行管理和评估,对基金的经营状况进行绩效评估;基金财务部主要负责基金的会计核算、安排、调度与划拨资金,对基金委托资产托管业务从财务上进行监督与管理;证券投资部主要负责拟订境内证券市场投资计划,选聘、监督和评估境内委托投资管理人;境外投资部主要负责拟定境外投资计划,选聘、监督和评估境外委托投资管理人;股权资产部(实业投资部)主要负责管理和运营社保基金股权资产,开展信托投资和实业投资,拓宽资金来源渠道;信息技术部主要负责拟定理事会计算机信息系统发展规划,维护与管理系统的日常运行,组织计算机软件开发;法规及监管部主要负责承办有关的法律事务,从法律角度对基金境内、境外投资运作进行合规性审核;机关党委(人事部)主要负责机关党群工作、纪检工作、人事工作;机关服务中心主要负责后勤保障工作。

2.4.2 全国社会保障基金的投资法规

全国社会保障基金的相关投资法律法规较多,主要包括《全国社会保障基金条例》《暂行办法》《全国社会保障基金境外投资管理暂行规定》《信托公司集合资金信托计划管理办法》及国务院及监管部门的"通知"和"函",以"通知"和"函"的形式来批准社保基金的投资扩大范围。

《全国社会保障基金条例》(以下简称《条例》)自 2016 年 5 月 1 日起施行。该条例分为五章三十条,从总体上对全国社会保障基金的定位、管理运营、监督机制及相应的法律责任进行规定。《条例》对具体投资比例、范围则没有明确规定,这些投资内容要经过国务院审批。这是因为金融市场在不断变化,全国社会保障基金的战略资产配置思路也在不断改进,而且几乎每一年国务院及监管部门都会以"通知"和"函"的形式来批准社保基金的投资扩大范围,但是这些"通知"和"函"往往比较零星和琐碎。

目前,比较完整的以明文形式规定社保基金资产配置范围的文件是《暂行办法》。《暂行办法》于 2001 年 12 月 13 日颁布,对社保基金的投资范围及比例做出明确规定,除银行存款、在一级市场购买国债为理事会直接运作的投资外,其他投资均为间接投资,也就是需要委托投资管理人进行管理和运作,资金需要委托基金托管人托管。此外,《暂行办法》还对于划入社保基金货币资产的配置范围及比例进行约束,各类别资产应符合规定:(1)银行存款和国债两类资产的投资比例至少应为 50%,并且,银行存款的比例至少应为 10%;(2)企业债、金融债两类资产的投资比例不应高于 10%;(3)证券投资基金、股票两类资产的投资比例不应高于 40%。上述比例和范围并不是一成不变的,理事会可以根据金融市场变化和社保基金投资运作的情况,适时报请国务院对社保基金投资比例进行调整。

全国社会保障基金最初开展境外市场投资是国务院批准凡国有股份公司在境外首次公开发行股票时,按实际发行股份的 10% 将上市公司部分国有股转持全国社保基金,这也是全国社会保障基金在境外市场投资时拥有的第一桶金。2006年4月国家又颁布了《全国社会保障基金境外投资管理暂行规定》,对境外投资范围、投资方式,以及境外管理人、境外托管行的资格方面进行了明确规定,确定全国社会保障基金境外投资比例不得超过基金总资产的20%。虽然规定境外投资比例最高为20%,但是社保基金境外资产占基金的总资产比例仍然较低,截至2021年年末,境外投资资产仅占基金资产总额的9.02%。此外,全国社会保障基金还可以进行信托投资,《信托公司管理办法》和《信托公司集合资金信托计划管理办法》是对信托投资公司的法律约定。虽然信托投资收益率高于债券资产,但是目前信托投资资产在社保基金总资产中的占比较小,截至2021年年底,信托投资累计收益80亿元左右①。

本研究在《暂行办法》的战略框架下对资产的战术配置进行研究,社保基金的大部分投资回报来源于《暂行办法》中规定的大类资产投资收益,倘若今后基金的资产配置结构发生比较大的变化,则研究的思路类似,仅需要增加一些资产、改变一些约束条件即可。

2.4.3 全国社会保障基金投资的基本原则和管理模式

2.4.3.1 全国社会保障基金的指导方针和基本原则

全国社会保障基金是中央政府集中管理的社会保障资金,是国家重要的战略储备,主要用于弥补我国人口老龄化高峰时期相关社会保障事项的支出。全国社会保障基金资产配置的指导方针是"审慎投资"和"保值增值"。具体来说,"审慎投资"的指导方针是指在详细分析一系列信息,在反复权衡风险和收益的基础上,根据资产特征和市场变化,合理配置各类资产,在可以接受的风险范围内追求长期、稳定、较好的收益。"保值增值"是资产配置和投资运营的最终目标,理事会对投资应做到进退有序,趋利避害,经过长期投资,在抵消通货膨胀后获得更好的投资收益。根据全国社会保障基金的指导方针,并经过不断的实践和探索,逐渐形成了与全国社会保障基金性质和特点相适应的投资理念,也可以说是基金资产配置的基本原则,即长期投资、价值投资和责任投资。

第一,长期投资。由于全国社会保障基金在今后15年至20年后才发生支

---

① 全国社会保障基金理事会基金年度报告(2021年度)[EB/OL].[2023-02-10]. http://www.ssf.gov.cn/portal/xxgk/fdzdgknr/cwbg/sbjjndbg/webinfo/2022/08/1662381965418407.htm.

出,所以社保基金的受托资产属于长期资产。通过长期投资能克服市场波动而获取长期稳定的收益。特别是对于社保基金的股票投资,由于秉承长期投资理念,使得它不会采取短期炒作的方式来盈利;相反,它是股市中的一支稳定力量。秉承长期投资理念的机构投资者是资本市场的稳定器,类似社保基金这样的长期投资机构越多,资本市场就会越来越成熟,反过来也会给投资者以稳定的预期,实现良性互动。

第二,价值投资。社保基金在股票投资中奉行价值投资理念,其含义是把发现和实现投资价值作为投资的首要工作,坚持在资产价格被低估时买入,高估时卖出,而不是依靠概念炒作和内幕消息进行投资。

第三,责任投资。责任投资的含义是在实现全国社保基金保值增值的同时,尽力促进我国宏观经济健康发展,维护资本市场健康运行。社保基金专业化的投资运作框架、规范化的业务流程,将会对公募基金和私募股权基金市场发挥引导作用,为我国机构投资者的规范运作发挥示范作用。

2.4.3.2 全国社会保障基金的投资管理模式

根据《全国社会保障基金条例》和《暂行办法》等有关政策规定,全国社保基金有直接投资和委托投资两种方式,社保基金理事会能直接投资的资产仅限于银行存款和在一级市场购买国债,其他投资均为间接投资,也就是须委托投资管理人进行管理和运作,资金须委托基金托管人托管。

委托投资是选聘外部管理人对资金进行投资运作。委托投资的优势包括:一是专业化运作。机构投资者不可能在任何资产类别的投资中都是专家,市场中总存在比自己能力更强的专业机构,因此投资者可以选择市场顶尖的外部管理人为自己服务,获取超额收益。二是分散化投资。机构投资者内部管理人与外部管理人有着风格和专长的不同,正是这些不同之处提供了一种分散风险的思路,通过委托投资的方式在不同管理人之间进行风格配置,可以有效降低组合风险,提高收益。三是加强了竞争。通过委托投资,机构投资者的内外部管理人会形成业绩竞争局面,通过竞争加强学习借鉴,从而帮助机构投资者不断提高自身投资能力。

社保基金采用委托投资模式,是在合同基础上全权委托。具体来说,首先理事会在社保基金战略资产配置框架下,设计和开发投资产品。然后,通过公开招标,选择恰当的投资管理人作为资金托管人,对资金开展投资运作。投资管理人具有独立从事投资决策的权利,社保基金理事会则对投资管理人的运作进行绩效评估。对于托管委托投资的资金,理事会将在国内选择符合要求的商业银行作为托管人,以保证资金的安全。

社保基金理事会在将资金委托投资管理人后,会定期对投资管理人进行评估,评估分为以下几个层次:第一层次为委托投资管理人基本面综合分析,以确认其是否持续具备委托投资管理所要求的各项综合素质;第二层次为风险管理和内控的评估,考察管理人在评估期内是否严格按照委托合同和投资方针的要求进行投资;第三层次也是最重要的投资组合绩效评估,绩效评估需要在一个较长的时间内,制定一个相对合理的评价基准,结合同业类似投资政策组合中排名状况,以及业绩来源状况等因素,综合对投资管理人进行投资组合绩效评估。在评估之后,理事会将针对不同的评估结果给出不同的措施。对于基本面稳定、运作规范、业绩持续优秀的外部管理人,投资者可根据配置需要追加委托资金;对于基本面稳定、运作规范、业绩保持良好的管理人,可维持原状,督促其不断改进;而对于各方面都欠佳的管理人,理事会将会终止合同,撤回资金分配给优秀的资产管理人。

截至2021年年底,在境内,社保基金共有59个投资组合,其中4个国有股票转持的组合由全国社保基金理事会自己管理,另外3个由中国国际金融公司管理,其余52个组合委托9家基金管理公司进行管理运作。其中,全国社保基金101~112组合、401~416组合及501~504组合属于股票型投资,而全国社保基金201~206组合、301~306组合、801~802组合、901~902组合属于债券型投资,601~604组合属于稳健型投资。截至2021年年底,基金投资的年均投资收益率为8.30%,累计投资收益额17 958.25亿元①。

2.4.3.3 全国社会保障基金的配资体系

全国社会保障基金的配置体系大体上分为三个层次,即战略资产配置(5年)、战术资产配置(年度)和资产配置的执行(季度)。战略资产配置计划按照风险政策和投资目标的要求,根据各类资产中长期的预期收益、风险和各类资产之间的相关性等因素的变动趋势,使用定性和定量方法确定各类资产中长期目标配置比例和比例范围,指导今后5年左右时间的滚动投资运作。而战术资产配置是在非完全有效市场条件下,为了完成战略资产配置的目标而实施的

---

① 全国社会保障基金理事会基金年度报告(2021年度)[EB/OL].[2023-02-10]. http://www.ssf.gov.cn/portal/xxgk/fdzdgknr/cwbg/sbjjndbg/webinfo/2022/08/1662381965418407.htm.

积极的中短期资产配置。具体来说,战术资产配置是围绕战略资产配置目标,通过对未来1年以上时间各类资产风险收益特征进行预测,在各类资产阈值范围内,确定各类资产的最优投资比例。全国社会保障基金理事会为了完成全年的战术资产配置目标,在每个季度末制定资产配置执行计划,对偏离战术资产配置比例的进行动态或纪律性调整,在分析宏观经济和资本市场的基础上,安排下季度可投资资金的投向和额度。

综上所述,战略资产配置是资产的配置基准,为了完成战略资产配置目标而实施中短期积极资产配置,执行资产配置是对资产配置实施再平衡策略。

第3章 资产配置与经济周期关系的相关文献综述

在对全国社会保障基金进行战术资产配置问题研究之前,有必要先对资产配置的相关文献及发展脉络做一梳理,也有必要对资产配置的前沿理论及目前发展遇到的问题进行归纳总结。此外,分析宏观经济基本面是全国社会保障基金战术资产配置过程中必要的研究内容。许多经济学家都认同宏观经济状态与资产收益和风险的紧密关系。在经济周期的不同阶段,资产表现出不同的收益和风险特征,分析各资产在经济周期不同阶段的表现,有利于预测分析未来一段时间内各资产所处的状态,这也是本章文献综述希望达到的目的之一。最后,由于经济周期与资产配置关系紧密,有必要对经济周期理论做一简要的梳理,包括经济周期一般理论,经济周期波动与政府宏观经济调控之间的关系,以及经济周期的监测和预测方法。

3.1 资产配置研究的发展脉络

3.1.1 Markowitz 的均值方差理论

Markowitz(1952)在其投资组合选择理论(Portfolio Selection)中提出均值方差模型,该理论是金融定量分析的开端,也是现代金融学的重要基石。在此之前,金融学基本上是以定性分析为主。Markowitz 因提出该理论,于 1990 年获得诺贝尔经济学奖。在均值方差模型中,Markowitz 用资产收益率的数学期望来刻画资产的收益率,用收益率的方差来刻画资产面临的风险,结合数学中的二元非线性规划来完成最优资产配置,即分析计算收益率既定时投资组合风险最小的资产配置比例,或者分析计算风险既定时组合收益率最高的资产配置比例。均值方差理论模型如下:

$$\begin{cases} \min \sigma_p^2 \\ \text{s.t.} \quad E(R_p) = \sum_{i=1}^n \omega_i r_i = R_0 \\ \sum_{i=1}^n \omega_i = 1 \end{cases} \quad (3\text{-}1)$$

$$\begin{cases} \max E(R_p) \\ \text{s.t.} \quad \sigma_p^2 = \sum_{i=1}^n \sum_{j=1}^n \omega_i \omega_j \sigma_{ij} = \sigma_0^2 \\ \sum_{i=1}^n \omega_i = 1 \end{cases} \quad (3\text{-}2)$$

式(3-1)和式(3-2)中 ω_i 为资产组合中第 i 种资产的权重;r_i 为第 i 种资产的期望收益率;σ_{ij} 为第 i 种和第 j 种资产收益率的协方差;R_0 为既定的收益率;σ_0 为既定的方差。与其他经济学理论一样,投资组合选择理论也是建立在一系列严格的假设条件之上的。

第一,该理论假设资本市场是有效的,所有投资者均掌握充分和及时的信息,能够获得资本市场上各类资产的收益与风险变动及其原因的信息,并且对收益率的均值、方差和协方差具有相同预期。

第二,该理论假设投资者追求效用最大,且是风险规避型投资者,并具有二元目标函数,在既定风险水平下追求最大的投资收益,或者在既定收益水平下追求最小风险。并且假设投资者只拥有金融财富,不考虑外部现金流影响,不考虑负债和劳动力收入等其他因素。

第三,该理论假设风险资产的收益率服从正态分布,并且投资者能对各类资产及其组合的收益和风险进行定量描述。其中,单一资产的收益和风险用其期望收益率与收益率分布的方差(或标准差)来表示;由若干资产组成的资产投资组合收益,用构成该资产组合的各项资产期望收益率的加权平均数来表述,而资产投资组合的风险则用其收益率分布的组合方差(或标准差)来表示。自 Markowitz 提出投资组合选择理论以来,这几十年间资产配置研究取得了长足进展,研究主要沿着两个方向深入展开:

一个方向是有关资产配置的应用研究,也就是通过合理使用既有的资产配置决策模型指导实际投资业务。然而均值方差模型在实际投资过程中遇到的最大问题是均值方差模型对预期收益率和方差协方差矩阵等输入变量非常敏感,也就是均值方差模型的稳定性问题。Michaud(1989)经实证研究指出,均值方差模型对于参数输入十分敏感,就像误差的放大器。均值方差模型对输入参数过于敏感的原因在于该模型是根据过去的历史数据采用数学中的二元规划来求解资产最优配置比率,由于数学规划在求解的过程中只考虑最大值或最小值的状况,所以容易求出一些极端的解,资产配置通常会集中于少数几类资产。针对均值方差模型稳定性问题的处理,目前主要有三种不同的方法,分别是 Resample 方法、Robust 方法和 Black-Litterman 方法。这三种方法各自对应三种不同的模型,本研究将在第 6 章、第 7 章和第 8 章分别加以详细介绍。资产配置应用研究的另一个重要方面是关于资产配置驱动因素的研究,所考察的驱动因素通常包括经济周期、投资者信心及其他市场指标等,经济周期和资产配置关系将在第 4 章加以详细探讨,投资者信心将在第 8 章结合 Black-Litterman 方法加以探讨。

资产配置理论另外一个发展方向是资产配置理论研究。通过放松和解除均值方差模型中的假设条件,可以从多个角度扩展和完善资产配置理论的内容,这包含以下三个领域:

(1) 针对第一个假设条件,投资者可以探讨市场是否有效的问题,研究市场是属于弱有效、半强有效还是有效市场,研究在不同的市场条件下该如何配置资产。也可以放松投资者对未来资本具有相同预期的假设条件,将不同投资者分为若干类,如机构投资者和一般投资者,研究不同投资者的资产配置特点。

② 针对第二个假设,投资者追求效用最大,假定投资者只拥有金融财富,不考虑外部现金流、负债和劳动力收入等因素的影响,可以解除投资者没有负债和收入的假定,在有资金收入和支出要求下研究资产的最优配置问题,也就是采用其他效用函数来研究资产配置问题。

③ 第三个假设条件是,投资者用方差来度量风险,并假设风险资产的收益率服从正态分布。但是大量实证研究表明,大多数金融变量的收益率存在明显的非对称及"厚尾"等非正态分布的特征。同时,由于方差的度量对正、负离差平等对待,也有悖于投资者对风险的心理感受。为此,可以引入新的风险度量办法,如采用 VaR、CVaR 等指标来度量投资风险,来研究不同风险度量下的资产配置最优化问题。下面具体介绍资产配置理论研究的三个发展方向。

3.1.2 有效市场理论

资产配置理论研究的一个发展方向是探讨市场是否有效的问题。实际上,提出有效市场理论不是一蹴而就的。早期的市场有效理论是用随机游走模型描述的,而这些理论的本意是要描述一个宽泛的平赌模型。Bachelier(1900)从随机过程角度研究了股价变化的随机性,他也认识到市场在信息方面的有效性:将过去、现在甚至未来事件的贴现值反映在市场价格中,但是价格变化并无明显关联。他提出的基本原则是股价遵循平赌模型。不过 Bachelier 的研究在半个世纪后才被发现。随着电脑的使用,Kendall(1953)通过研究美国和英国商品与证券价格的变化,发现资产价格变化的随机性。Osborne(1959)发现股价行为类似流体中的粒子行为,采用物理学的方法来研究股价行为。

Samuelson(2016)和 Mandelbrot(1966)通过数学方法从理论上论述了随机漫步和平赌之间的关系,为有效市场假说做了理论上的铺垫。需要说明的是价格变化的随机性与价格变化的非理性有着本质不同。股价的随机波动绝非市场非理性的证据,而是明智的投资者比市场中其他人更早地发现了相关信息并因此买入或卖出股票,导致股价随机波动。

Fama(1970)在前人的理论和实证的基础上,借助 Samuelson(1965)的分析方法和 Roberts(1967)提出的三种有效市场水平理论,提出有效市场假说(Efficient Market Hypothesis,EMH)。此后,金融学家们对有效市场假说进行了广泛的检验。Fama 也因提出有效市场假说,于 2013 年获得诺贝尔经济学奖。按照 Fama(1970)对 EMH 的定义,一个市场是有效的是指证券价格能反映全部可用信息。换言之,在一个有效的证券市场上,证券价格曲线上任何一点的价格均能真实、准确地反映证券在该时点上的全部信息。市场的有效性来源于竞争,Grossman 和 Stiglisz(1980),Grossman 和 Shiller(1981)提出如果分析和发现新信息真的能带来高的投资收益,那么投资者将会花时间去做这件事。在华尔街,信息通常被看成最珍贵的商品,以致对它的搜集竞争非常激烈。有效市场假说可以分为三种形式:弱式有效形式、半强式有效形式和强式有效形式。这些形式通过对"全部可获得信息"的不同定义来区分。

(1)弱式有效形式:股价已经反映了全部能从市场交易数据中获得的信息,这些信息包括历史股价、交易量、未平仓量等。

(2)半强式有效形式:与公司前景有关的全部公开的已知信息一定已经在

股价中反映出来。

（3）强式有效形式：股价反映了全部与市场相关的信息，甚至包括公司内部人员知道的信息。

这三种形式的有效性暗示了三种投资策略的无效性（无法获得超额收益率）：在弱式有效市场上，技术分析是无效的；在半强式有效市场上，基本面分析是无效的；在强式有效市场上，内幕交易也无效。

在有效市场假说提出后的几十年里，金融学家对这一假说进行了大量的实证检验。在检验过程中，发现了一些不支持有效市场假说（EMH）的市场异象。Keim（1983）、Roll（1983）、Reinganum（1983）、Ritter（1988）相继发现并证实了一月效应，就是在一月份（通常是一月份的前两个星期）股票的收益率会比其他月份高，并且小公司的一月效应更显著。Shiller（1983）发现股价的波动性过大以至于不能用红利发放的信息的波动性来解释。此外，Mehra 和 Prescott（1985）发现并提出了股权溢价之谜，他们通过建立一个标准的一般均衡模型，并且按照股票的风险溢价校准了相对风险厌恶系数，但是通过计算，这个系数离奇地高。也就是说相对于一般的风险厌恶水平，股票的回报率高得无法用模型来解释。为了解释这些市场异象，行为金融学兴起并蓬勃发展。虽然，行为金融学在短时间内取得了巨大的成功，但它离成为金融市场理论还差很远。因为行为金融学虽然能够解释一些市场异常现象，但是这些解释并不系统且依赖于各自的特异假定。

从 20 世纪 90 年代开始，我国学者开始对我国股票市场的有效性进行检验研究。早期，吴世农（1994，1996）、宋颂兴（1995）、高鸿桢（1995）等对深圳和上海股票市场的有效性进行实证研究，得出的主要结论基本一致，认为中国的沪深市场不具备有效性。俞乔（1994）从中国股市周期异常与股价波动角度对我国股市是否有效进行实证分析。邓学文（1995）从价格效率角度对我国股市的成熟度进行实证研究。陈旭等（1999）对我国股市与发达国家和地区的有效股市进行比较。最终，这些研究均得出我国股市尚未达到有效阶段的研究结论。邱宜干（2001）对我国 2000 年之前有关市场有效性的论文进行评述，认为我国股市一年比一年发展得好，但仍属于非有效的。张兵（2003）采用渐进有效性检验方法对我国股票市场的有效性进行研究，发现我国股市可以将 1997 年设置为分界线：1997 年之前市场无效，1997 年之后市场呈现出弱式有效。

2005 年股权分置改革之后，我国学者也对我国股票市场的有效性进行研究。吴晓求(2006)认为股权分置改革完成后的中国资本市场发生了一些新的变化,其中的重要变化之一是市场有效性有一定程度的提高,市场对实体经济反映的敏感度有所提高。廖理等(2008)从信息发现以及道德风险角度对我国证券市场的有效性进行研究,实证结果支持股权分置改革之后我国证券市场具备有效性的假说。

综上所述,在EMH提出的几十年里,在经过大量的实证检验之后,EMH仍然能基本成立并且市场越来越有效。此外,从重复博弈的角度来看,如果一个策略可获得额外利润,则人们都会按照这个策略交易,最终使这个策略失效。原因在于市场的有效来源于竞争,随着科技的发展,竞争会越来越激烈,市场也会变得越来越有效。李迅雷(2016)[①]则认为A股市场是个强有效市场,原因有三:第一,A股市场是全球流动性最好的市场之一,总体换手率也在全球市场中名列前茅,所以,A股市场中存在着大量理性的、追求利益最大化的投资者,他们积极参与竞争;第二,A股市场存在着"见光死"的市场现象,许多A股的价格不仅反映了已披露的信息,还反映了未披露的信息;第三,A股市场中大部分中小市值股票的估值长期偏高,但是,这种高估值现象实际上是"合理"的,原因在于中国股市通常采取发行管制下尽可能不退市的方式,导致壳价值倍增,资产重组和资本注入成为劣质公司延续生命、凤凰涅槃的主要模式,所以股价已经反映了"乌鸡变凤凰"的预期,导致A股市场中的中小市值股票的估值长期偏高。

所以,我国资本市场是否达到有效仍然存在着众多争议,但有两点是毋庸置疑的:第一,我国资本市场中存在着大量追求利益最大化的投资者,他们之间的竞争异常激烈,这种激烈的竞争使得我国资本市场达到了一定程度的有效性。第二,"股市是经济发展的晴雨表",晴雨表类似于天气预报,天气预报按照概率分布提供天气状况的预测结论,所以天气预报有时准确,有时不准确。中国股市是以大量散户为主体的市场结构,这使得股市作为晴雨表的准确性下降,但由于市场上存在大量的竞争者,也导致股市作为晴雨表的功能终将回归。

---

① 李迅雷谈楼市限购和股市限售:政策要顺应变化[EB/OL].[2023-2-15].https://finance.ifeng.com/a/20161008/14922841_0.shtml.

3.1.3 效用函数理论

资产配置理论研究的另一个发展方向是在资金收入支出或者财富要求条件下研究最优资产配置问题。由于本研究第7章、第8章需要采用效用函数来研究资产配置问题,所以这里对效用函数理论做一简要介绍。

效用函数反映了财富带给投资者的效用价值。从效用函数最优的角度研究资产最优配置,可以在不确定环境下,结合多种因素研究对资产配置的影响,并将这些影响置入投资者的效用函数中,然后通过投资者效用最大化来寻求最优投资决策。效用函数最优化方法为研究不同投资约束和投资者行为下的最优投资决策提供了广阔空间。均值方差模型中仅仅采用简单的二次效用函数,与均值方差方法相比较,效用函数最优化方法采用了更为复杂的效用函数类型,如幂效用(Power utility)函数、指数效用(Expotential utility)函数、二次效用(Quadratic utility)函数等。下面分别介绍期望效用函数理论中的一些基本概念及几种常见的效用函数。

3.1.3.1 效用函数的特征

如果用一个词来表达,效用(Utility)的含义就是满足。效用在不同领域的含义不同,经济学中较为常见的效用是消费者效用。萨缪尔森的《经济学》给出的消费者效用的定义是:理性的消费者如何将其有限的资源分配在能给他们带来最大满足的各种商品上[①]。Markowitz 的投资组合选择理论中涉及的效用,仅仅是从资产投资的角度出发,探讨投资者在风险和预期收益之间的取舍。但如果涉及其他需要考虑的因素,如即期消费选择对下一期资产配置的影响,或者即期收入变化对下一期资产配置的影响等,也就是涉及动态资产配置问题时,就需要引入效用函数来处理资产配置问题。效用函数通常具有以下特征:

首先,效用函数要满足某种偏好关系。按照一般的经济学假设,财富效用函数 $U(W_t)$ 要满足两点:第一,财富效用会随着财富的增加而增大;第二,效用函数满足边际效用递减的一般规律,即财富的边际效用会随着财富的增加而减少。

其次,效用函数也与投资者对待风险的态度有关。不同的风险偏好者,其

---

① 保罗·萨缪尔森,威廉·诺德豪斯. 经济学[M]. 18版. 萧琛,译. 北京:人民邮电出版社,2008:73.

效用函数也不同。我们可根据对待风险的三种不同态度将投资者划分为三种类型：① 风险回避者,尽可能避免意外损失和风险的投资者；② 风险偏好者,热衷于追求意外收益的投资者；③ 风险中性者,能够根据预期收益率的状况成比例地承担相应风险的投资者。

不同的风险偏好者具有不同的效用函数特征。考虑一个拥有初始财富 W_t 的投资者,面临一个风险性的赌博机会,以相同的概率增加或减少数额为 G 的财富。如果投资者拒绝下注,那么他的财富量不变,其效用函数为 $U(W_t)$；如果该投资者接受赌博,那么他将有 $\frac{1}{2}$ 的概率使其财富增长至 $U(W_t+G)$,同时也有 $\frac{1}{2}$ 的概率使其财富降低至 $U(W_t-G)$,按照数学期望的定义,投资者的预期效用函数为 $\frac{1}{2}[U(W_t+G)+U(W_t-G)]$。图 3-1、图 3-2、图 3-3 分别表示三类投资者的财富效用函数。

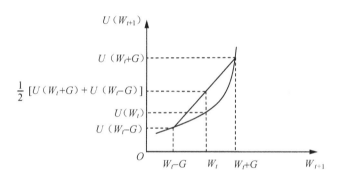

图 3-1　风险回避者的财富效用函数示意图

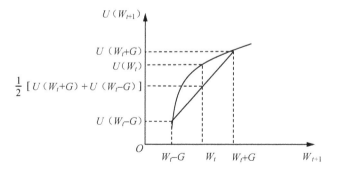

图 3-2　风险偏好者的财富效用函数示意图

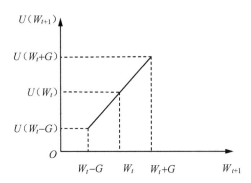

图 3-3 风险中性者的财富效用函数示意图

结合不同风险偏好投资者的财务效用示意图,我们可以数学语言来描述不同类型风险投资者的效用函数特点:

(1)风险回避者的财富效用函数 $U(W_t)$ 为凹函数,即曲线上任意两点的平均值均大于这两点间中间一点的函数值。用数学公式可将风险回避者的财富效用函数性质表述为:对任意的 $W_t = \frac{1}{2}[(W_t + G) + (W_t - G)]$,均有

$$U(W_t) < \frac{1}{2}[U(W_t + G) + U(W_t - G)]$$

如图 3-1 所示。

(2)风险偏好者的财富效用函数 $U(W_t)$ 为凸函数,即曲线上任意两点的平均值均小于这两点间中间一点的函数值。用数学公式可将风险偏好者的财富效用函数的性质表述为:对任意的 $W_t = \frac{1}{2}[(W_t + G) + (W_t - G)]$,均有

$$U(W_t) > \frac{1}{2}[U(W_t + G) + U(W_t - G)]$$

如图 3-2 所示。

(3)风险中性者的财富效用函数 $U(W_t)$ 为线性函数,即曲线上任意两点的平均值均等于这两点间中间一点的函数值。用数学公式可将风险中性者的财富效用函数的性质表述为:对任意的 $W_t = \frac{1}{2}[(W_t + G) + (W_t - G)]$,均有

$$U(W_t) = \frac{1}{2}[U(W_t + G) + U(W_t - G)]$$

如图 3-3 所示。

风险偏好者和风险回避者的效用函数图像为一条弯曲的曲线,曲线弯曲的

程度决定着投资者的风险偏好和风险回避水平。弯曲程度由效用函数对财富的二阶导数来度量,但是需要先通过一阶导数来消除曲度测度对测度单位的依赖。Pratt(1964)提出使用绝对风险回避系数和相对风险回避系数来刻画投资者的风险回避水平。绝对风险回避系数(CARA)被定义为

$$\mathrm{CARA}(W) = -\frac{U''(W)}{U'(W)} \tag{3-3}$$

式(3-3)中 $U'(W)$ 和 $U''(W)$ 分别为效用函数对财富量的一阶和二阶导数。而相对风险回避系数(CRRA)被定义为

$$\mathrm{CRRA}(W) = -\frac{W \cdot U''(W)}{U'(W)} \tag{3-4}$$

绝对风险回避系数表示投资者为规避某个给定绝对规模的投资风险,而愿意支付的绝对货币数量。通常,随着财富的增长,绝对风险回避系数会降低,或者至少不会上升。而相对风险回避系数表示投资者为规避相对于给定财富规模的投机风险所愿意支付的财富比例。在资产组合选择问题中一般假设相对风险回避系数与财务水平独立,恒为常数。不同的效用函数形式对应不同的效用曲线形状,因而具有不同的经济学含义和解释。下面来介绍常见的效用函数,以及考虑跨期消费的效用函数。

3.1.3.2 常见效用函数

常见的效用函数有三种:幂效用(Power utility)函数、指数效用(Expotential utility)函数及二次效用(Quadratic utility)函数。

(1)幂效用(Power utility)函数。如果投资者的效用函数形式为幂效用函数,则其函数表达式为

$$U(W) = \frac{W^{1-\gamma} - 1}{1 - \gamma}, \quad W > 0, \gamma > 0, \gamma \neq 0 \tag{3-5}$$

对于幂效用函数,我们可以按照公式(3-3)和(3-4)求解出幂效用函数的绝对风险回避系数和相对风险回避系数。

$$\mathrm{CARA}(W) = \frac{\gamma}{W}, \quad \mathrm{CRRA}(W) = \gamma \tag{3-6}$$

由式(3-6)可知幂效用函数的绝对风险回避系数是财富量的减函数,而相对风险回避系数为常数 γ。当 γ 趋近于 1 时,采用洛必达法则,可以证明幂效用函数将变为对数效用函数:

$$U(W) = \log(W) \tag{3-7}$$

（2）指数效用（Expotential utility）函数。投资者的效用函数为指数效用函数，其函数形式为

$$U(W) = e^{(-\theta W)}, \quad \theta > 0, W > 0 \tag{3-8}$$

对于式(3-8)，可以按照式(3-3)和(3-4)求解出指数效用函数的绝对风险回避系数和相对风险回避系数。

$$CARA(W) = \theta, \quad CRRA(W) = \theta W \tag{3-9}$$

由式(3-9)可知指数效用意味着绝对风险回避系数为常函数，而相对风险回避系数是财富量的增函数。

（3）二次效用（Quadratic utility）函数。投资者如果具有二次效用函数，其函数形式为

$$U(W) = aW - bW^2, \quad a > 0, b > 0, W > 0, a - 2bW > 0 \tag{3-10}$$

对于二次效用函数，我们可以按照式(3-3)和(3-4)求解出二次效用函数的绝对风险回避系数和相对风险回避系数。

$$CARA(W) = \frac{2b}{a - 2bW}, \quad CRRA(W) = \frac{2bW}{a - 2bW} \tag{3-11}$$

由式(3-11)可知二次效用意味着绝对风险回避系数和相对风险回避系数均是财富量的增函数。

在这几种常见的效用函数形式中，幂效用函数最常用。因为幂效用函数的相对风险回避系数为常数，与金融变量在长期经济增长中保持稳定性的客观事实最吻合。所以，大多数研究者采用幂效用函数的形式来研究资产组合选择问题，诸如 Ohlson & Ziemba（1976），Kallberg & Ziemba（1983），Kandel & Stambaugh（1990），Brennan & Schwartz et al（1997），Brandt（1999），Rishel（1999），Barberis（2000）等人用幂效用函数来研究资产组合选择问题。

3.1.3.3 考虑跨期消费的效用函数

以上效用函数仅涉及投资者的财富水平，如果涉及消费水平，就需要结合代际交叠模型，来综合考虑资产的组合选择问题。此时，投资者不仅考虑财富本身的规模，更重要的是考虑财富所能支持的生活标准，换句话说投资者关注的是能够从消费掉的财富中获得的效用。

我们考虑一个投资者，他需要在今天和明天的消费之间做决策。投资者面临跨期预算约束，使得下一期的财富量等于资产组合收益率乘以用于投资的财富，即这一期的财富扣减用于消费后的剩余：

$$W_{t+1} = (1 + R_{p,t+1})(W_t - C_t) \quad (3-12)$$

式中，$R_{p,t+1}$ 为下一期的资产组合收益率，资产组合收益率可以为随机变量。

我们假定投资者在预算约束下最大化消费效用，该效用为当期消费效用与贴现后预期未来效用之和，其中预算约束是由第二期经济体所处的经济状态决定的。因此，我们要求最大化

$$\max [U(C_t) + \delta E_t U(C_{t+1})] \quad (3-13)$$

式中，δ 为时间贴现因子。

结合约束条件式(3-12)和目标函数式(3-13)，建立拉格朗日函数，可得最优消费选择的一阶条件，或者称其为欧拉方程

$$U'(C_t) = E_t [\delta U'(C_{t+1})(1 + R_{p,t+1})] \quad (3-14)$$

如果用 $U'(C_t)$ 除方程(3-14)两端，并且消费效用函数 $U(C)$ 采用幂效用函数形式，则最优消费选择的一阶条件可以改写为

$$1 = E_t \left[\delta \left(\frac{C_{t+1}}{C_t} \right)^{-\gamma} (1 + R_{p,t+1}) \right] \quad (3-15)$$

由于涉及下一期的预期资产组合收益率 $R_{p,t+1}$、当期的消费水平及下一期的消费水平，所以就可以结合资产组合理论及代际交叠模型综合考虑资产的配置问题。Merton（1969，1971）、Brooks（2002）、Munk & Sørensen（2004）、Miles & Černý（2006）、Kubler & Schmedders（2015）等利用该种函数形式研究了投资者在考虑跨期消费效用最大化下的资产组合选择问题。此外，涉及跨期消费的效用函数还有更复杂的函数形式，如 Epstein & Zin（1989）在其研究论文中提出爱泼斯坦-兹恩效用函数，该效用函数比涉及消费的幂效用函数在解释跨期替代弹性和风险回避系数方面更加合理。Campbell（1999，2001）、Schroder & Skiadas（1999）等采用泼斯坦-兹恩效用函数来研究投资者跨期的最优消费和资产组合选择问题。

可以看出，个人投资者不仅关注财富本身的规模，更关注财富能够带来的消费水平。但是对于以基金管理公司为代表的机构投资者，尤其是本研究探讨的全国社保基金来说，他们主要考虑的是资产的组合风险及回报。本研究仅提及了效用函数的发展方向，对于更具体的研究不再涉及。

3.1.4 均值方差模型风险度量方式的拓展

资产配置理论研究的一个重要发展方向是有关资产风险的刻画，均值方差

模型采用方差或标准差来刻画资产收益率的风险。但是实际上,高于平均值的正向波动是投资者青睐的,但在均值方差模型中却被当作风险来处理。所以相对来说,用下半方差代替方差来刻画风险更为准确,下半方差是指低于平均值的负向波动的期望值。Markowitz(1959)、Hogan & Warren(1974)、Porter(1974)、Bawa & Lindenberg(1977)等学者讨论了均值-下半方差模型,但是改进意义不大,因为在正态分布的假设条件下,下半方差等于负的标准差,所以组合资产的有效边界不变。

Roy(1952)提出了一个安全第一的资产选择模型,这个模型采用概率的方法,通过使得最小化组合资产的收益率小于给定的风险水平的概率,来控制组合风险。该模型的求解方法则是通过Chebyshev不等式将问题转化为均值和方差比率的优化问题。在此基础上,风险度量模型VaR模型被引入到风险管理中。VaR(Value at Risk,在险价值)方法是由JP Morgan集团于1994年提出的。按照P. Jorion(2007)的说法,VaR是基于当前头寸的下侧风险统计指标,该指标用潜在最大化损失的具体金额来衡量金融机构在正常环境下所面临的下侧市场风险。

"最大化损失"是个相对的概念,与组合的持有期和损失发生的概率有关。涉及最大化损失时,会涉及两个方面的问题:①用来确定最大化损失的时间长度,1天的最大潜在损失与10天的最大潜在损失显然不相同;②用来确定最大化损失的置信水平,在90%的置信水平下确定的最大化损失,显然要小于在99%的置信水平下确定的最大化损失。

在实践中,计算VaR的方法主要有:分析法、历史模拟法和蒙特卡罗模拟法。本研究的实证部分采用分析法来计算VaR值。使用分析法需要事先假定资产价格变化的分布类型,往往假定资产价格变化遵循正态分布。在均值为零的正态分布下,资产组合的潜在最大化损失可以用下面的公式计算:

$$\text{VaR} = z\sigma_p \sqrt{T} \qquad (3\text{-}16)$$

而均值不为零的正态分布,VaR的计算公式为

$$\text{VaR} = -r_p + z\sigma_p \sqrt{T} \qquad (3\text{-}17)$$

式(3-16)和式(3-17)中,T是资产组合或组合的持有期;r_p是正态分布的均值;σ_p是正态分布的标准差;z是一定置信水平下的分位数。z与c的关系为

$$c = \int_{-\infty}^{z} \varphi(x)\,\mathrm{d}x = \Phi(z) \qquad (3\text{-}18)$$

式中,$\varphi(x)$ 是正态分布的密度函数;$\Phi(z)$ 是正态分布函数。由于 VaR 是在一定的置信水平 c 上的最大化损失 L 的尺度,所以 L、VaR、c 三者之间的关系为

$$P(L \leqslant \mathrm{VaR}) = c \tag{3-19}$$

VaR 方法一经提出,就受到广泛关注,成为重要的金融风险管理工具之一,在国际上已被广泛认可。例如,巴塞尔协议(1996,2004)明确要求金融机构采用 VaR 方法来度量和披露其所面临的市场风险。VaR 方法的优点是概念简单直观,计算方便。研究人员也在 VaR 的约束条件下,结合均值方差理论,对资产组合的最优投资比例进行研究。戴国强等(2000)对 VaR 方法应用于我国金融市场以及控制和防范风险的若干问题进行了初探,并举例对银行资产投资组合的风险值进行计算分析。迟国泰等(2002)在 VaR 约束条件下对银行资产负债管理进行优化研究,研究发现通过 VaR 方法可以在一定置信水平下,将贷款组合的违约风险限定在银行的承受能力和贷款准备金的范围之内,使贷款的分配决策满足银行监管要求和银行经营实际。Campbell(2001)等人对美国的债券和股票的最优投资比例进行研究,他们采用 VaR 风险约束的办法,使得组合资产的收益率最大化,并求出最优投资比率。陈王等(2020)使用高频数据样本外动态 VaR 的滚动预测模型,发现多头风险在高风险情况下,高频模型表现出色,但在低风险情况下表现欠佳;而空头风险的预测在所有情况下都表现较好。黄金波等(2022)利用非对称 Laplace 分布,提出了 VaR 的解析表达式,并利用该表达式建立均值-VaR 模型来研究投资组合选择问题。

然而,VaR 方法自诞生之日起也饱受争议。Beder(1995)采用 8 种常见的 VaR 方法来计算 3 个假想的投资组合,经实证研究发现,在相同投资组合的情况下,各种不同 VaR 方法的衡量结果差异极大,因此尽管 VaR 方法很受关注,但也很危险。Hendricks D.(1996)在历史数据下对 VaR 模型的估计效果进行研究,发现采用 VaR 模型并不能避免极端模拟结果的出现,反而会导致极端模拟结果更常见。McKay & Keefer(1996)通过研究得出结论,VaR 方法并不能反映诸如"美国 1987 年股灾"那样的极端事件。Artzner(1999)提出一致性风险度量的概念,并据此判断 VaR 不是一致风险度量。Basak & Shapiro(2001)通过对 VaR 风险方法深入研究后认为,基于 VaR 方法的风险管理可能导致资产面临更大的风险,因为 VaR 方法未考虑超过既定 VaR 水平的损失。

所以,可以看出,VaR 方法也有缺陷。首先,VaR 方法是在市场正常的前提下衡量风险。正常市场条件下,资产交易数据量大,市场数据充分有效,可以用

VaR 度量风险。当然,市场里会有极端现象出现,但极端现象比较少。由于极端数据比较稀少,这就使得用 VaR 方法来衡量极端市场的风险变得无效。所以,VaR 方法并不能防范极端事件的出现,倘若极端事件发生,金融机构将会面临灭顶之灾。其次,VaR 不满足次可加性,换言之,用 VaR 方法度量的资产组合风险未必会小于各资产组合风险,这与分散化投资可以降低风险的规律相悖。最后,VaR 方法主要关注在一定置信水平下的分位点上的最大损失,不考虑它下方的尾部信息。可是投资者不仅关心一定概率下面临的最大化损失,还关心损失一旦超过 VaR,预期损失又将是多少。

针对 VaR 方法存在的缺陷,许多研究人员提出一些补救的办法。Artzner(1999)在提出一致性风险度量概念的文章中,找出一个解决办法:最差条件期望 WCE(Worst Conditional Expectation)。WCE 满足一致风险度量,但是由于 WCE 依赖于概率的空间结果,实施起来比较困难。Acerbi 和 Tasche(2002)提出了条件期望损失 ES(Expected Shortfall)的概念,ES 满足一致风险度量。Pflug(2000)、Rockafellar & Uryasev(2000)先后提出 CVaR(Conditional Value at Rist,条件在险价值)的概念,用来衡量尾部损失风险。CVaR 是以概率为权数的加权平均尾部损失,其度量的是在一定置信水平下,在最大化损失已经发生的条件下预期平均尾部损失。均值为零的正态分布 CVaR 的计算公式为

$$\text{CVaR} = E(R|R \leqslant \text{VaR}) = \sigma \sqrt{T} \frac{\varphi(\varphi^{-1}(c))}{\varphi(-z)} = \sigma \sqrt{T} \frac{\varphi(z)}{1-c} \quad (3-20)$$

而均值不为零的正态分布,CVaR 的计算公式为

$$\text{CVaR} = E(R|R \leqslant \text{VaR}) = \sigma \sqrt{T} \frac{\varphi(z)}{1-c} - r_p \quad (3-21)$$

式(3-20)和式(3-21)中,T 为资产组合或组合的持有期;R 为资产组合回报;$\varphi(x)$ 为标准正态分布的密度函数。标准正态分布密度函数公式为

$$\varphi(x) = \frac{1}{\sqrt{2\pi}} e^{-\frac{x^2}{2}} \quad (3-22)$$

CVaR 方法不仅能够克服 VaR 方法的不足,而且还有很多优良的性质,CVaR 的性质如下:

(1) CVaR 具有平移不变性,即对于任意常数 c 以及给定的置信度 α 有

$$\text{CVaR}_\alpha(Y+c) = \text{CVaR}_\alpha(Y) + c \quad (3-23)$$

(2) CVaR 具有正齐次性,即对于任意常数 $c>0$,有

$$\text{CVaR}_\alpha(cY) = c\text{CVaR}_\alpha(Y) \quad (3-24)$$

(3) CVaR 是凸函数，即对任意的随机变量 Y_1 和 Y_2，以及 $\lambda \in [0,1]$ 有

$$\text{CVaR}_\alpha[\lambda Y_1 + (1-\lambda)Y_2] \leq \lambda \text{CVaR}_\alpha(Y_1) + (1-\lambda)\text{CVaR}_\alpha(Y_2) \quad (3-25)$$

(4) CVaR 是一致性风险度量方法，满足次可加性，即对任意的随机变量 Y_1 和 Y_2，有

$$\text{CVaR}_\alpha(Y_1 + Y_2) \leq \text{CVaR}_\alpha(Y_1) + \text{CVaR}_\alpha(Y_2) \quad (3-26)$$

作为风险度量方法，CVaR 与 VaR 相比较具有许多优点：

首先，CVaR 方法不仅考虑了一般情况下资产组合的最大损失，同时也考虑了极端值的情况，也就是一旦超过设定的最大损失 VaR 的值，可计算出投资者将遭受超过 VaR 的尾部损失的平均值。并且由于 CVaR 是一致风险度量方法，所以在得到 CVaR 值的同时，也能得到 VaR 值，就可以实行双限管制风险。

其次，CVaR 有诸多良好的数学性质。CVaR 是连续的凸函数，具有次可加性。所以，在投资组合分析时，将包含 CVaR 的规划转换为我们熟知的凸规划有着得天独厚的优势。

Rockafellar R T(2000)采用线性规划及非平滑最优化算法，对 CVaR 的最优化方法进行研究，发现由于 CVaR 值满足一致的风险度量，可以同时最小化 VaR 和 CVaR。同时，Rockafellar(2002)通过若干投资案例指出，CVaR 能够处理 VaR 约束条件外的风险，更重要的是 CVaR 是连续的，通过线性规划的方法提供优化捷径，也使得大样本的数值计算成为可能，并且数据计算的稳定性更强。Topaloglou(2002)等人采用 CVaR 方法对国际资产配置的套期保值进行模拟实证研究。近些年来，我国学者对采用 CVaR 作为风险度量方法进行研究，成果也较为丰富：刘小茂(2003)等人建立了均值-CVaR 模型并对风险资产组合的有效前沿进行分析。林辉等人(2003)对 CVaR 和 VaR 在投资组合优化中的优缺点进行比较并分析。李选举、高全胜(2005)采用 CVaR 作为风险度量，建立了一个包含交易费用的投资组合模型。高全胜、李选举(2007)分析了基于 CVaR 的投资组合对资产变化的敏感性状况。黄金波、李仲飞等(2016)建立了均值-CVaR 模型，并设计了基于迭代思想的求解算法。通过蒙特卡洛模拟得到的投资组合优化模型和算法比现有方法更加有效，组合边界误差更小。迟国泰、向俊(2020)建立了基于 CVaR 和改进熵的全贷款组合优化模型，在控制存量组合和增量组合叠加后的全部组合风险的情况下，建立了多目标规划模型，实现了增量资产的最优配置。

刘俊山(2007)对 CVaR 与 VaR 风险测度方法的优缺点进行了深度比较分

析,认为 VaR 方法的优点是概念直观简单,便于理解,与公司违约概率相关联,易于事后实施检验,而缺点是未考虑超过 VaR 水平的尾部风险的情况,易于被操纵,从而导致不当投资行为;CVaR 方法的优点在于考虑了超过 VaR 的尾部风险,属于一致风险测度,满足次可加性,不易被操纵,不易出现误导投资者的信息,但缺点是不与公司的违约概率直接相联系,并且尾部损失分布预测的准确性会对 CVaR 的计算精度有较大影响。将 VaR 与 CVaR 方法结合起来度量风险可以起到优势互补的作用。本研究将在第 7 章中采用 VaR 和 CVaR 方法,并结合 Robust 投资组合方法对全国社会保障基金的战术资产配置进行研究。

3.2 经济周期与资产配置

资产价格与经济周期的关系紧密,这一点得到许多经济学家的认同,并将资产价格的变动归结为资产对经济周期变化的反应。现代资产定价理论表明资产的预期回报与其对经济变化的敏感程度相关。由于现代资产定价模型基本可以分为两类,即以消费为基础的资产定价模型和以产出为基础的资产定价模型,但无论哪一类资产定价模型,都与宏观经济变量密切相关,所以资产配置与经济周期关系紧密。许多国内外经济学家对这两者之间的关系进行了研究,积累了大量的研究成果,下面简要介绍这些成果。

3.2.1 国外的研究成果

Merton(1973)、Lucas(1978)各自建立了以消费为基础的资本资产定价模型,认为资产的回报率与未来的消费状况变化有关。Balvers(1990)等人在有效市场的假设条件下,采用新古典主义经济增长模型建立了一个宏观经济波动和股票回报的一般均衡模型。该模型表明经济总产值对股市有预测力。Fama & French(1989)认为资产预期回报率的变化、消费变化及公司投资机会变化均是理性结果。他们认为股票和债券收益均可通过股票市场变量(股息率)和期限结构变量(违约价差和期限价差)进行预测,而这两个变量都与宏观经济变量密切相关。

Siegel(1991)通过研究发现在经济周期到达转折点之前,如果投资者能在股票投资和债券投资间进行转换,就能提高资产组合回报。特别是在经济周期达到峰值之前,能从股票转到债券,在经济周期到达谷底之前,能从债券再转回到股票,就能够显著地提高组合的平均回报。

Zarnowitz V(1992)发现全国采购经理指数 NAPM(National Association of Purchasing Managers)与债券、股票的投资回报率密切相关,通常在经济扩张阶段(表现为 NAPM 指数上升),股票的投资回报率比债券高;而在经济萧条阶段(表现为 NAPM 指数下降),债券的投资回报率比股票高。从股票比债券表现好到债券比股票好,或者相反的转折点上,NAPM 指数具有特别的预示作用。

McQueen & Roley(1993)分析了股票价格、宏观经济消息和经济周期三者之间的关系,研究发现从经济周期视角来看,股票价格的波动和宏观经济消息之间具有很强的相关性:如果经济状况比较好,比预期好的消息通常会导致股价下降;而如果经济状况比较差,比预期差的消息往往会导致股价上升。

Whitelaw(1994)先后对股票资产的预期回报率的均值、方差(协方差)与经济周期的关系进行实证研究,通过研究发现股票资产的预期回报率往往在经济扩张达到峰值时或接近峰值前的几个月开始减小,而股票资产的收益率的波动率往往在经济周期峰值达到最大值,而在经济周期谷底达到最小值。

Brocato J. & Steed S(1998)经过实证研究发现在不同的经济周期阶段,资产组合的方差(协方差)矩阵不同,组合收益的波动率也不同。投资者倘若能随着经济周期轮动来积极配置资产则可以大大提高资产的回报率,并能降低风险,在经济扩张期积极的资产配置可以多产生 3.53% 的投资回报,而在经济衰退期积极的资产配置可以规避风险,并能多产生 79.14% 的投资回报。

Strongin S & Petsch M(1996)以潜在的经济增长率为基准,按照产出缺口的正负和变动方向将美国 1970—1995 年的经济周期划分为四种经济状态,分析了债券、股票、大宗商品和现金四类资产在不同经济阶段的平均收益率和波动率。通过实证研究发现大类资产的收益率明显受到经济周期变化的驱动,债券在产出缺口为负并且不断扩大的状态下收益率最高,在产出缺口为正并且不断扩大的状态下收益率最差;股票在产出缺口为负并且不断缩小的状态下收益率最高,在产出缺口为正并且不断缩小的状态下最差;大宗商品在产出缺口为正的状态下收益率很好,在产出缺口为负并且不断扩大的状态下收益率最差。

IImanen(2003)将经济的扩张期和收缩期进一步细分为三个阶段:早期、中期和末期,研究股票和债券在细分阶段上的风险和收益特征。实证研究得出的结论如表3-1所示,研究发现股票在收缩阶段的末期取得最高收益,这与宽松的货币政策及充裕的流动性有关。债券在收缩阶段的中期表现最好。债券和通货膨胀之间存在较为清晰的线性关系,高通胀降低了债券的实际收益,通货紧缩提高了债券的实际收益。而股票收益率和通货膨胀的关系是非线性的,轻微的通货膨胀似乎有利于实际盈利的增长,过高的通货膨胀既不利于股票,也不利于债券。通货紧缩有利于债券,但是不利于股票。同时还发现,股票和债券会呈现比较弱负的相关关系,说明在股票和债券间的分散化投资可以起到降低非系统性风险的作用。

表3-1 股票、债券在不同宏观状态下的表现(1952—2001)

宏观状态	股票收益	债券收益	相关系数	样本数
总体	1.01	0.53	0.19	600
经济扩张阶段	1.06	0.41	0.19	505
经济收缩阶段	0.72	1.18	0.2	95
扩张阶段早期	1.43	0.55	0.25	161
扩张阶段中期	1.23	0.63	0.21	165
扩张阶段末期	0.61	0.08	0.12	178
周期顶点附近	-0.66	0.37	-0.07	63
经济收缩早期	-1.44	0.24	-0.09	63
经济收缩中期	-0.47	1.72	-0.22	33
经济收缩末期	4.01	1.53	0.29	31
周期谷底阶段	3.23	0.89	0.23	59

注:1. 股票、债券收益率为月度收益率,股票为S&P500,债券为20年期国债。

2. 按照美国经济研究局(NBER)进行的经济扩张收缩阶段划分,每个阶段等分为三个时期,周期顶点和谷底设定为7个月。

有关经济周期与资产配置的理论最著名的当数美林证券的投资时钟理论。2004年11月美林证券发布了一篇名为《投资时钟》(*Investment Clock*)的研究报告,这篇报告分析了1972—2004年间,美国股票、债券、商品和现金四类资产在经济周期各个阶段的收益率。在这项研究中,美林证券以经济增长和通货膨胀两个变量将宏观经济划分为四个阶段:复苏阶段、过热阶段、滞胀阶段和衰退阶段。《投资时钟》研究报告得出的结论如表3-2所示:在复苏阶段,股票的收益率最高。因为在复苏阶段,一方面货币政策较为宽松,另一方面整个社会经济回暖,企业盈利状况逐渐改善,所以预期企业未来盈利能力的股票是最佳投资品种。在过热阶段,股票和债券的收益率大幅下降,商品期货是最好的投资品种。因为在过热阶段,企业生产的产品供不应求,甚至企业面临产能约束,所以作为产品原料的大宗商品是最佳投资品种。在滞胀阶段,股票、债券收益都很差,现金的实际收益尽管是-0.3%,却是最好的资产。因为在滞胀阶段,企业会出现产能过剩、产品库存不断增加的局面,导致企业利润不断下降,但整个社会的通货膨胀仍在持续上升,名义利率也在不断上升,所以股票和债券的收益率很低。在衰退阶段,最好的投资品种是债券。因为在衰退阶段,政府往往会采取逆经济周期的政策,通过降息以刺激经济,导致债券的收益率上升。

表3-2 美国增长周期各个阶段的资产实际收益率(%)(1973—2004)

资产	复苏阶段	过热阶段	滞胀阶段	衰退阶段
美国股票	19.9	6.0	-11.7	6.4
政府债券	7.0	0.2	-1.9	9.8
商品	-7.9	19.7	28.6①	-11.9
现金	2.1	1.2	-0.3	3.3

由于这四个宏观经济阶段均有各自的特点,导致大类资产在不同阶段的表现也出现分化,其轮动过程如图3-4所示。图中标识的资产类和行业的收益率在这个经济阶段通常会高于大市,而处于对立位置的资产类及行业的收益率通常会低于大市。

由图3-4投资时钟轮动图可以观察到,完整的复苏—衰退周期始于左下方,沿顺时针方向循环,债券、股票、大宗商品和现金组合的表现依次超过大市。将投资时钟画为圆圈的优点是可以将经济增长率和通货膨胀率这两个变量对资产配置的影响形象化地展示出来。上下方向表示经济增长率的增减,左右方向表示通货膨胀率的升降。需要说明的是如果经济受到冲击,比如海外因素影响,此时投资时钟将不再简单地按照顺时针方向变换阶段,可能会发生逆时针移动或跳过一个阶段。

---

① 《投资时钟》研究报告认为在滞胀阶段商品的收益率高属于特殊情况,这是由20世纪的石油危机引起的。

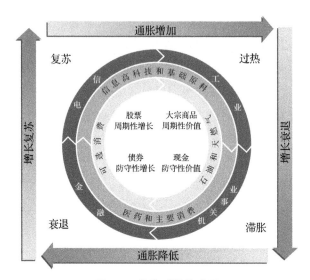

图3-4 投资时钟轮动图

3.2.2 国内的研究成果

近些年来,国内学者也对经济周期与资产配置进行了相关研究,研究主要从两个方面展开:一是从理论上对经济周期与资产配置的理论进行完善和补充;二是从实证角度对中国的资本市场与经济周期的关系进行分析。

第一,对经济周期与资产配置理论进行完善和补充的研究。

郑木清(2003)以美国金融市场的相关数据为研究对象,对经济周期与资产配置的关系进行研究。他将美国的经济周期也分为四个阶段,各资产在各经济阶段的表现如下:在经济处于周期的谷底并向持续非通胀的增长轨道上发展的阶段,股票和债券的表现优于现金。在经济运行超过了可持续的非通胀增长的阶段,股票收益率略高于现金,债券表现不佳。在经济增长从周期的顶峰下挫而使产出缺口缩小的阶段,现金和债券收益率大大超过了股票。在经济增长降落到潜在水平之下同时通胀压力减缓的阶段,股票和债券表现非常出色,而现金收益率却很低。

苏民、逯宇铎(2011)对投资时钟理论进行补充,认为美林证券的投资时钟理论是分析资产配置的利器,但不可教条使用,因为美林的投资时钟理论具有一定的前提条件,投资者必须对这些前提条件及其作用机理有清晰的把握,才能正确使用这一理论,如果教条使用可能会导致亏损。同时他们对投资时钟理论进行进一步的细分,在美林证券的经济周期四阶段划分的基础上,将每个阶段再划分为3个阶段,即期初、期中、期末,共12个阶段,使之更具实用性,但没有进行相关的实证研究。

第二,对中国的资本市场与经济周期的关系方面的实证研究。

靳云汇、于存高(1998)是较早对中国的股票市场与经济周期的关系进行实证研究的学者,他们认为股票价格指数是经济周期的先行指标,通过实证研究发现沪、深两市股价指数能提前8个月左右反映出我国经济周期的变化,而股市作为宏观经济系统的子系统,也会受到宏观经济状态变动的影响。当经济衰退时,企业经营状况恶化,投资者通常会将股票卖出,导致股票价格下跌;而当经济复苏和繁荣时,投资者看好企业的经营前景,往往会积极购买股票,导致股票价格上涨。

郜哲(2015)运用投资时钟理论对我国的大类资产配置进行实证研究,发现我国宏观经济指标与成熟经济体不同,在实践应用中采取国家统计局的领先和滞后指数来划分经济周期更符合我国经济的特点,在这样的经济周期划分下考察我国四类资产(现金、债券、商品、股票)在经济周期不同阶段的表现,得出我国经济周期与资产配置同样具有轮动关系。

王月溪、王卓(2012)对证券投资基金在不同经济周期背景下的投资策略进行实证研究,先将我国的宏观经济状态分为衰退、复苏、过热及滞胀四个阶段并使用均值方差模型对我国基金最优投资组合的构建进行分析。经研究发现当经济处于衰退期时,股票资产的回报为负,基金应将资金的大部分用于购买债券资产;当经济处于复苏期和过热期时,由于股票的收益情况都比较可观,基金应将资金的大部分用于配置股票资产;当经济处于滞胀期时,建议基金经理将资金尽量多地配置债券资产。文章采用Markowitz的均值-方差模型,对我国证券投资基金最优投资组合的构建提出分析和建议,但是没有考虑均值-方差模型对输入参数过于敏感的问题。

陈婷、熊军等(2011)对我国养老基金的战术资产配置进行研究,对2000—2008年我国的股票、债券、现金三类资产收益率随经济周期变化的规律进行分析。研究发现,在中国,股票在GDP扩张、CPI上升、加息的宏观经济状态下,也就是股票资产在经济处于扩张阶段的后期取得了最高回报;债券在经济收缩阶段的中后期的投资回报最高;现金资产在经济收缩阶段的中期表现最好。

瞿尚薇、王斌会(2017)借鉴美林投资时钟理论对我国经济周期进行划分,并进行资产配置分析。研究发现,通过投资时钟法得到的短周期划分可为资产配置提供指导,且美林投资时钟理论在我国具有一定可行性。

尚煜、许文浩(2020)依据产出缺口和通货膨胀两个指标将我国的经济周期分为衰退、复苏、过热和滞涨4个阶段。他们研究发现,在不同阶段,某些行业拥有超过市场平均收益的能力,而且不同行业对经济周期的敏感度也不同。因此,他们建立了一个基于经济周期的行业资产配置模型,考虑了各个行业对经济周期的敏感性和阶段特征。

3.2.3 研究成果综述

综合国内外相关文献,我们可以总结出经济周期与资产战术配置的关系,这些关系如图3-5所示,具体关系如下。

3.2.3.1 萧条阶段

美林证券的投资时钟理论将这一阶段称为衰退阶段。在这一阶段,经济增长率低于潜在增长率,产出缺口为负,并且不断扩大,通货膨胀率也在不断下行。经济面临总需求不足、总供给过剩的局面。政府一般会采取增加开支的财政政策,中央银行一般会出台降息和降准的货币政策来刺激经济。所以,在萧条阶段的初期债券表现最为出色,但随着经济下行力度的减弱,在萧条阶段的末期,则是股票的最佳投资期。

3.2.3.2 复苏阶段

在这一阶段,经济增长率低于潜在增长率,产出缺口为负,但在不断缩小,通货膨胀率也不再下行。社会总需求开始回暖,过剩生产能力逐步消化,经济开始持续复苏,物价水平向非通胀的轨道上发展。在复苏阶段,企业的利润率不断提升,预期企业未来盈利能力的股票资产的表现也最好。在复苏阶段末,当产出接近潜在水平时,债券的收益率将逐渐降低,也是债券资产的最佳撤退点。

3.2.3.3 繁荣阶段

美林证券的投资时钟理论将这一阶段称为过热阶段。在这一阶段,经济增长率高于潜在增长率,产出缺口为正,并且逐步扩大,通货膨胀率也在不断高涨。由于企业生产的产品供不应求,企业甚至面临产能约束。所以,在繁荣阶段,商品期货是最好的投资品种。

3.2.3.4 衰退阶段

美林证券的投资时钟理论将这一阶段称为滞胀阶段。在这一阶段,经济增长率高于潜在增长率,产出缺口为正,但在不断缩小。同时,由于经济从繁荣阶段回落,通货膨胀率仍处于高位。经济从周期的波峰开始逐渐下降,经济的下行带来公司利润的随之下降,股票的收益率也在不断下降。并且居高不下的通货膨胀率导致央行采取紧缩的货币政策,较高的利率水平导致债券资产的价格不断下行。所以在衰退阶段,现金资产是最佳配置品种,尽管与通货膨胀率相比其收益率为负。但是在衰退阶段末期,当经济增长率下行到接近潜在增长率时,由于紧缩性货币政策已经持续实施了较长时间,并且经济增长率的下降使得投资者预期央行将会出台宽松的货币政策以抑制经济的下滑,导致预期利率下调,债券市场环境趋于改善,所以衰退阶段的末期是买入债券的最佳时机。

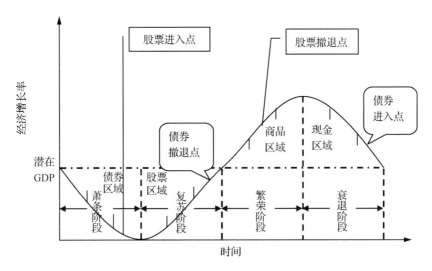

图 3-5 经典周期各阶段的资产配置

3.3 经济周期的波动分析方法

从经济周期与资产配置的关系,可以看出经济周期的识别与监测的重要性。经济周期的波动分析是一门独立的学科。本研究仅简要地介绍经济周期的理论基础,经典的经济周期识别与监测方法,以及我国经济周期波动的研究进展和现状。

3.3.1 经济周期理论

宏观经济繁荣与衰退交替出现的周期现象很早就引起了经济学家们的关注,并且不同的经济学流派对经济周期波动现象作出了各自的理论解释,这些流派主要包括:古典主义流派、凯恩斯主义流派、货币主义流派、新古典主义流派和新凯恩斯主义流派。

3.3.1.1 古典主义流派的经济周期理论

古典主义认为经济系统是内在稳定的,外生因素是经济周期的起因,外生因素包括技术进步、太阳黑子、战争等。20世纪30年代之前,古典主义流派是经济学界的主流思想。古典主义流派认为供给自身创造需求,经济不会出现总需求不足的问题,并且货币只起到中介作用,对经济不产生影响。同时古典主义学派假定工资具有完全弹性并且假定充分就业。

古典主义学派的主要缺陷是始终认为总需求对产出没有持久影响和始终认为存在充分就业。然而1929年的经济大萧条使人们开始质疑古典主义流派的理论,古典主义流派无法解释当时存在的大量失业。相反,总需求的下降似乎是衰退的主要起因。由于古典主义理论无法解释现实经济,导致以总需求为导向的凯恩斯主义的出现。

3.3.1.2 凯恩斯主义流派的经济周期理论

凯恩斯主义学派认为内生因素是产生经济周期波动的原因,认为经济系统是内在不稳定的。凯恩斯认为经济衰退是有效需求不足造成的。凯恩斯提出边际消费倾向递减、资本边际效率递减、流动性陷阱等因素来解释经济周期波动的原因,并认为这些因素使得人们消费需求、投资需求降低,从而导致有效需求不足,导致经济在短期中出现衰退。随着经济的发展,人们收入增加,但消费存在着上限,边际消费倾向递减,消费需求总是面临不足的问题。在经济扩张阶段,由于企业所掌握的信息是非充分的,企业家往往会受乐观情绪的影响,过高地估计产品需求的前景。并且企业家之间也会相互影响,左右其他企业经营者的投资决策,从而导致过多的投资。然而,扩张导致资本品需求增加,引起资本品价格上涨,从而引起资本边际效率下降,使一些项目不能获利,这些因素压缩了企业的投资需求。随着经济的下滑,悲观情绪蔓延,企业家会压缩投资,人们收入的降低又导致了自发消费的下降,使得厂商积压了过多的存货从而进一步压缩投资。在乘数机制的作用下,衰退不可避免地出现了。

3.3.1.3 货币主义流派的经济周期理论

1929年大萧条之后,凯恩斯的经济理论和相应政策占据了西方经济学的统治地位,并一度对西方经济的恢复和发展发挥了积极的政策指导作用。20世纪70年代西方出现了经济衰退与通货膨胀并存的滞胀局面,以解决有效需求不足为主的凯恩斯理论无法解释滞胀的原因,更提不出解决滞胀问题的办法。货币主义学派的代表人物弗里德曼与施瓦茨合著的《1867—1960年美国货币史》对货币数量、宏观经济状态和价格水平的系统关系进行分析。他们经研究后得出结论,从长期来看经济系统是内在稳定、趋向充分就业的;在短期,总需求能影响产出和就业,产生经济的波动,但产生经济波动的原因是由于人们具有货币幻觉,以及货币当局不稳定的货币政策,导致经济行为主体对价格等名义变量产生错误的预期,引起了总需求波动,从而导致了经济的不稳定。

3.3.1.4 新古典主义流派的经济周期理论

20世纪70年代以来最为流行的当代宏观经济学流派是新古典主义经济学流派。新古典主义流派批判凯恩斯主义经济学缺乏微观经济学基础,他们在古典主义的市场出清、经济人不断追求自身利益最大化的理性行为的假设基础上,引入理性预期理论。在对经济周期的解释上,Lucas(1972)结合货币主义学派的理论,提出不完全信息的货币幻觉理论,认为预料不到的货币供给的变化是经济不稳定的原因。倘若货币当局制定的货币政策使得一般价格水平上涨,由于信息的不完全,厂商可能会被误导,错误地认为价格水平的上涨是因为市场对其所生产的产品的需求增大,于是会增加投资、扩大生产。可是一段时间之后,当厂商发现其他商品价格都在上涨,并且生产成本大幅度上升时,就会减少投资,缩小生产规模,于是经济的波动就产生了。

3.3.1.5 新凯恩斯主义流派的经济周期理论

当20世纪70—80年代新古典主义经济学广为流行并断言凯恩斯主义宏观经济学将要走向破产的时候,凯恩斯主义经济学家结合货币主义和新古典主义的合理成分,建立新凯恩斯主义学派。该学派认为总需求和总供给的不稳定都会引起经济发生波动,并且认同货币不稳定也是造成经济不稳定的原因。短期中名义工资和价格的黏性导致总需求的不稳定,引起经济周期波动。新凯恩斯主义经济学家Mankiw(1985)认为,在非完全竞争市场条件下,在商品市场上厂商出售的产品具有菜单成本,所以即使面对经济系统中的需求冲击,价格水平的调整也是缓慢变化且具有黏性的。在劳动市场上,在某个给定时期,工人的工资受到工资合同的约束,所以在短期之内工人的名义工资变化缓慢也具有黏性。所以一旦产品市场受到冲击时,商品市场和劳动力市场短期内均不能迅速出清,从而产生了经济的波动。

综上所述,导致经济发生波动的原因很多,各个经济学流派都提供了对经济周期成因的解释。虽然解释的角度不同,但在很多方面达成了共识,比如短期内货币供给量可以影响经济的波动,总需求和总供给都是影响经济发展的重要因素,政府对宏观经济的干预措施出现偏差也会引起经济的波动。但是在经济波动的时候,对政府是否应该采取措施进行干预仍然存在分歧。可是实际上,面对经济系统中出现的大起大伏,世界各国政府都无一例外地采取措施进行干预。

3.3.2 经济周期的波动与宏观经济调控政策

一般来说,各国政府都将熨平经济大幅波动,维持一个物价平稳和充分就业的经济发展形势作为本国宏观经济政策调控的目标。所以,宏观经济政策调控的目标体系主要包括充分就业、价格水平稳定和国际收支平衡等。为了完成这些宏观经济调控目标可采取的政策手段很多,但主要的手段是财政政策和货币政策。

3.3.2.1 财政政策

财政政策可以运用的手段主要包括财政支出政策(政府购买、追加公共投资与转移支付)和财政收入政策(税收)。在政策方向上,财政政策包括扩张性财政政策和紧缩性财政政策两种。为了熨平经济的大幅波动,政府往往采取"逆经济"的政策来进行宏观经济调控。

倘若经济步入衰退期,政府应采取扩张性的财政政策,以抑制经济的进一步下滑。也就是通过降低税率、扩大政府支出来刺激总需求的增加,实现总供给和总需求的平衡,同时也可以使得失业率降低。扩大政府支出政策主要包括增加政府购买、增加公共投资、增加转移支付等。这些政策可以使得总需求直接扩大,同时又刺激了私人的投资与消费,又可以使得总需求间接扩大。降低政府税收(包括免税或退税)也可以使得总需求扩大。因为对个人来说,减少个人所得税,个人将会有更多的可支配收入,从而增加消费;对于企业来说,减少企业所得税可以刺激企业投资,以抑制经济的下滑。

倘若经济步入过热期,则经济中存在着过度需求,面临通货膨胀的压力,政府应采取紧缩性的财政政策,使得经济降温。这也就是通过提高税率,减少政府支出来抑制过度的总需求,达到维持总供给和总需求平衡的目的,并可抑制通货膨胀。这些财政政策可以使得总需求直接降低,同时又抑制了私人的投资与消费,使得总需求间接地缩小。因为对个人来说,增加个人所得税,个人的可支配收入将会减少,从而减少消费;对于企业来说,增加企业所得税可以减少企业的投资,以抑制经济的过热局面。

3.3.2.2 货币政策

当前,各经济学流派都认同货币政策在短期内能对经济的波动产生影响,是对宏观经济有影响力的调控手段。在政策方向上,货币政策也包括扩张性货币政策和紧缩性货币政策。从货币政策工具角度来说,央行可以运用的工具主要包括公开市场操作、法定存款准备金率和再贴现率三种。一般来说,公开市场操作是央行的主要货币政策工具。法定存款准备金率由于政策力度过大,各国央行很少使用这一工具来调节货币供应量。著名经济学家萨缪尔森指出:由于改变准备金要求会引起政策上过大和突然的变化,所以极少被采用。而公开市场业务能以破坏性较小的方式获得同样效果。再贴现利率是商业银行向中央银行借款时所支付的利率,通常也被视作金融市场的基础利率,它的变动将导致整个金融市场利率的变动,从而影响资本的流动。

倘若经济步入衰退期,中央银行应采取扩张性的货币政策,以抑制经济的进一步下滑。也就是通过在公开市场上买入政府债券,以增加经济中基础货币数量;或者降低再贴现率,使得商业银行向中央银行借款的成本降低,激励商业银行向中央银行借款,使得商业银行的存款准备金增加,由于货币乘数的作用,货币供应量也会增加;倘若经济增速下滑很严重,央行还可以降低存款准备金率,促使货币乘数迅速扩大,货币供应量增加。扩张性货币政策是通过扩大货币供应量、降低利息率来刺激总需求的增加,达到维持总供给和总需求平衡的目的,以抑制经济的下滑。

倘若经济步入过热期,则经济中存在着过度需求,面临通货膨胀的压力,中央银行应采取紧缩性的货币政策,使得经济降温。也就是通过在公开市场上抛售政府债券,以减少经济中基础货币数量;或者提高再贴现率,使得商业银行向中央银行借款的成本增加,使商业银行不愿向中央银行借款,导致商业银行的存款准备金降低,由于货币乘数的作用,货币供应量也会相应减少;倘若经济过热需要迅速降温,央行还可以提高存款准备金率,促使货币乘数迅速减小,货币供应量降低。紧缩性货币政策是通过减少货币供应量、提高利息率来抑制总需求的增加,达到维持总供给和总需求平衡的目的,以抑制经济过热和过高的通货膨胀率。

3.3.3 经济周期的监测与预测方法

传统的经济周期监测是通过编制经济景气指数,然后再通过数学模型来预测经济周期的波动状况。

3.3.3.1 经济景气指数方法

经济景气指数方法是一种实证的景气观测方法,已经有100多年的历史。由于经济在发展过程中存在着周期波动,并且在经济波动的过程中会发生一些变化,这些变化率先通过一些指标显露或反映出来。从这些指标中挑选出一批对经济变动敏感并且有代表性的经济指标,并用数学方法合成一组经济景气指数(先行、一致、滞后),作为观测宏观经济波动的尺度。所以,经济景气指数就像晴雨表一样,指示着经济的扩张和收缩、繁荣和萧条。

从20世纪80年代开始,我国经济景气理论与方法研究逐渐兴起。此后,经济景气监测被关注的程度也越来越高。1999年6月中国经济景气监测中心成立。经济中心每月会定期发布三组指标:先行指标、一致指标和滞后指标。其中,先行指标是在宏观经济波动达到峰值或谷底之前,超前出现峰或谷的指标,用于事先预测经济波动的峰与谷。先行指标包括恒生中国内地流通指数、房地产开发领先指数、物流指数、货币供应M2、利率差、投资新开工项目、消费者预期指数、工业产品产销率。一致指标是指该指标达到峰与谷的时间与经济运行达到峰与谷的时间大致相同,可以综合地描述经济所处状态。一致指标包括工业生产指数、社会收入指数、社会需求指数、工业从业人员数。滞后指标是对经济运行中已经出现的峰与谷的一种确认。滞后指标包括财政支出、短期贷款、居民储蓄、企业存货、居民消费价格指数。从时点上来说,先行指标要求的特殊循环时点比基准循环时点的时差要先行3个月以上,一致指标要求特殊循环时点与基准循环时点的时差保持在正负3个月以内,滞后指标在特殊循环时点与基准循环时点的时差关系上要求滞后3个月以上。所以,不论先行指标、一致指标还是滞后指标,在确定这些指标之前,首先要确定一个基准指标,然后在基准指标的基础上对其他指数进行筛选,以确定先行指标、一致指标和滞后指标。

3.3.3.2 经济周期的预测方法

实际上,要准确预测经济周期及其拐点是非常困难的,通常思路是在不出现黑天鹅的正常情况下,对经济周期进行预测。预测经济周期的方法很多,内容也很宽泛,甚至其中的任意一种方法就可以写成一本书。常见的模型有 ARIMA 模型、HP 滤波法模型,马尔科夫区域转换模型、Probit 模型等。其中,ARIMA 模型是采用金融时间序列的方法,对时间序列的变化进行拟合和预测。HP 滤波法模型是将时间序列调整后,将趋势部分和周期循环变动部分各自分开,这样可以更为精确地分析和确定经济周期的波动特征。马尔科夫区域转换模型利用马尔科夫链和贝叶斯估计法,对经济周期的转折点按照状态转移概率的大小进行识别。Probit 模型是简单的二元离散选择模型,其被解释变量为只取两个值 0 或 1 的离散型随机变量。Probit 模型为概率模型,依照概率的大小,Probit 函数值在 0 和 1 中进行选取。本研究将在第 4 章使用 Probit 模型对经济周期的划分结果进行检验和预测。

第4章 经济周期与资产配置关系实证研究

由上一章的研究文献可以得知,经济周期与资产配置的关系紧密。不同的资产收益随经济周期存在轮动关系。但我国资本市场建立的时间较短,发展不够成熟,还存在着诸多问题。那么,在我国是否也存在资产配置与经济周期的轮动关系?这是本章重点探讨的问题。为了探讨这一问题,首先需要对我国经济周期阶段进行恰当、合理地划分。在此基础之上,将全国社会保障基金的投资工具,按照大类资产和风格资产两种标准进行划分,分别探讨大类资产和经济周期,风格资产和经济周期的轮动关系。本章将为后面章节在不同经济阶段全国社会保障基金资产的战术配置提供数据基础。

4.1 经济周期的划分与预测

本节先采用宏观经济月度数据将我国宏观经济状态划分为不同的经济阶段,然后使用 Probit 数学模型对划分结果进行检验。

4.1.1 我国经济周期阶段的划分

本研究的样本区间为 2005 年 5 月—2022 年 4 月,时间跨度为 17 年。由于我国股权分置改革始于 2005 年 5 月,此后资本市场日益变得规范起来,所以本研究选择这个时间段作为研究的观测区间。而宏观经济周期的划分则采用月度工业增加值增速和消费者物价指数作为划分的依据,具体的月度数据则是通过国家统计局官方网站获取的。为了剔除季节因素对数据的影响,我们首先采用 X-12 方法对原始数据进行季节调整。采用该种调整方法的原因是 X-12 方法是由 X-11 方法和时间序列模型组合而成的移动平均季节调整方法,并且 X-12 方法考虑了节日要素,比 X-11 方法更精细,考虑的因素更全面。我们将 2005 年 5 月—2022 年 4 月我国工业增加值同比增速与 CPI 同比增速画在一幅图中进行对比分析,如图 4-1 所示。

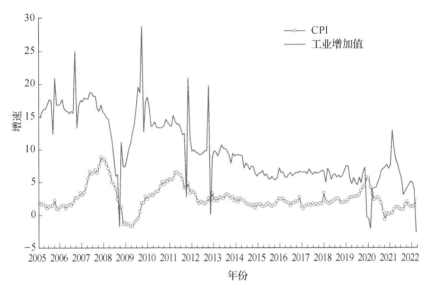

图 4-1　2005 年 5 月—2022 年 4 月我国工业增加值同比增速与 CPI 同比增速趋势图

将工业增加值的趋势与 CPI 同比增长趋势进行对比,发现两者的上升和下降趋势存在不同步。然后,采用月度指标的二阶段对应值对我国的宏观经济状态进行划分,具体来说对工业增加值同比增速(经季节调整后的增速)按照向上和向下的方向划分为两种状态(扩张和收缩),并且依据 CPI 的值是否大于 3% 划分为两种状态(通胀和通缩)。按照这样的划分标准就得到了 2005 年 5 月—2022 年 4 月中国经济周期划分结果,如表 4-1 所示。

表 4-1　2005 年 5 月—2022 年 4 月我国宏观经济周期的划分

时间	工业增加值增速	CPI	经济状态	持续月数
2005-05—2006-11	扩张	通缩	复苏阶段	19
2006-12—2007-12	扩张	通胀	繁荣阶段	13
2008-01—2008-06	收缩	通胀	衰退阶段	6
2008-07—2009-01	收缩	通缩	萧条阶段	7

续表

时间	工业增加值增速	CPI	经济状态	持续月数
2009-02—2009-07	扩张	通缩	复苏阶段	6
2009-08—2010-03	扩张	通胀	繁荣阶段	8
2010-04—2011-07	收缩	通胀	衰退阶段	16
2011-08—2013-05	收缩	通缩	萧条阶段	22
2013-06—2013-12	收缩	通胀	衰退阶段	7
2014-01—2019-08	收缩	通缩	萧条阶段	65
2019-09—2020-02	收缩	通胀	衰退阶段	7
2020-03—2021-03	扩张	通缩	复苏阶段	13
2021-04—2022-04	收缩	通缩	萧条阶段	13

本研究对我国经济周期的划分结果与其他经济学家对我国宏观经济的看法一致。刘树成(2009)认为自2000年起到2007年,我国经济实现了高位平滑化的可持续发展,然而2008年受美国次贷危机的影响,中国经济增速也开始被动调整。我们这样的划分结果也与国家经济景气中心的研究一致,国家经济景气中心每月会为公众提供经济和社会景气监测研究报告及信息咨询服务。景气中心每月会提供包括先行指数、一致指数、滞后指数和预警指数的四组景气指数数据。一致指数的峰与谷出现的时间与总体经济运行峰与谷出现的时间基本一致。从图4-2可以发现我国经济周期的转折点为2008年至2009年的金融海啸期间,此后我国推出4万亿元的天量刺激政策,经济开始U型反转①,在2010年一季度经济增速达到最高点。但由于刺激力度过猛,部分行业出现了产能过剩,因此经济从2011年三季度开始逐年下降。这一判断和"权威人士"的判断相一致,2016年5月9日"权威人士"在《人民日报》的头版头条指出:"我国经济运行不可能是U型,更不可能是V型,而是L型的走势。"②漫长的L型经济走势过程中,中国经济经历了产能过剩去库存的供给侧改革、中美贸易战、新冠疫情等重大事件。2020年3月—2021年3月,政府为抗击新冠疫情对经济的影响,出台了一系列强有力的刺激政策,经济发展从停摆到逐渐反弹复苏。此后,刺激政策效果出现边际效用递减,经济增速逐渐回落。

---

① 高铁梅,李颖,梁云芳.2009年中国经济增长率周期波动呈U型走势——利用景气指数和Probit模型的分析和预测[J].数量经济技术经济研究,2009(6):3-14.
② 龚雯,许志峰,吴秋余.开局首季问大势[N].人民日报,2016-05-09(01).

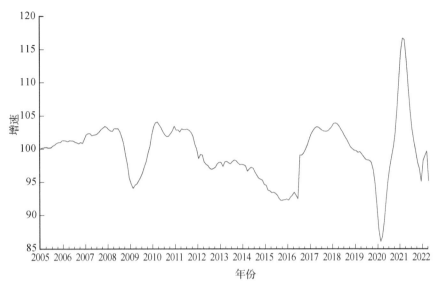

图 4-2　2005 年 5 月—2022 年 4 月宏观经济景气一致合成指数

4.1.2　经济周期阶段划分的检验

为了验证本研究对经济周期划分结果的合理性,我们采用 Probit 模型对表 4-1 划分的结果进行检验。Probit 模型是简单的二元离散选择模型。本章中 Probit 模型的被解释变量 Y_t 是取值为 0 和 1 的离散型随机变量,而解释变量为消费者价格指数和工业增加值同比增速,以此来预测经济周期拐点出现的概率。

$$Y_t = \begin{cases} 0, & \text{时期 } t \text{ 经济处于扩张状态} \\ 1, & \text{时期 } t \text{ 经济处于收缩状态} \end{cases} \quad (4\text{-}1)$$

将由 n 个指标构成的先行指标组记为 $X_1, X_2, \cdots, X_n$,则相应的 Probit 模型为

$$Y_t = \beta_0 + \sum_{i=1}^{n} \beta_i X_i + u_t \quad (4\text{-}2)$$

本研究的目的是对全国社会保障基金进行资产配置研究,所以经济周期预测的模型是采用双变量指标的 Probit 模型:

$$Y_t = \beta_0 + \beta_1 \cdot \text{CPI} + \beta_2 \cdot \text{IVA} \quad (4\text{-}3)$$

式中,CPI 为表 4-1 中的消费者价格指数;IVA 为工业增加值增速。于是,就得到相应的条件概率:

$$P(Y_t = 1 | \text{CPI}, \text{IVA}) = F(\beta_0 + \beta_1 \cdot \text{CPI} + \beta_2 \cdot \text{IVA}) \quad (4\text{-}4)$$

式(4-4)中 $F(X)$ 表示标准正态函数的分布函数。对 Probit 模型采用似然函数法来估计,具体的似然函数为

$$L = \prod_{Y_t=1} F(\beta_0 + \beta_1 X_{t-k}) \prod_{Y_t=0} [1 - F(\beta_0 + \beta_1 X_{t-k})] \quad (4\text{-}5)$$

相应的对数似然函数为

$$\ln L = \sum_{t=1}^{T} \{Y_t \ln F(\beta_0 + \beta_1 X_{t-k}) + (1 - Y_t) \ln[1 - F(\beta_0 + \beta_1 X_{t-k})]\} \quad (4\text{-}6)$$

倘若由 Probit 模型预测得到的概率值存在上升或下降的变动,意味着经济周期波动可能出现转折点。在应用 Probit 模型时,在作出判断前,往往会设置一个概率的门限值作为判断依据,当预测值超过此门限值时,就判断经济活动出现转折信号。我们采用 McFadden R^2 以测定所得 Probit 模型的拟合优度,该统计量的计算公式为

$$\text{McFadden } R^2 = 1 - \frac{L(\hat{\beta})}{L(\tilde{\beta})} \quad (4\text{-}7)$$

式中,$L(\hat{\beta})$ 是极大似然函数最大值的无偏估计;$L(\tilde{\beta})$ 是受限似然函数值的无偏估计。

McFadden R^2 的值与线性回归模型中的拟合优度 R^2 的值类似。McFadden R^2 值也介于 0 和 1 之间,值越大模型的拟合效果越好。本研究采用异方差的 Probit 模型来验证我们对宏观经济状态的划分结果,经 EViews 软件检验的结果如表 4-2 所示。

表4-2 Probit 模型的估计结果

Variable	Coefficient	Std. Error	z-Statistic	Prob.
C	-1.694 090	0.268 515	-6.309 106	0.000 0
CPI	-0.357 540	0.065 995	-5.417 663	0.000 0
IVA	0.191 479	0.025 337	7.557 336	0.000 0
McFadden R-squared	0.458 186	Mean dependent var		0.289216
S. D. dependent var	0.454 514	S. E. of regression		0.317 161
Akaike info criterion	0.801 447	Sum squared resid		20.218 86
Schwarz criterion	0.850 243	Log likelihood		-78.747 57
Hannan-Quinn criter.	0.821 186	Deviance		157.495 1
Restr. deviance	245.390 8	Restr. log likelihood		-122.695 4
LR statistic	87.895 62	Avg. log likelihood		-0.386 017
Prob(LR statistic)	0.000 000			
Obs with $Dep=0$	145	Total obs		204
Obs with $Dep=1$	59			

由表4-2可知,虽然McFadden R^2 系数仅约为0.458 2,但方程的系数显著,并且AIC指标也较小。我们将概率门限值设置为0.5,得到Probit模型对经济周期划分的检验结果。由表4-3可知模型准确拟合了145个收缩期中的142个,准确率约为97.93%;对于扩张期,Probit模型准确拟合了59个扩张期中的40个,准确率约为67.80%;模型总体预测的准确率约为89.22%。说明表4-1对宏观经济状态的划分结果较好。

表4-3 Probit 模型对经济周期划分的检验结果

	Estimated Equation			Constant Probability		
	$Dep=0$	$Dep=1$	Total	$Dep=0$	$Dep=1$	Total
$P(Dep=1) \leqslant C$	142	19	161	145	59	204
$P(Dep=1) > C$	3	40	43	0	0	0
Total	145	59	204	145	59	204
Correct	142	40	182	145	0	145
% Correct	97.93	67.80	89.22	100.00	0.00	71.08
% Incorrect	2.07	32.20	10.78	0.00	100.00	28.92
Total Gain*	-2.07	67.80	18.14			
Percent Gain**	NA	67.80	62.71			

续表

	Estimated Equation			Constant Probability		
	$Dep = 0$	$Dep = 1$	Total	$Dep = 0$	$Dep = 1$	Total
$E(\# \text{ of } Dep = 0)$	120.84	22.59	143.43	103.06	41.94	145.00
$E(\# \text{ of } Dep = 1)$	24.16	36.41	60.57	41.94	17.06	59.00
Total	145.00	59.00	204.00	145.00	59.00	204.00
Correct	120.84	36.41	157.25	103.06	17.06	120.13
% Correct	83.34	61.72	77.08	71.08	28.92	58.89
% Incorrect	16.66	38.28	22.92	28.92	71.08	41.11
Total Gain*	12.26	32.80	18.20			
Percent Gain**	42.39	46.14	44.26			

* Change in "% Correct" from default (constant probability) specification.

** Percent of incorrect (default) prediction corrected by equation.

4.2 经济周期与全国社会保障基金的大类资产收益率关系

本节先对全国社会保障基金的大类资产的收益率进行统计分析,然后从经济周期视角出发,统计分析大类资产在不同经济阶段的表现。《暂行办法》规定的 6 种资产投资种类分别是银行存款、国债、金融债、企业债、证券投资基金及股票资产,本研究的大类资产仍然采取这种划分方式。对于全国社会保障基金这类大型投资机构来说,银行存款数额较大,可定制化服务。所以,社保基金的银行存款的收益率也要高于普通储户,所以本研究用货币基金的收益率代替银行存款利率。针对这 6 种大类资产,我们选取中证货币基金指数月收益率、中证国债指数月收益率、中证金融债券指数月收益率、中证企业债券指数月收益率、中证基金指数月收益率及沪深 A 股市场流通市值加权平均市场月收益率作为衡量银行存款、国债、金融债、企业债、基金及股票市场的收益率指标。本节内容数据来自 RESSET 金融数据库,而资产收益率采用对数收益率,即 $r = \ln(p_t) - \ln(p_{t-1})$,其中 p_t 是资产指数的月收盘价。

4.2.1 全国社会保障基金的大类资产收益率描述性统计

2005年5月—2022年4月全国社保基金大类资产描述性统计结果如表4-4所示,这部分原始数据来自RESSET金融数据库。由表4-4可知,在样本期,股票和基金资产的年化收益率最高,但股票的风险要高于基金。在债券类资产中,企业债的收益率相对最高,金融债的风险相对最低。

表4-4 2005年5月—2022年4月大类资产描述性统计

统计量	国债	金融债	企业债	基金	股票	银行存款
年收益率	4.08%	4.11%	4.97%	11.08%	11.94%	2.96%
标准差	0.0315	0.0275	0.0311	0.1740	0.2705	0.0030
偏度	0.6830	0.3070	0.3240	-0.3750	-0.3380	0.4802
峰度	3.8140	1.2700	1.5760	1.7200	1.5090	0.4212

偏度是描述随机变量取值分布对称性的统计量。这个统计量是与正态分布相比较的量,偏度为零表示其数据分布形态与正态分布偏度相同;偏度大于零,为右偏态,即有一条长尾巴拖在右边;偏度小于零,为左偏态,即有一条长尾巴拖在左边。根据概率统计学中的定理,左偏分布中平均数小于中位数,而右偏分布中平均数大于中位数。由表4-4可以看出,基金与股票均为左偏分布,而债券类资产均为右偏分布。

峰度是描述某随机变量取值分布形态陡缓程度的统计量,该统计量也是与正态分布相比较的量。峰度为零表示其数据分布的陡缓程度与正态分布相同;峰度大于零表示比正态分布的高峰还陡峭,为尖峰顶;峰度小于零表示比正态分布的高峰要平坦,为平峰顶。在金融学中,如果一项金融资产预期收益率的峰度较高,则说明该项资产的预期收益率有相对较高的概率取极端值。由表4-4可以看出只有银行存款利率的分布为平峰顶,其余资产收益率分布皆为尖峰顶。

此外,本研究还对大类资产收益率的相关性进行统计分析,如表4-5所示。

由表4-5可知,债券类资产之间的相关系数均在1%的显著水平下,并且显著正相关。其中,国债和金融债的相关性最高,相关系数为0.874。基金与股票的相关系数最大,在1%的显著水平下,相关系数达到0.948。债券资产与股票资产之间的相关系数均低于0.3,为弱相关,说明在债券资产和股票资产之间进行分散化投资可以起到规避非系统性风险的作用。

表 4-5 2005 年 5 月—2022 年 4 月大类资产收益率相关系数

资产	国债	金融债	企业债	基金	股票
国债	1	0.874***	0.692***	-0.170**	-0.213***
金融债	0.874***	1	0.721***	-0.106	-0.163**
企业债	0.692**	0.721**	1	-0.222***	-0.253**
基金	-0.170**	-0.106	-0.222***	1	0.948***
股票	-0.213***	-0.163**	-0.253***	0.948***	1

注：***、**和*分别表示在1%、5%和10%的双尾显著性水平下显著。

4.2.2 经济周期视角下大类资产收益率分析

按照表 4-1 对我国经济周期的划分结果，我们对社会保障基金所规定的 6 种投资标的在不同经济阶段的收益状况进行统计分析，这部分原始数据来自 RESSET 金融数据库。2005 年 5 月—2022 年 4 月在不同的时间段全国社会保障基金的累计收益率统计结果如表 4-6 所示。

表 4-6 各经济阶段全国社会保障基金大类资产的累计收益率

时间	经济周期	国债	金融债	企业债	基金	股票	银行存款
2005.05—2006.11	复苏阶段	9.41%	7.90%	14.60%	55.53%	46.36%	3.02%
2006.12—2007.12	繁荣阶段	-2.63%	-1.76%	-7.96%	84.58%	111.14%	3.47%
2008.01—2008.06	衰退阶段	3.60%	1.93%	4.47%	-37.25%	-57.95%	1.51%
2008.07—2009.01	萧条阶段	10.28%	10.65%	10.18%	-13.39%	-25.16%	2.09%
2009.02—2009.07	复苏阶段	-0.87%	-0.95%	-0.87%	34.91%	59.89%	0.73%
2009.08—2010.03	繁荣阶段	2.84%	2.90%	1.89%	-1.70%	-1.40%	0.93%
2010.04—2011.07	衰退阶段	0.49%	-0.28%	5.03%	-0.74%	-5.53%	3.32%
2011.08—2013.05	萧条阶段	10.59%	10.68%	13.04%	-0.26%	-8.67%	6.97%
2013.06—2013.12	衰退阶段	-4.94%	-4.48%	-2.06%	-2.36%	-1.45%	2.44%
2014.01—2019.08	萧条阶段	30.01%	32.16%	34.90%	52.78%	74.03%	19.89%
2019.09—2020.02	衰退阶段	3.72%	3.36%	3.28%	6.18%	-0.38%	1.26%
2020.03—2021.03	复苏阶段	0.94%	2.08%	2.85%	15.04%	20.93%	2.28%
2021.04—2022.04	萧条阶段	5.91%	5.64%	5.12%	-5.63%	-8.88%	2.36%

由表 4-6 可知，由于金融市场的复杂性，即便在同一经济阶段，大类资产的收益率表现也不尽相同。资产的收益率在个别时间段，并不是完全依照投资时

钟的规律。例如,2009 年 8 月至 2010 年 3 月期间,我国经济在政府的强刺激政策下,增速强势反弹,股票和基金市场也出现了反弹,但是由于股票市场从历史高位暴跌,投资者心有余悸,所以虽然经济处于繁荣阶段,股票和基金市场的反弹力度也不大。同样,2014 年 1 月至 2016 年 4 月,我国经济处于萧条阶段,但其间我国股票市场出现了"疯牛行情",这与我国股票市场的加杠杆和迅速去杠杆有关。此外,2019 年 9 月至 2020 年 1 月,我国经济处于衰退阶段,其间包含中美贸易战叠加新冠疫情的重大事件,使得投资时钟的轮动出现紊乱现象。新冠疫情使得整个经济发展出现短暂停摆,且供应链存在中断风险,经济下滑,物价上涨。中国政府为抢救经济,出台了一系列刺激政策,降低市场利率,扩大货币供应量,使这一阶段债券甚至基金的表现都不错。但是如果样本量比较大,从整个经济周期来看,大类资产的风险和收益仍然随经济周期的变化存在轮动关系,如表 4-7 所示。

表 4-7　2005 年 5 月—2022 年 4 月各经济阶段大类资产收益率描述性统计

资产	复苏阶段				繁荣阶段			
	年均值	标准差	偏度	峰度	年均值	标准差	偏度	峰度
国债	3.00%	0.027 2	0.030	-0.302	0.12%	0.020 6	-1.090 7	1.660 2
金融债	2.85%	0.025 2	0.122	0.061	0.65%	0.019 3	-0.130 4	-0.296 9
企业债	5.23%	0.032 0	0.880	1.683	-3.47%	0.030 3	-0.217 9	-1.013 1
基金	33.31%	0.152 6	-0.211	0.449	47.36%	0.274 4	-1.020 2	1.284 5
股票	40.16%	0.210 6	0.320	-0.225	62.71%	0.387 0	-0.680 9	0.720 1
银行存款	1.91%	0.000 9	-0.136	1.158	2.51%	0.004 1	1.580 4	2.180 0

资产	衰退阶段				萧条阶段			
	年均值	标准差	偏度	峰度	年均值	标准差	偏度	峰度
国债	0.98%	0.031 7	-0.546 0	0.242 0	6.20%	0.033 3	1.077	4.583 0
金融债	0.18%	0.024 5	-0.644 0	0.577 0	6.45%	0.028 7	0.368	1.352 0
企业债	3.67%	0.039 5	0.299 0	0.500 0	6.90%	0.025 5	0.793	3.133 0
基金	-11.51%	0.166 2	-1.043 0	1.375 0	3.66%	0.143 9	-0.672	2.285 0
股票	-22.39%	0.263 0	-0.745 0	0.839 0	3.42%	0.249 0	-0.53	2.343 0
银行存款	2.92%	0.002 5	0.566 4	0.072 5	3.42%	0.002 6	0.044 0	-0.890 5

由表 4-7 的统计结果,可以归纳出 2005 年 5 月—2022 年 4 月这 17 年大类资产随经济周期变化的轮动关系。从收益率角度来看,全国社会保障基金所规定的大类资产随经济周期变化的轮动关系如下:在复苏阶段,基金资产和股票

资产表现较好,因为在复苏阶段,央行往往采取低利率的货币政策,有利于股票资产价格和债券资产价格的走高,同时企业的盈利状况在逐渐好转,所以与企业未来盈利能力预期密切相关的股票资产是最佳投资品种。在繁荣阶段,我国资本市场中基金资产和股票资产的表现最好,这一点有别于成熟的资本市场,成熟的资本市场往往是在经济处于复苏阶段时,股票资产的投资回报率最高,因为成熟资本市场的结构是以机构投资者为投资主体,在市场见顶前会提早进行减仓处理,而中国股票市场结构是以散户为主体的投资结构,散户往往会追涨杀跌。在衰退阶段,现金资产的表现较好。因为在衰退阶段,经济增速在逐渐下降,具体表现为企业的产品库存逐渐增加,利润逐渐下降。所以在衰退阶段,体现企业未来盈利能力的股票资产的表现往往会很糟糕。同时,由于经济从繁荣阶段回落,通货膨胀率仍处于高位,央行为了维持物价稳定,往往会采取提高利率的货币政策,所以导致债券的价格不断走低,债券资产的价格表现也很糟糕,这种情况下只有现金算是最安全的资产。在萧条阶段,债券资产的表现较好。因为在萧条阶段,政府为了维持宏观经济的稳定,央行往往会对市场进行干涉,通过低利率的货币政策来抑制经济的下滑,由于市场利率与债券价格成反向关系,导致债券资产价格不断走高,成为萧条阶段的最佳投资品种。

从标准差角度来看,基金和股票资产在繁荣阶段的波动率最大,在复苏阶段的波动率较小;债券类资产在衰退阶段波动率较大,在繁荣阶段波动较小。从偏度与峰度来看,我们发现一个非常有趣的现象:在复苏阶段,基金收益率分布的偏度为负,为左偏态,峰度为正,为尖峰;而股票收益率分布的偏度为正,为右偏态,峰度为负,为平峰。这个形态上的差异印证了基金是市场中"聪明的钱",在经济处于复苏阶段时,"聪明钱"就已经发现了经济复苏的机会,并取得不错的收益率。这一点也有助于我们判断经济是否处于复苏阶段。同时也说明,全国社会保障基金将股票资产和债券资产委托证券基金公司管理和运营是合理的。

4.3 经济周期与全国社会保障基金的风格资产收益率关系

《暂行办法》规定的6种资产投资种类分别是：银行存款、国债、金融债、企业债、证券投资基金及股票资产。如果能将资产进一步细分为不同的风格资产类别，讨论细分类别资产的特征和运行规律，可以改善投资组合的内部结构，为提高资产组合收益提供更加广阔的视角和更加明晰的资产配置思路。证券投资基金，因其作为社保基金委托的投资管理人，负责管理全国社会保障基金的债券资产和股票资产的投资事项。从基金的投资类别来看，社保基金中的证券投资基金大致包含股票风格（如全国社保基金101组合）、债券风格（如全国社保基金201组合）及混合风格（如全国社保基金601组合）三种类别。所以，如果对基金资产按风格类别进行细分，可将细分类别视作股票风格资产和债券风格资产两类。对于股票资产，可以按照股票的市值和估值的大小来细分股票资产的风格类别。而对于债券资产，虽然国债、金融债、企业债属于不同的大类资产，但也可被视为不同风格类型的债券资产。

全国社保基金理事会研究人员熊军（2009）在研究养老金的风格资产配置时，将养老金的风格资产分为10个类别：国债、金融债、企业债、大盘股、小盘股、高市盈率股票、低市盈率股票、高市净率股票、低市净率股票及银行存款。这种股票分类方式是从市值角度和估值角度进行的分类，但这种分类方式不太完全。例如，大盘股往往和低市盈率（或低市净率）股票有重叠的部分，小盘股往往和高市盈率（或高市净率）的股票有重叠。

本研究从两个角度对全国社会保障基金的股票资产进行细分。从市值角度，可以将股票资产分为三类：大盘股、中盘股及小盘股。从股票估值角度，可以将股票分为两类：成长股和价值股。于是股票资产可以分成下列6种股票风格：大盘成长股、大盘价值股、中盘成长股、中盘价值股、小盘成长股及小盘价值股。本研究选取巨潮风格指数中的巨潮大盘成长股指数、巨潮大盘价值股指数、巨潮中盘成长股指数、巨潮中盘价值股指数、巨潮小盘成长股指数及巨潮小盘价值股指数作为6种股票风格指数的收益率指标。巨潮风格指数的编制和计算标准如下：样本选取自巨潮大盘、中盘、小盘指数样本空间的成分股。选取成分股的方法是通过对两个因子 Z 值的平均值进行比较。成长因子包含三个变量：主营业务收入增长率、净利润增长率和净资产收益率，其中主营业务收入增长率和净利润增长率分别基于过去三年的平均值计算。价值因子包含四个变量：每股收益与价格比率、每股经营现金流与价格比率、股息收益率和每股净资产与价格比率。为了对所有变量值进行比较，对每只股票的 7 个变量值进行 Z 分数标准化。一只股票的成长 Z 值是三个成长因子变量 Z 值的平均值，价值 Z 值是四个价值因子变量 Z 值的平均值。为消除极值影响，对样本空间 Z 值上下端 10% 的股票进行截尾处理。巨潮股票风格指数的划分依据及结果如图 4-3 所示。

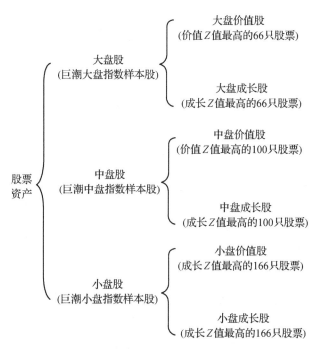

图 4-3　股票风格类别划分结果

而巨潮股票风格指数计算公式如下：

$$\text{实时指数} = \text{上一交易日收市指数} \times \sum(\text{成分股实时成交价} \times \text{成分股权数}) \div \sum(\text{成分股上一交易日收市价} \times \text{成分股权数}) \quad (4\text{-}8)$$

巨潮风格系列指数以 2002 年 12 月 31 日为基日，基日指数定为 1 000。

于是，全国社会保障基金的资产从风格资产角度可以细分为 10 个类别，包括：国债、金融债、企业债、大盘成长股、大盘价值股、中盘成长股、中盘价值股、小盘成长股、小盘价值股及银行存款[①]。

4.3.1 全国社会保障基金的风格资产收益率描述性统计

2005年5月—2022年4月,全国社保基金风格资产描述性统计结果如表4-8所示。由表可知,在样本期内小盘成长股和小盘价值股的年化收益率最高,标准差也相对较大。在债券类资产中,企业债的收益率相对最高,金融债的风险相对最低。

表4-8 2005年5月—2022年4月风格资产收益率描述性统计

统计量	国债	金融债	企业债	大盘成长	大盘价值	中盘成长	中盘价值	小盘成长	小盘价值	银行存款
年均值	4.08%	4.11%	4.97%	8.28%	8.76%	6.89%	8.32%	11.18%	13.52%	1.78%
标准差	0.0315	0.0275	0.0311	0.2967	0.2841	0.3071	0.3081	0.3328	0.3296	0.0012
偏度	0.6826	0.3074	0.3243	-0.1313	-0.4085	-0.5006	0.0130	-0.3974	-0.4491	1.1043
峰度	3.8141	1.2703	1.5762	2.2548	3.2584	1.1913	1.9853	1.6703	1.7750	0.4256

从偏度角度来看,股票风格资产均为左偏分布,而债券风格资产均为右偏分布。从峰度来说,除银行存款的收益率分布为平峰顶外,其余资产收益率皆为尖峰顶。此外,本研究还对风格资产收益率的相关性进行统计分析,如表4-9所示。

表4-9 2005年5月—2022年4月风格资产收益率相关系数矩阵

资产	国债	金融债	企业债	大盘成长	大盘价值	中盘成长	中盘价值	小盘成长	小盘价值
国债	1	0.874***	0.692***	-0.195***	-0.232***	-0.178***	-0.156**	-0.158**	-0.177**
金融债	0.874***	1	0.721***	-0.160**	-0.200***	-0.128*	-0.13*	-0.1	-0.131*
企业债	0.692***	0.721***	1	-0.247***	-0.254***	-0.203***	-0.205***	-0.167**	-0.192***
大盘成长	-0.195***	-0.160**	-0.247***	1	0.865***	0.819***	0.829***	0.635***	0.656***
大盘价值	-0.232***	-0.200***	-0.254***	0.865***	1	0.742***	0.849***	0.593***	0.663***
中盘成长	-0.178**	-0.128*	-0.203***	0.819***	0.742***	1	0.886***	0.918***	0.894***
中盘价值	-0.156**	-0.13*	-0.205***	0.829***	0.849***	0.886***	1	0.812***	0.886***
小盘成长	-0.158**	-0.1	-0.167**	0.635***	0.593***	0.918***	0.812***	1	0.957***
小盘价值	-0.177**	-0.131*	-0.192***	0.656***	0.663***	0.894***	0.886***	0.957***	1

注:***、**和*分别表示在1%、5%和10%的双尾显著性水平下显著。

[①] 本研究划分的10类风格资产中没有包含基金资产,这是由于全国社会保障基金是通过委托证券基金(如华夏基金、南方基金等)来投资运营股票资产和债券资产的,所以从细分资产类别角度看,基金资产可以被细分为股票风格资产和债券风格资产。

由表 4-9 可知,债券风格资产之间的相关系数均在 1% 的显著水平下,并且显著正相关。其中,国债和金融债的相关性最高,相关系数达到 0.874。风格股票资产之间均为显著正相关,并且同一类市值的股票相关性最大,如大盘成长股与大盘价值股之间的相关系数达到 0.865,中盘成长股与中盘价值股之间的相关系数达到 0.886,小盘成长股与小盘价值股之间的相关系数达到 0.957。而债券风格资产与股票风格资产之间为负相关关系,但相关系数均低于 0.3,为弱相关,说明在债券风格资产和股票风格资产之间进行分散化投资可以达到规避非系统性风险的作用。

4.3.2 经济周期视角下风格资产收益率描述性统计

按照表 4-1 中对宏观经济状态的划分结果,我们从经济周期视角出发,对 10 类风格资产在不同的经济时间段的累计收益状况进行统计分析,统计的结果如表 4-10 所示。

表 4-10 各经济阶段全国社会保障基金风格资产的累计收益率

时间	经济阶段	国债	金融债	企业债	大盘成长	大盘价值	中盘成长	中盘价值	小盘成长	小盘价值	银行存款
2005-05—2006-11	复苏阶段	9.41%	7.90%	14.60%	65.01%	55.32%	58.33%	55.30%	58.24%	61.16%	3.02%
2006-12—2007-12	繁荣阶段	-2.63%	-1.76%	-7.96%	101.68%	123.63%	109.96%	123.32%	118.47%	107.70%	3.47%
2008-01—2008-06	衰退阶段	3.60%	1.93%	4.47%	-67.22%	-59.88%	-65.95%	-59.93%	-59.29%	-52.50%	1.51%
2008-07—2009-01	萧条阶段	10.28%	10.65%	10.18%	-32.80%	-30.97%	-24.57%	-29.61%	-21.02%	-21.31%	2.09%
2009-02—2009-07	复苏阶段	-0.87%	-0.95%	-0.87%	59.33%	60.63%	57.34%	55.22%	52.17%	62.00%	0.73%
2009-08—2010-03	繁荣阶段	2.84%	2.90%	1.89%	-10.91%	-21.08%	-4.89%	-9.49%	19.66%	18.51%	0.93%
2010-04—2011-07	衰退阶段	0.49%	-0.28%	5.03%	-19.39%	-28.50%	2.73%	-18.38%	-2.34%	-1.12%	3.32%
2011-08—2013-05	萧条阶段	10.59%	10.68%	13.04%	-12.77%	10.94%	-34.29%	-0.22%	-9.39%	-18.86%	6.97%
2013-06—2013-12	衰退阶段	-4.94%	-4.48%	-2.06%	-15.66%	-18.03%	-8.42%	-11.23%	2.84%	2.78%	2.44%
2014-01—2019-08	萧条阶段	30.01%	32.16%	34.90%	44.23%	60.94%	1.82%	31.49%	13.28%	50.89%	19.89%

续表

时间	经济阶段	国债	金融债	企业债	大盘成长	大盘价值	中盘成长	中盘价值	小盘成长	小盘价值	银行存款
2019-09—2020-02	衰退阶段	3.72%	3.36%	3.28%	8.10%	-1.51%	21.98%	0.48%	15.21%	1.37%	1.26%
2020-03—2021-03	复苏阶段	0.94%	2.08%	2.85%	44.36%	14.73%	18.99%	17.00%	15.96%	20.21%	2.28%
2021-04—2022-04	萧条阶段	5.91%	5.64%	5.12%	-23.19%	-17.38%	-15.96%	-12.55%	-13.66%	-1.01%	2.36%

由表 4-10 可知,因金融市场的复杂性,即便对同一经济阶段,风格资产的收益率表现也不尽相同。个别时间段,资产的收益率随经济周期变化的轮动关系,并不是完全依照投资时钟的规律。例如,2009 年 8 月—2010 年 3 月期间,在政府的强刺激政策下,我国经济增速强势反弹,股票市场也出现了反弹,但是由于股票市场从历史高位暴跌,投资者心有余悸,所以虽然经济处于繁荣阶段,股票资产的反弹力度并不大。只有投机性较强的小盘股出现较大的涨幅。同样,2014 年 1 月—2019 年 8 月,我国经济处于萧条阶段,但我国股票市场出现了一波疯牛行情,这与我国股票市场的加杠杆和迅速去杠杆有关,导致股票市场短时间内出现暴涨暴跌的行情。此外,2019 年 9 月—2020 年 2 月,我国经济处于衰退阶段,其间包含中美贸易战叠加新冠疫情的重大事件,使得投资时钟的轮动出现紊乱现象。我国政府为抢救经济,出台了一系列提振市场信心的政策,导致成长股的表现类似于复苏阶段的表现。

但是如果样本量比较大,从整个经济周期来看,各类风格资产的风险和收益仍然随经济周期的变化存在轮动关系,如表 4-11 所示。

表 4-11 2005 年 5 月—2022 年 4 月各经济阶段风格资产收益率描述性统计

资产	复苏阶段				繁荣阶段			
	年均值	标准差	偏度	峰度	年均值	标准差	偏度	峰度
国债	3.00%	0.027 2	0.030 0	-0.302 4	0.12%	0.020 6	-1.090 7	1.660 2
金融债	2.85%	0.025 2	0.122 3	0.060 9	0.65%	0.019 3	-0.130 4	-0.296 9
企业债	5.23%	0.032 0	0.880 3	1.683 2	-3.47%	0.030 3	-0.217 9	-1.013 1
大盘成长	53.27%	0.248 5	0.180 3	-0.350 4	51.87%	0.399 0	-0.982 4	1.222 6
大盘价值	41.27%	0.240 6	0.601 0	0.738 3	58.60%	0.471 1	-1.470 0	3.191 5
中盘成长	42.52%	0.251 6	0.046 4	-0.090 2	60.04%	0.411 3	-0.906 5	0.874 5

续表

资产	复苏阶段				繁荣阶段			
	年均值	标准差	偏度	峰度	年均值	标准差	偏度	峰度
中盘价值	40.27%	0.230 5	0.541 9	0.128 5	65.05%	0.479 9	-0.341 8	0.228 8
小盘成长	39.91%	0.234 0	0.478 0	0.733 2	78.93%	0.420 7	-0.212 6	-0.383 4
小盘价值	45.27%	0.237 9	0.699 1	0.610 7	72.12%	0.467 4	-0.526 3	-0.151 6
银行存款	1.91%	0.000 9	-0.136	1.158	2.51%	0.004 1	1.580 4	2.080 0

资产	衰退阶段				萧条阶段			
	年均值	标准差	偏度	峰度	年均值	标准差	偏度	峰度
国债	0.98%	0.031 7	-0.546 1	0.242 4	6.20%	0.033 3	1.076 8	4.582 8
金融债	0.18%	0.024 5	-0.644 2	0.576 5	6.45%	0.028 7	0.367 7	1.351 8
企业债	3.67%	0.039 2	0.290 0	0.499 5	6.90%	0.025 5	0.792 5	3.133 4
大盘成长	-32.29%	0.302 8	-0.505 5	0.735 8	-2.68%	0.266 1	0.229 3	5.637 4
大盘价值	-37.00%	0.365 3	-0.835 1	0.693 9	2.57%	0.234 4	-0.113 9	4.893 5
中盘成长	-17.03%	0.306 6	-0.665 2	1.009 1	-7.96%	0.286 6	-0.693 8	1.903 0
中盘价值	-30.53%	0.287 7	-0.922 6	1.339 7	-1.19%	0.278 9	-0.000 3	2.889 5
小盘成长	-14.94%	0.311 1	-1.081 9	1.582 4	-3.36%	0.334 2	-0.572 9	2.014 6
小盘价值	-16.96%	0.317 4	-0.951 6	1.735 5	1.06%	0.315 3	-0.726 4	2.530 0
银行存款	1.94%	0.001 1	0.682 1	-0.533 8	1.80%	0.001 2	1.046 0	0.163 5

根据表4-11的统计结果,从收益率角度来看,2005年5月—2022年4月这17年10类风格资产表现如下:在复苏阶段,股票风格资产的回报率最高,并且各股票风格资产出现了齐涨的态势,债券资产中的企业债也取得了不错的收益。在繁荣阶段,股票风格资产的收益率为各个经济阶段最高,但股票风格资产的收益率出现了明显的分化,市场的投机性较强。一般来说,在繁荣阶段,大盘股的收益率要低于中盘股,中盘股的收益率要低于小盘股,并且在繁荣阶段,估值较高的小盘成长股的收益率最高。而债券风格资产的表现较差,企业债的回报率甚至为负。在衰退阶段,表现最糟糕的是股票类资产,表现最好的是现金类资产,尽管其收益率很低(倘若考虑到通货膨胀率,其收益率甚至为负)。在萧条阶段,债券风格资产的收益率较高,尤其以企业债的收益率最高;而在股票风格资产中,估值较高的成长股的收益率要低于估值较低的价值股的收益率。

从标准差角度来看,股票风格资产在繁荣阶段的波动率最高,在复苏阶段的波动率最低;债券风格资产的波动率在衰退阶段和萧条阶段较高,在复苏阶段和繁荣阶段较低。从偏度角度来看,在复苏阶段,除银行存款外,其余风格资产收益率分布的偏度均为右偏态;在繁荣阶段,除银行存款外,其余风格资产收益率分布的偏度均为左偏态;在衰退阶段,除企业债和银行存款外,其余风格资产收益率分布的偏度均为左偏态;在萧条阶段,大盘价值股、中盘成长股、中盘价值股、小盘成长股和小盘价值股为左偏态,其余风格资产为右偏态。从峰度角度来看,大盘成长股与大盘价值股的收益率在萧条阶段的峰度分别为5.637 4和4.893 5,出现了大于3的极端值,这是由于2015年股灾引起的大盘股暴跌导致的极端值。

第 5 章 均值方差模型下全国社会保障基金的资产配置

经济周期视角下,全国社会保障基金资产该如何配置?这是我们接下来将要重点研究的问题。Markowitz 在其投资组合选择理论中提出的均值方差模型是最为经典的资产配置方法。本章将使用经典的均值方差模型对全国社会保障基金的资产进行战术配置研究,探讨在不同的经济阶段,全国社会保障基金的大类资产和风格资产的最优资产配置。

5.1 均值方差模型及其在资产配置中的应用

本节将逐一介绍资产组合选择模型的分散原理、资产组合选择模型的有效边界、资产组合选择模型的资本市场线及资产组合风险收益的衡量。

5.1.1 资产组合选择模型的分散原理

资产投资的风险是指未来收益的不确定性,而不确定性因素可以归纳为两类:系统性风险和非系统性风险。系统性风险对市场上所有资产产生影响,只是影响程度略有差异,因此资产的分散化投资并不能消除系统性风险的影响;非系统性风险是市场对某一资产或某一类资产产生影响,因此可以通过分散化投资予以消除。

要达到消除非系统性风险的目的,必须对构成资产组合的各个资产进行合理、科学的选择。资产组合风险不仅取决于构成组合的各个资产的自身风险和投资比例,还取决于各个资产之间预期收益率的相关方向与相关程度。若组合中各个资产间的预期收益率完全正相关,则分散投资不能降低风险;若组合中各个资产间的预期收益率完全负相关,则分散投资可以完全消除风险;若组合中各资产相关程度较低,则分散化投资可以大幅降低风险。Markowitz 的投资组合选择理论就是利用分散投资的原理并借助最优规划的方法,从各资产中选择最佳组合,从而协调收益与风险的关系。

5.1.2 资产组合选择模型的有效边界

均值方差资产组合选择模型的投资目标是既定风险条件下的收益率最大(或既定收益率条件下的风险最小),所以资产组合选择问题就转化为数学上的二元规划问题,具体模型如下:

$$\begin{cases} \min \sigma_p^2 = \sum_{i=1}^{n}\sum_{j=1}^{n} \omega_i \omega_j \sigma_{ij} \\ \text{s.t.} \quad \sum_{i=1}^{n} \omega_i = 1 \\ E(R_p) = \sum_{i=1}^{n} \omega_i r_i = R_0 \end{cases} \tag{5-1}$$

$$\begin{cases} \max E(R_p) = \sum_{i=1}^{n} \omega_i r_i \\ \text{s.t.} \quad \sum_{i=1}^{n} \omega_i = 1 \\ \sigma_p^2 = \sum_{i=1}^{n}\sum_{j=1}^{n} \omega_i \omega_j \sigma_{ij} = \sigma_0^2 \end{cases} \tag{5-2}$$

式中,ω_i 为资产组合中第 i 种资产的权重;r_i 为第 i 种资产的期望收益率;σ_{ij} 为第 i 种和第 j 种资产收益率的协方差;R_0 为既定的收益率;σ_0 为既定的方差。

上述两个数学规划问题的最优解即风险资产的有效边界(Efficient Frontier)。图 5-1 是在给定期望收益(或方差)下所绘成的曲线,其中纵轴用于度量资产组合的预期收益率,横轴用于度量资产组合的标准差。

在资本市场的所有资产中,取 n 种资产构成资产组合,以资产组合中各资产投资比例差异可形成无数种资产组合,这些组合被称为可行组合。可行组合中的任何资产组合都可以用比它更有价值的有效边界上的资产组合来代替。例如,图 5-1 中的资产组合 C,可以用资产组合 D 来代替,因为在相同的期望收益水平下,D 的标准差比 C 小;也可以用资产组合 B 来代替,因为在相同的标准

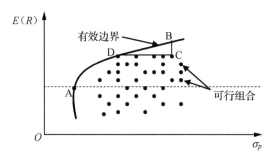

图 5-1 可行组合与有效边界

差下,B 的期望收益比 C 高。

图 5-1 中的 A、B、C、D 四点,资产组合 A 的方差最小,资产组合 B 的期望收益率最大,最小方差组合上方的曲线提供最优的风险和收益,所以该曲线也被称为有效边界。对于最小方差下方的组合,由于其正上方存在具有相同标准差但期望收益更高的资产组合,所以最小方差组合上方的点都是有效的,而下方的点都是非有效的。

5.1.3 资产组合选择模型的资本市场线

在 Markowitz 的投资组合选择理论中,投资者的投资对象仅是各种风险资产。在资本资产定价模型(CAPM)中,投资者的投资对象不仅包括风险资产还包括无风险资产,投资进一步分散化。资本市场线是投资者获取无风险资产和风险资产有效组合的重要途径。

与投资组合的有效边界相切的射线 CML 就是资本市场线,如图 5-2,AB 是投资组合的有效边界,CML 是资本市场线。CML 的斜率为

$$CML \text{ 的斜率} = \frac{r_M - r_f}{\sigma_M} \tag{5-3}$$

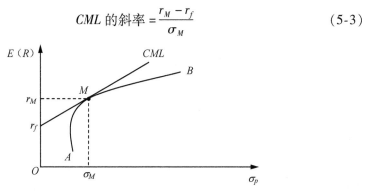

图 5-2 投资组合的有效边界及资本市场线

式中，r_M 和 σ_M 分别为切点 M 的组合收益率和组合标准差；r_f 为无风险资产的收益率。

资本市场线经过无风险利率并且与有效边界 AB 相切于 M 点，M 点就是存在无风险资产时的最优组合点。

5.1.4 资产组合风险收益的衡量

评价资产组合优劣的标准有很多，简单的指标是组合收益率、组合标准差及累计收益率。国际上最为常用的衡量资产投资组合表现的指标是夏普比率。Sharp & William(1966)在资本资产定价模型(CAPM)的基础上，以资本市场线CML为评价基准，提出以夏普比率来评价共同基金的业绩。夏普比率是单位风险所获得的超额收益率，其计算公式可表述如下：

$$S_p = \frac{E(R_p) - R_f}{\sigma_p} \tag{5-4}$$

式中，$E(R_p)$ 为投资组合的预期回报率；R_f 为无风险利率；σ_p 为投资组合的标准差。

夏普比率被广泛应用于基金之间业绩的比较。一般而言，夏普比率越大，相应的基金的业绩越好。但是，当遇到熊市的时候，很多基金的超额收益率会低于无风险利率，也就是超额收益率为负的情况，此时夏普比率为负值。当夏普比率为负数的时候，仅仅通过比较夏普比率的大小来评价基金的优劣就会出现问题。例如，当市场为熊市时，基金 A 的组合回报率为 1%，组合标准差为 10%，基金 B 的组合回报率也为 1%，组合标准差为 20%，市场的无风险利率为 3%，按照公式(5-4)，基金 A 的夏普比率为 -0.2，基金 B 的夏普比率为 -0.1。如果仅按照夏普比率的大小进行评价，那么基金 B 要比基金 A 的表现更好。但事实并非如此，基金 A 和 B 的收益率相同，但是基金 B 的风险要高于基金 A。当夏普比率为负值时，Israelsen(2005)对夏普比率进行修正，使用超额收益率的绝对值修正夏普比率计算公式的分母，即

$$S_p = \frac{E(R_p) - R_f}{(\sigma_p)^{\frac{E(R_p) - R_f}{|E(R_p) - R_f|}}} \tag{5-5}$$

式中，$|E(R_p) - R_f|$ 表示超额收益率的绝对值。由绝对值的定义，当超额收益率为负时，将夏普比率计算公式变为超额收益率乘组合标准差。

接上例，基金 A 和基金 B 按照式(5-5)计算得到的修整后的夏普比率分别

为 -0.002 和 -0.004,因为 -0.002 > -0.004,所以基金 A 的表现优于基金 B。

5.2 均值方差模型下全国社会保障基金的大类资产配置

首先,本节将结合均值方差模型的思想建立全国社会保障基金大类资产配置的模型,然后在区分和不区分经济状态的情况下使用所建立的模型,对全国社会保障基金大类资产进行战术最优配置,最后对这两种资产配置结果进行比较。

5.2.1 社保基金大类资产配置模型

根据《暂行办法》的规定,本研究将全国社会保障基金资产从大类资产角度分为银行存款、国债、金融债、企业债、证券投资基金及股票资产[①]。我们先在不区分经济状态的情况下,按照均值方差模型对社保基金的大类资产进行配置;然后,将经济划分为 4 个不同的状态,按照均值方差模型对社保基金的大类资产进行配置。

我们仍然选取中证货币基金指数月收益率、中证国债指数月收益率、中证金融债券指数月收益率、中证企业债券指数月收益率、中证基金指数月收益率及沪深 A 股市场流通市值加权平均市场月收益率[②]作为衡量银行存款、国债、金融债、企业债、基金及股票市场的收益率指标。各类资产收益率仍然采用对数收益率,即 $r = \ln(p_t) - \ln(p_{t-1})$,其中 P 是每种资产指数的月收盘价。

《暂行办法》对各类资产的投资比例做出如下规定:(1) 银行存款和国债投资的比例不得低于 50%。其中,银行存款的比例不得低于 10%,在一家银行的存款不得高于社会保障基金银行存款总额的 50%。(2) 企业债、金融债投资的比例不得高于 10%。(3) 证券投资基金、股票投资的比例不得高于 40%。这些规定就是模型的约束条件,为此,本研究将模型设置为

[①] 本研究将权益类资产分为股票资产和证券资产两类,这是为了数据统计和计算时的方便而采取的办法,由于全国社会保障基金对股票资产采取委托证券基金管理的模式,所以如果不加区别也可以将这两类资产看作一类。

[②] 本研究没有选取沪深 300 指数的收益率作为衡量股票市场收益的原因是沪深 300 指数没有考虑股票除权后对收益率的影响,并且选取 A 股流通市值加权平均市场月收益的代表性更强。

$$\begin{cases} \min \sigma_p^2 \\ \text{s.t.} \quad \sum_{i=1}^{6} w_i = 1, \quad w'\boldsymbol{E}[\boldsymbol{R}] = r_0 \\ w_1, w_2, \cdots, w_6 \geqslant 0 \\ w_1 + w_2 \geqslant 0.5 \\ w_1 \geqslant 0.1 \\ w_3 + w_4 \leqslant 0.1 \\ w_5 + w_6 \leqslant 0.4 \end{cases} \quad (5\text{-}6)$$

式中，w_1、w_2、w_3、w_4、w_5、w_6 分别为银行存款、国债、金融债、企业债、证券投资基金、股票投资的权重比例，各权重系数均大于零，这是由于社保基金的资产不可以卖空；$\boldsymbol{E}[\boldsymbol{R}]$ 为资产预期收益率向量；σ_p^2 为资产组合方差；r_0 为每次进行二次规划所既定的期望收益率。式(5-6)非线性最优规划的求解采用 Excel 软件中的规划求解的功能来完成。

5.2.2 不区分经济状态下社保基金大类资产配置

首先，在不区分经济状态下，确定全国社会保障基金大类资产组合的有效边界，由 2005 年 5 月—2022 年 4 月 17 年观察期的历史数据得到各资产的均值和协方差矩阵；然后，通过二次最优规划法，计算出最小方差组合的年化收益和最大预期收益组合的年化收益，将其差值分为 9 等份，并等间距地排列收益率；最后，按照式(5-4)计算出各等间距收益率点的最优投资组合权重及组合标准差。于是，我们就得到在不区分经济状态下，全国社会保障基金大类资产有效边界上 10 个点的最优配置比例，如表 5-1 所示。

由表 5-1 可知，随着组合收益率的提高，资产组合风险也在不断增大。资产组合的年化收益率，从 2.96% 增加到 7.11%，相应的年化标准差从 0.003 0 增加到 0.095 7。由上一章的表 4-4 可知，2005 年 5 月—2022 年 4 月这段时间，收益率最高的股票资产和基金资产的年化收益率分别为 11.94% 和 11.08%，而相应的年化标准差则分别为 0.270 5 和 0.174 0。说明按照均值方差模型来对社保基金进行大类资产配置可以降低资产组合风险，提高资产组合收益率，适当改善资产配置的效果。

表 5-1 不区分经济状态下基于均值方差模型大类资产的不同投资组合的收益率与标准差

组合收益率	组合标准差	国债	金融债	企业债	基金	股票	银行存款
2.96%	0.003 0	0.000 0	0.000 0	0.000 0	0.000 1	0.000 0	0.999 9
3.42%	0.006 0	0.039 3	0.000 0	0.100 0	0.026 7	0.000 0	0.833 9
3.88%	0.012 5	0.200 0	0.000 0	0.100 0	0.061 4	0.000 0	0.638 6
4.34%	0.019 5	0.360 7	0.000 0	0.100 0	0.096 0	0.000 0	0.443 2
4.80%	0.026 6	0.521 4	0.000 0	0.100 0	0.130 7	0.000 0	0.247 9
5.27%	0.033 9	0.627 1	0.000 0	0.100 0	0.172 9	0.000 0	0.100 0
5.73%	0.042 6	0.561 1	0.000 0	0.100 0	0.238 9	0.000 0	0.100 0
6.19%	0.052 7	0.495 1	0.000 0	0.100 0	0.304 9	0.000 0	0.100 0
6.65%	0.063 5	0.429 0	0.000 0	0.100 0	0.371 0	0.000 0	0.100 0
7.11%	0.095 7	0.400 0	0.000 0	0.100 0	0.098 6	0.301 4	0.100 0

下面在不区分经济状态下,使用均值方差模型对全国社会保障基金的大类资产进行最优配置。首先,来确定年市场无风险收益率,我们的数据来自锐思(RESSET)金融数据库,具体计算方法是用样本区间的年市场无风险收益率的几何平均数作为样本区间的市场无风险收益率。经过计算,2005—2022年间市场的无风险收益率为3.35%,这样我们就可以通过资本市场线与有效边界的切点坐标来确定包含无风险资产的最优资产投资组合。

由表5-2可知,在不区分经济状态的条件下,满足社保基金投资要求,基于均值方差模型的最优投资组合的权重为:国债0.602 9,企业债0.1,基金0.197 1,银行存款0.1。这17年间资产的组合平均收益率为5.44%,组合标准差为0.036 9。我们也可以画出资产组合有效边界和资本市场线,如图5-3所示。

表 5-2 在不区分经济状态下基于均值方差模型的全国社会保障基金最优投资组合

组合收益率	组合标准差	国债	金融债	企业债	基金	股票	银行存款
5.44%	0.036 9	0.602 9	0.000 0	0.100 0	0.197 1	0.000 0	0.100 0

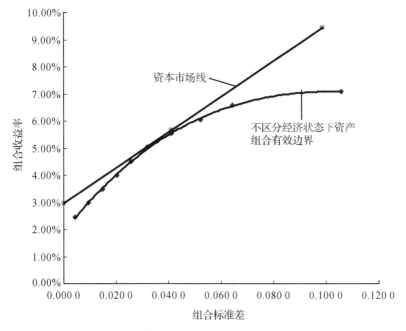

图 5-3 大类资产组合有效边界和资本市场线

5.2.3 区分经济状态下社保基金大类资产配置

经济周期与资产配置之间关系的研究文献表明投资者倘若能在不同的经济阶段对社保基金的大类资产进行轮换配置,就能够显著地提高资产组合收益率。下面,仍然按照表4-1对我国经济周期的划分结果,采用均值方差模型对社保基金进行大类资产配置。这样做的目的是通过实证来考察如果使资产配置随着经济周期进行轮动,能否提高资产组合收益率。资产配置所采用的模型仍然是式(5-6)。与不区分经济状态下均值方差模型相比,这部分内容中模型的输入参数为各经济阶段的大类资产收益率及其相应的协方差矩阵,并且各经济阶段中资产配置的最优解是资产组合的有效边界与资本市场线的切点,市场无风险利率 r_f 仍然取 3.35%。在不同的经济阶段,采用均值方差模型对社保基金进行大类资产配置的结果如表5-3所示。

表 5-3 不同经济阶段下基于均值方差模型的大类资产最优配置

经济周期	组合收益率	组合标准差	国债	金融债	企业债	基金	股票	银行存款
复苏阶段	15.29%	0.060 6	0.402 4	0.000 0	0.100 0	0.397 6	0.000 0	0.100 0
繁荣阶段	17.86%	0.115 6	0.000 0	0.000 0	0.000 0	0.392 1	0.000 0	0.607 9
衰退阶段	2.90%	0.002 4	0.000 0	0.000 1	0.021 4	0.000 0	0.000 0	0.978 5
萧条阶段	5.59%	0.024 0	0.681 7	0.000 0	0.100 0	0.000 0	0.029 3	0.189 0

由表 5-3 可以发现,在不同的经济阶段,大类资产的最优组合权重也不同:复苏阶段,按照大类资产的投资组合权重的大小可依次排列为:国债 0.402 4,基金 0.397 6,企业债 0.1,银行存款 0.1。可以看出在复苏阶段,现金应尽量多地参与资本市场中,以取得更高的收益率。繁荣阶段,资产配置集中于两类资产,按照大类资产的投资组合权重的大小可依次排列为:银行存款 0.607 9,基金 0.392 1。可以看出在繁荣阶段,应使债券类资产的组合权重降到最低。衰退阶段,资产组合收益率的表现最差,银行存款所占的权重为 0.978 5,资产配置几乎全部集中于银行存款,在这个阶段现金为王。萧条阶段,按照大类资产的投资组合权重的大小可依次排列为:国债 0.681 7,银行存款 0.189 0,企业债 0.1,股票 0.029 3,债券资产的占比最高,国债和企业债的占比接近 80%。

同时,我们由表 5-3 也可以发现,由均值方差模型得到的结果往往集中于几类资产,这也就是均值方差模型对输入参数过于敏感的问题。这是因为金融资产风险和收益的波动具有不确定性,人们在面对这种不确定性时往往采用数学期望的方法(本质上是平均值法),通过对历史数据平均值的估计来研究不确定性问题。均值方差模型也是采用平均值法(无偏估计)来计算模型的输入参数。因此,历史上收益率过高、风险过低的资产,会对平均值的求解结果产生一定的影响,导致均值方差模型的输入参数(资产的平均收益率和协方差矩阵)求解结果产生一定误差,使得均值方差模型青睐于选择那些收益率高、风险相对较低的资产。因此,均值方差模型在使资产组合收益率最大化的同时,也放大了估计误差,这就使得资产组合的稳健性降低,这将涉及均值方差模型的鲁棒性问题,关于这一问题我们将在接下来的几章中进行研究。

5.2.4 资产配置结果比较

我们比较两种资产配置方法:第一种,在不区分经济周期状态下,对 2005

年5月—2022年4月17年间的历史数据,运用均值方差模型对6类投资标的进行战术资产配置;第二种,将经济周期细分为四个经济阶段,对17年间的历史数据,运用均值方差模型对6种大类资产进行战术资产配置。同时,我们还假设投资者是理性的,能够根据不同的经济状态对6种大类资产进行战术资产配置,当经济从一种状态进入另一种新的状态时,就及时调整组合的资产配置,使其与该经济状态下的最优配置比例一致,为了简单起见不考虑交易成本,不考虑调整组合配置对市场的冲击①。表5-4为这两种资产配置方法的资产配置对比,no-dis表示第一种资产配置方法的配置结果,由于不区分经济状态,每个经济阶段的资产配置比例均是表5-2中的配置结果。MV表示第二种资产配置方法的配置结果。由表5-4可以发现,从经济周期视角出发进行社保基金的战术资产配置,可以显著地提高资产组合收益率,降低组合的风险,同时提高资产配置的夏普比率。

表5-4 区分与不区分宏观经济状态下均值方差模型的社保基金大类资产配置对比

资产	复苏阶段		繁荣阶段		衰退阶段		萧条阶段	
	no-dis	MV	no-dis	MV	no-dis	MV	no-dis	MV
国债	0.602 9	0.402 4	0.602 9	0.000 0	0.602 9	0.000 0	0.602 9	0.681 7
金融债	0.000 0	0.000 0	0.000 0	0.000 0	0.000 0	0.000 1	0.000 0	0.000 0
企业债	0.100 0	0.100 0	0.100 0	0.000 0	0.100 0	0.021 4	0.100 0	0.100 0
基金	0.197 1	0.397 6	0.197 1	0.392 1	0.197 1	0.000 0	0.197 1	0.000 0
股票	0.000 0	0.000 0	0.000 0	0.000 0	0.000 0	0.000 0	0.000 0	0.029 3
银行存款	0.100 0	0.100 0	0.100 0	0.607 9	0.100 0	0.978 5	0.100 0	0.189 0
组合收益率	9.25%	15.29%	8.86%	17.86%	1.33%	2.90%	5.46%	5.59%
组合标准差	0.033 1	0.060 6	0.053 3	0.115 6	0.035 3	0.002 4	0.032 1	0.02 4
夏普比率	1.782 5	1.970 3	1.033 8	1.255 2	-0.001 7	-0.000 011	0.657 3	0.933 3

注:当夏普比率为负值时,采用Israelsen(2005)对夏普比率修正的方法进行计算。

接下来,对这两种方法在2005年5月—2022年4月期间产生的累计收益率进行对比。按照两种不同的资产配置方法所得的累计收益率状况如图5-4所示。图中,曲线no-dis表示按照第一种资产配置方案,在不区分宏观经济状态下运用均值方差模型进行最优化资产配置,这时所产生的累计收益率仅为

---

① 社保基金属于长期投资,交易频率相对较低,所以可以近似做出这样的假设。

251.94%；曲线 MV 表示按照第二种方案,在不同经济阶段运用均值方差模型对资产进行配置,能够产生的累计收益率是 420.52%。这说明从经济周期视角来配置资产,可以显著提高全国社会保障基金的资产组合收益率。

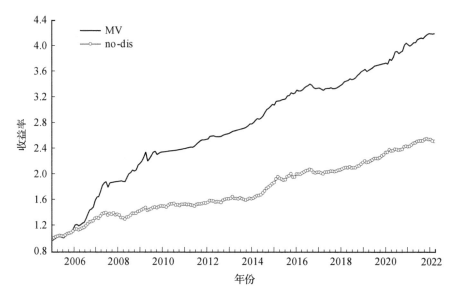

图 5-4　均值方差模型下社保基金大类资产配置累计收益率比较

5.3　均值方差模型下全国社会保障基金的风格资产配置

首先,本节将结合均值方差模型的思想建立全国社会保障基金风格资产配置的模型；然后在区分和不区分经济状态下使用所建立的模型,对全国社会保障基金的风格资产进行战术最优配置；最后对这两种资产配置结果进行比较。

5.3.1　社保基金风格资产配置模型

按照《暂行办法》,本研究将全国社会保障基金资产从风格资产角度分为 10 个类别:国债、金融债、企业债、大盘成长股、大盘价值股、中盘成长股、中盘价值股、小盘成长股、小盘价值股及银行存款。我们仍然选取中证货币基金指数月度行情、中证国债指数月度行情、中证金融债券指数月度行情、中证企业债券指数月度行情、巨潮大盘成长指数月度行情、巨潮大盘价值指数月度行情、巨潮中盘价值指数月度行情、巨潮中盘成长指数月度行情、巨潮小盘价值指数月度行情、巨潮小盘成长指数月度行情,作为衡量银行存款、国债、金融债、企业债、大盘成长股、大盘价值股、中盘成长股、中盘价值股、小盘成长股及小盘价值股的行情指标,资产收益率的计算方法仍采用对数收益率的方法。

我们仍然在《暂行办法》的约束条件下,对均值方差模型进行设置。《暂行办法》对各类资产的投资比重做出如下规定:(1) 银行存款和国债投资的比例不得低于50%。其中,银行存款的比例不得低于10%,在一家银行的存款不得高于社会保障基金银行存款总额的50%。(2) 企业债、金融债投资的比例不得高于10%。(3) 证券投资基金、股票投资的比例不得高于40%。为此,将具体的模型设置为

$$
\begin{cases}
\min \sigma_p^2 \\
\text{s.t.} \quad \sum_{i=1}^{10} w_i = 1, \quad w'\boldsymbol{E}[R] = r_0 \\
w_1, w_2, \cdots, w_{10} \geq 0 \\
w_1 + w_2 \geq 0.5 \\
w_1 \geq 0.1 \\
w_3 + w_4 \leq 0.1 \\
w_5 + w_6 + w_7 + w_8 + w_9 + w_{10} \leq 0.4
\end{cases}
\tag{5-7}
$$

式中,w_1、w_2、w_3、w_4、w_5、w_6、w_7、w_8、w_9、w_{10} 分别为银行存款、国债、金融债、企业债、大盘成长股、大盘价值股、中盘成长股、中盘价值股、小盘成长股、小盘价值股的权重比例,各权重系数均大于零,这是由于社保基金的资产不可以卖空;$\boldsymbol{E}[R]$ 为资产预期收益率向量;σ_p^2 为资产组合方差;r_0 为每次进行二次规划所既定的期望收益率。

我们先在不区分经济状态的情况下,按照均值方差模型对社保基金的风格资产进行配置;然后,按照表4-1对经济周期的划分结果,从经济周期视角出发,采用均值方差模型对社保基金的风格资产进行配置。

5.3.2 不区分经济状态下社保基金风格资产配置

(1) 在不区分经济状态下,确定全国社会保障基金风格资产组合的有效边界。首先,由2005年5月—2022年4月17年间的历史数据得到各资产的均值和协方差矩阵。然后,通过二次最优规划法,计算出最小方差组合的年化收益

和最大预期收益组合的年化收益,并将其差值分为 9 等份,等间距地排列收益率。最后,按照式(5-7)计算出各等间距收益率点的最优投资组合权重及组合标准差。于是,我们就得到在不区分经济状态下,全国社会保障基金大类资产有效边界上 10 个点的最优配置比例,如表 5-5 所示。

表 5-5　不区分经济状态下基于均值方差模型的不同风格资产投资组合的收益率与标准差

组合收益率	组合标准差	国债	金融债	企业债	大盘成长	大盘价值	中盘成长	中盘价值	小盘成长	小盘价值	银行存款
2.96%	0.000 0	0.000 2	0.000 3	0.000 2	0.000 0	0.000 0	0.000 0	0.000 0	0.000 0	0.000 0	0.999 2
3.76%	0.006 4	0.117 5	0.060 7	0.039 3	0.008 8	0.008 9	0.002 7	0.004 4	0.005 7	0.000 0	0.752 0
4.57%	0.014 3	0.280 9	0.062 5	0.037 5	0.019 5	0.020 5	0.006 6	0.010 0	0.013 4	0.000 0	0.549 1
5.37%	0.022 3	0.444 4	0.064 3	0.035 7	0.030 0	0.032 2	0.010 5	0.015 6	0.021 0	0.000 0	0.346 2
6.18%	0.030 0	0.607 8	0.066 1	0.033 9	0.040 0	0.043 9	0.014 5	0.021 2	0.028 6	0.000 0	0.143 2
6.98%	0.039 1	0.581 8	0.056 9	0.043 1	0.057 6	0.066 7	0.019 0	0.031 1	0.043 8	0.000 0	0.100 0
7.79%	0.049 2	0.504 5	0.044 7	0.055 3	0.076 0	0.092 5	0.023 6	0.042 2	0.061 1	0.000 0	0.100 0
8.59%	0.060 0	0.427 1	0.032 5	0.067 5	0.094 3	0.118 5	0.028 0	0.053 3	0.078 8	0.000 0	0.100 0
9.40%	0.074 8	0.400 0	0.022 0	0.078 0	0.079 3	0.192 7	0.000 0	0.028 1	0.099 9	0.000 0	0.100 0
10.20%	0.116 9	0.400 0	0.022 3	0.077 7	0.000 0	0.400 0	0.000 0	0.000 0	0.000 0	0.000 0	0.100 0

由表 5-5 中的数据可以发现,随着资产组合收益率的增加,组合资产的风险也相应增加,风格资产中的大盘价值股的权重在逐渐增加。同时也发现一个问题,对股票风格资产的配置几乎集中于大盘价值股,资产配置比例均为最优规划的角点解,资产配置的稳定性差。这也是本研究在第 6 至第 8 章将要解决的问题。

(2)在不区分经济状态下,使用均值方差模型对社保基金的风格资产进行最优配置。模型中的年市场无风险收益率仍取 3.39%,这样我们就可以通过资本市场线与有效边界的切点坐标来确定包含无风险资产的最优资产投资组合。

由表 5-6 可知,在不区分经济状态的条件下,满足社保基金投资要求,基于均值方差模型的风格资产最优投资组合集中于 4 类风格资产,具体权重分别为:国债 0.723 9,中盘成长股 0.116 6,小盘价值股 0.059 5,银行存款 0.1。2005 年 5 月—2022 年 4 月 17 年间资产的组合平均收益率为 6.54%,组合标准差为 0.036 4。对比表 5-2 可以发现,大类资产配置细化风格资产,可以提升投资组合收益率,并能降低投资组合风险。同样,也可以画出资产组合有效边界和资本市场线,如图 5-5 所示。

表 5-6 不区分经济状态下基于均值方差模型的全国社会保障基金资产的最优配置

组合收益率	组合标准差	国债	金融债	企业债	大盘成长	大盘价值	中盘成长	中盘价值	小盘成长	小盘价值	银行存款
6.54%	0.036 4	0.723 9	0.000 0	0.000 0	0.000 0	0.000 0	0.116 6	0.000 0	0.000 0	0.059 5	0.100 0

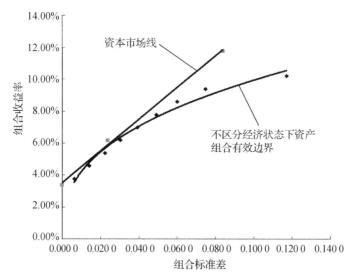

图 5-5 风格资产组合有效边界和资本市场线

5.3.3 区分经济状态下社保基金风格资产配置

下面我们应用均值方差模型对全国社会保障基金进行风格资产配置。所采用的资产配置模型仍然是式(5-7),关于经济阶段的划分仍采用表 4-1 的划分结果。与不区分经济状态下均值方差模型相比,这部分内容中模型的输入参数为各经济阶段的风格资产收益率及其相应的协方差矩阵,并且各经济阶段中资产配置的最优解是资产组合的有效边界与资本市场线的切点,市场无风险利率 r_f 仍然取 3.39%。在不同的宏观经济状态下,运用均值方差模型对社保基金进行风格资产配置的结果如表 5-7 所示。

表5-7　不同经济状态(阶段)下基于均值方差模型的风格资产最优配置

周期	国债	金融债	企业债	大盘成长	大盘价值	中盘成长	中盘价值	小盘成长	小盘价值	银行存款
复苏阶段	0.400 0	0.100 0	0.000 0	0.000 0	0.000 0	0.000 0	0.000 0	0.400 0	0.000 0	0.100 0
繁荣阶段	0.500 0	0.000 0	0.000 0	0.000 0	0.305 7	0.000 0	0.094 3	0.000 0	0.000 0	0.100 0
衰退阶段	0.013 9	0.000 0	0.000 5	0.000 7	0.001 8	0.001 1	0.000 0	0.000 2	0.000 4	0.981 5
萧条阶段	0.400 0	0.000 0	0.100 0	0.177 6	0.000 0	0.000 0	0.222 4	0.000 0	0.000 0	0.100 0

由表5-7看出,资产的最优配置在不同的经济阶段呈现的特点为:复苏阶段,最优资产配置集中于国债(0.4)、金融债(0.1)、小盘成长股(0.4)和银行存款(0.1)这4类风格资产;繁荣阶段,最优资产配置集中于国债(0.5)、大盘价值股(0.305 7)、中盘价值股(0.094 3)和银行存款(0.1)这4类风格资产;衰退阶段,最优资产配置基本集中于银行存款这一类资产,其最优权重为0.981 5;萧条阶段,最优资产配置集中于国债(0.4)、企业债(0.1)、大盘成长股(0.177 6)、中盘价值股(0.222 4)和银行存款(0.1)这5类风格资产。

由表5-7也可以发现,由均值方差模型得到的结果经常集中于少数几类资产,为最优规划的角点解。这是由均值方差模型不稳定性决定的,因为均值方差模型的固有特点是倾向于选择那些收益率高、风险相对较低的资产。因此,均值方差模型在最大化资产组合收益率的同时,也放大了估计误差。

5.3.4　资产配置结果比较

本研究采用两种不同的方法对全国社会保障基金进行战术资产模拟配置。第一种方法,在不区分经济周期状态下,根据2005年5月—2022年4月17年间的历史数据,运用均值方差模型对10类风格资产进行配置;第二种方法,将经济周期细分为4个经济阶段,根据17年间的历史数据,运用均值方差模型对10类风格资产进行配置。为了简单起见,仍然假定投资者是理性的。表5-8为这两种资产配置方法的资产配置对比,no-dis表示第一种资产配置方法的配置结果,由于不区分经济状态,在每个经济阶段的资产配置比例均是表5-6中的配置结果。MV表示按照第二种资产配置方法配置的结果。

第5章 均值方差模型下全国社会保障基金的资产配置

表5-8 区分与不区分经济状态(阶段)下基于均值方差模型的社保基金风格资产最优配置对比

资产	复苏阶段		繁荣阶段		衰退阶段		萧条阶段	
	no-dis	MV	no-dis	MV	no-dis	MV	no-dis	MV
国债	0.723 9	0.400 0	0.723 9	0.500 0	0.723 9	0.013 9	0.723 9	0.400 0
金融债	0.000 0	0.000 0	0.000 0	0.000 0	0.000 0	0.000 06	0.000 0	0.000 0
企业债	0.000 0	0.000 0	0.000 0	0.000 0	0.000 0	0.000 5	0.000 0	0.100 0
大盘成长	0.000 0	0.000 0	0.000 0	0.000 0	0.000 0	0.000 7	0.000 0	0.177 6
大盘价值	0.000 0	0.000 0	0.000 0	0.305 7	0.000 0	0.001 8	0.000 0	0.000 0
中盘成长	0.116 6	0.000 0	0.116 6	0.000 0	0.116 6	0.001 1	0.116 6	0.000 0
中盘价值	0.000 0	0.000 0	0.000 0	0.094 3	0.000 0	0.000 0	0.000 0	0.222 4
小盘成长	0.000 0	0.400 0	0.000 0	0.000 0	0.000 0	0.000 2	0.000 0	0.000 0
小盘价值	0.059 5	0.000 0	0.059 5	0.000 0	0.059 5	0.000 4	0.059 5	0.000 0
银行存款	0.100 0	0.100 0	0.100 0	0.100 0	0.100 0	0.981 5	0.100 0	0.100 0
组合收益率	2.30%	11.74%	13.87%	33.54%	2.54%	2.96%	5.42%	7.88%
组合标准差	0.050 4	0.137 5	0.050 5	0.085 6	0.048 9	0.002 4	0.043 3	0.089 7
夏普比率	-0.000 5	0.610 2	2.083 2	3.526 9	-0.000 4	-1.625 0	0.478 1	0.505 0

注:当夏普比率为负值时,采用Israelsen(2005)对夏普比率修正的方法进行计算。

将表5-8与表5-4进行对比可以发现,引入风格资产后,拓宽了投资的视角。接下来,对这两种方法在2005年5月—2022年4月期间产生的累计收益率进行对比。按照两种不同的资产配置方法所得的累计收益率状况如图5-6所示。其中,曲线no-dis表示按照第一种资产配置方案,即不区分宏观经济状态,按照均值方差模型对大类资产进行最优化资产配置,这时所产生的累计收益率仅为228.32%;曲线MV表示按照第二种方案,在不同经济阶段运用均值方差模型对风格资产进行配置,能够产生的累计收益率是585.59%。对比图5-5,说明将资产细化为不同的风格类型,从经济周期的轮动视角出发配置资产,可以显著提高全国社会保障基金的资产组合累计收益率。

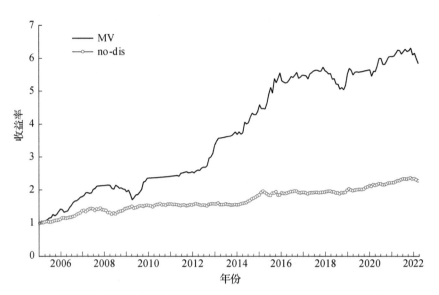

图5-6 均值方差模型下社保基金风格资产配置累计收益率比较

第 6 章 再抽样投资组合方法下全国社会保障基金的资产配置

从经济周期视角出发,采用经典的均值方差模型对全国社会保障基金进行战术资产配置,与不区分经济状态的配置方式相比,投资组合能够产生更高的累计收益率。但是均值方差模型由于模型假设和模型求极值方法的限制,模型的求解结果容易出现极端值,即存在模型对于输入参数过于敏感的问题。Michaud(1998)提出的 Resample 投资组合方法,是降低均值方差模型对参数的敏感性的方法之一。

再抽样投资组合方法的原理是通过大量同分布的蒙特卡罗方法(Monte Carlo Method)进行模拟抽样,来得到分散化的资产配置,其实质是将投资组合权重进行平滑化处理,避免极端值的发生。本章将采用再抽样投资组合方法对传统的均值方差模型资产配置方法进行改进。这样做的目的是期望能使资产配置获得较为分散和稳健的结果。

6.1 再抽样投资组合方法及其在资产配置中的运用

Markowitz(1952)的均值方差模型奠定了现代证券投资组合理论的基础。但是 Best & Grauer(1992)、Chopra & Ziemba(1993)、Kashima(2001)等人通过实证研究,均得出结论认同均值方差模型对输入参数的变化非常敏感,从而导致最优组合的结果缺乏鲁棒性。Michaud(1998)认为可以通过再抽样的办法给予解决,并且通过再抽样最优化输入可以确定再抽样有效前沿。本节将介绍常见的抽样方法,以及再抽样方法在资产配置中的应用。

常见的再抽样方法有三种：刀切法（Jackknife）再抽样方法、Bootstrap 再抽样方法及蒙特卡罗方法，而 Resample 方法是蒙特卡罗方法中的代表性方法。

6.1.1　刀切法（Jackknife）再抽样方法

Quenollille M H（1949）为了减少与时间序列相关的估计偏差，提出了刀切法，也被称为折叠刀法。最初，该方法并没有引起人们的注意，直到 Tukey（1958）进一步完善了刀切法，并提出将这种方法作为稳健区间估计的方法，即在标准统计方法不存在或难于应用的问题中通过刀切法来建立近似的置信区间。此后，研究人员把刀切法逐步应用到具体的领域。Durbin（1959）首次提出将刀切法应用于比例估计（Ratio estimation）。Brillinger（1964）将刀切法应用到极大似然估计。Miller（1964）将刀切法应用于均值估计。同时 Miller（1974）也拓宽了刀切法在线性回归模型中的应用领域。

简单来说，刀切法就是针对某个变量 x，倘若共有 n 个样本观察值 x_i（$i=1,2,3,\cdots,n$），于是就可以得到 x 的估计量 $\bar{x}$。在样本中舍弃第 i 个观察值，再随机不放回地取出 $n-1$ 个观测值，得到 x 的估计量 $\bar{x}_i$，$\bar{x}_i$ 被称为虚拟值，则

$$\bar{x}_i = \frac{n\bar{x} - x_i}{n-1} = \frac{\sum_{j \neq i} x}{n-1} \tag{6-1}$$

多次重复抽样所获得的虚拟值 $\bar{x}_i$ 就是利用刀切法再抽样得到的新样本，而虚拟值的平均值 $\bar{x}_{\text{jack}}$ 被称为 x 的刀切法再抽样的估计量。而刀切法再抽样估计量的标准差为

$$\hat{\sigma}_{\text{jcak}} = \left[\frac{n-1}{n} \sum_{i=1}^{n} (\bar{x}_i - \bar{x}_{\text{jack}})^2 \right]^{\frac{1}{2}} \tag{6-2}$$

刀切法还可以舍弃 m 个（$m>1$）样本数据后进行不放回地再抽样，得到的估计量及标准差的估计量分别与式（6-1）、式（6-2）类似，这里不再赘述。

近些年来，研究人员对刀切法再抽样方法在金融资产配置中的相关应用进行研究。Herath & Kumar（2002）使用刀切法来估计股票市场的波动率，发现刀切法特别适用于小数据集。Partani 等（2006）在使用刀切法的估计方法来减少资产配置中偏差的研究中发现，刀切法的估计方法能够显著地减少标准差的偏差。Zhu（2012）提出基于刀切法来解决回归分析所产生的偏差问题，通过这种方法能够减少单回归模型和多回归模型及短期和长期回归的偏差。Basak（2009）建立了一个刀切法估计法，该估计法可用于构建跟踪误差最小化的投资

组合模型。通过实证研究发现，与传统的估计法相比，刀切法估计法有更低的跟踪误差和更精确的估计。Brière & Mignon(2013)探讨在不存在无风险资产的情况下，市场的有效性及均值方差模型的有效性时，提出如果采用由 Basak 等人(2009)开发的刀切法估计法，则可以提供更为准确的协方差矩阵。Cserna(2010)在使用刀切法估计短期利率时发现，采用刀切法能显著减少估计结果的偏差。Zhu M(2013)提出了一种基于折刀技术的方法来解决回归估计所产生的偏差问题，所提出的方法减少了单回归和多回归模型的长期和短期的回归偏差。Füss 等人(2014)针对传统投资组合模型往往忽略参数的不确定性及对参数预估的偏差等问题，提出了用刀切法对传统的投资组合模型进行改进，研究发现采用刀切法会使投资组合更加稳健。

6.1.2 Bootstrap 再抽样法

Efron(1978)最早提出了一种再抽样方法——Bootstrap 法，也被称为自举法、自助法或拔靴法。这种方法的思想较为简单，以至于 Efron 首次向一个著名期刊投稿时，被以"过于简单"的理由拒稿。但是，该方法对统计学的影响深远，仅仅在四大国际顶尖的统计学志杂上，如果按照关键字 Bootstrap 搜索，就能得到2 000多篇相关研究论文。

Bootstrap 再抽样法最初用于标准差的估计，该方法是将原始样本(x_1, x_2, …, x_n)看作总体，从包含 n 个数据的原始样本中，使用有放回的随机抽样的方法，抽取 a 组含 m 个数据的新样本。由于假设每一次被抽取的概率是等可能的，所以 Bootstrap 再抽样的基本原理为利用重复抽样的方式模拟出与原始数据分布特征相同的分布。此时可以得到 a 个有关样本均值的估计量：

$$\hat{\mu}_i = \bar{x}_i, \quad i = 1, 2, \cdots, a \tag{6-3}$$

式中，$\hat{\mu}_i$ 为第 i 组包含 m 个数据部分组的均值。

然后，根据 $\hat{\mu}_i$ 的样本方差来估计总体方差

$$\sigma^2(\hat{\mu}_i) = \frac{\sum_{i=1}^{a}(\hat{\mu}_i - \hat{\mu})^2}{a - 1}, \quad i = 1, 2, \cdots, a \tag{6-4}$$

式(6-4)中，$\hat{\mu}$ 为 $\hat{\mu}_i$ 的算术平均值，即

$$\hat{\mu} = \frac{\sum_{i=1}^{a} \hat{\mu}_i}{a} \tag{6-5}$$

而关于 m 的值,Bickel & Freedman(1981)通过研究发现,当 $m=n$ 时,独立同分布的样本的均值和用 Bootstrap 再抽样方法估计的样本均值是渐进相合的。换句话说,当 $m=n$ 时,Bootstrap 再抽样方法是最有效的。

近些年来在经济学领域,Bootstrap 再抽样方法被广泛采用。Horowitz(1997)将 Bootstrap 再抽样方法用于经济学研究中,由于 Bootstrap 方法采用多次重复的有放回的抽样方法,可以减少或者消除有限样本的统计检验的扭曲程度,并且还证实了通过 Bootstrap 再抽样方法对估计量或检验统计量产生的近似至少与传统一阶渐近理论得到的近似一样准确。Persson(2000)在均值低偏矩框架下对风险资产组合选择进行研究,认为采用 Bootstrap 方法可以优化最优投资组合比例。Zenti 和 Pallotta(2000)在分析风险管理方法时,比较分析了 Monte Carlo 模拟方法和 Bootstrap 再抽样方法,发现两种方法均可提供令人满意的战术风险评估,可以向投资经理通报市场风险的变化,也有望进行战略风险分析。Chou(2006)使用 Bootstrap 再抽样方法测试了资产组合的有效边界,研究发现当资产收益的分布类型未知时,Bootstrap 再抽样方法就很有用,并且当样本量有限时,或者样本不可获得时,Bootstrap 再抽样方法尤其有用。

Tsagkanos(2008)认为 logit 模型参数的估计主要采用极大似然估计法进行,经典的最大似然估计法对小样本的估计是有偏差的和低效的,他采用 Bootstrap 最大似然估计法对样本进行估计,发现这种方法可以有效地减少估计中产生的偏差。Gutierrez(2011)提出一种测试资产价格泡沫的方法,其方法主要基于 Bootstrap 再抽样方法,他将该方法应用于纳斯达克股价指数和 Case-Shiller 房价指数。结果表明,两种资产价格上涨的背后是投机在起作用。Louton D. (2015)使用 Bootstrap 再抽样技术来探讨美国养老金投资者该如何设置其战术资产配置计划。Font B. (2016)使用 Bootstrap 再抽样方法估计投资组合的有效边界及其置信区间。陈玉罡等(2023)运用 Bootstrap 方法,对中国偏股混合型基金的业绩表现进行评价和优选研究。研究表明,整体基金市场超额收益率呈负值,但在非零假设下,Bootstrap 方法能够优化基金筛选。

6.1.3 Resample 方法

Michaud(1998)提出的 Resample 方法,是专门适用于均值方差模型的再抽样方法。Michaud 认为传统均值方差投资组合模型的优化主要基于两组参数,即对资产回报及方差-协方差矩阵的估计,而由传统方法和启发式方法得到的资产配置非常依赖于这些值。鉴于这些预测的不可靠性,所以有效边界上投资组合的风险和回报往往与预期不同。所以,Michaud(1989)认为虽然Markowitz(1952)的均值方差理论很有吸引力,但是许多投资从业者却对均值方差优化技术漠不关心。可以说均值方差模型的天然缺陷就是对输入参数的敏感性。Shen W、Wang J(2017)认为Markowitz的均值方差模型作为现代投资组合理论的基石,是在投资组合管理中采用的主要模型。然而,其输入参数中的估计误差在实践中显著降低了其性能,尤其在样本量比较小的时候,均值方差模型更加难以适用。而通过对小样本资产的子集进行再抽样处理,则不需要额外的数据,就能够得到更准确的估计参数。Hong Vo D.(2021)在研究中国行业水平的风险、回报和组合优化时,利用重抽样技术检验资产配置的鲁棒性,结果显示重抽样无法提高最优组合表现,但显著提高了最优组合的多样性。

Michaud(1998)提出的Resample方法将蒙特卡罗方法和Bootstrap方法引入到均值方差优化模型中,能更真实地反映投资信息的不确定性。经过Resample再抽样方法模拟的结果通常是更稳定、更现实和更有效的均值方差投资优化组合。Resample方法是Markowitz投资组合优化的概括,允许投资者在优化、再平衡和监控过程中结合考虑投资风险等因素。

鉴于均值方差模型对于输入参数过于敏感,Michaud(1998)认为,均值方差模型的效率在实践中的局限性在于缺乏对模型优化的统计理解,所以他从统计优化的观点出发,来降低模型估计风险。他提出的Resample方法引入了蒙特卡罗方法,采用多次抽样的方法平滑化处理数据,来降低均值方差模型对参数的敏感性。该方法的具体步骤可以归纳如下:

第一步,通过样本的历史数据计算出收益率矩阵 M(假设为 $t \times k$ 阶矩阵,其中 t 为组合中各证券收益率的观测期数,k 为组合中资产的类别数)的均值和协方差矩阵,令

$$\text{mean } M = \text{mean}(M) \tag{6-6}$$

$$\text{cov } M = \text{cov}(M) \tag{6-7}$$

并由式(6-6)和式(6-7)计算出历史数据对应的有效边界曲线。

第二步,在正态分布条件下,对矩阵 A 的输入参数 mean M 和 cov M 采用蒙特卡罗方法进行模拟抽样,可以得到新的收益率矩阵(假设为 M_s),计算其均值和协方差矩阵,即

$$\text{mean } \boldsymbol{M}_s = \text{mean}(\boldsymbol{M}_s) \qquad (6\text{-}8)$$

$$\text{cov } \boldsymbol{M}_s = \text{cov}(\boldsymbol{M}_s) \qquad (6\text{-}9)$$

第三步,对第二步中抽样产生的输入参数(mean $\boldsymbol{M}_s$ 和 cov $\boldsymbol{M}_s$)通过二次规划得出一条模拟有效边界线。分别计算最小方差组合和最大预期收益组合的收益,记为 $r_{\min}$ 和 $r_{\max}$,将其差值分为 m 等份,等间距地排列收益率,由此我们可以认为该有效边界线由 $m+1$ 个点近似构成,有效边界线上从小到大的第 t 个点的收益为

$$r_t = r_{\min} + \frac{r_{\max} - r_{\min}}{m}(t-1) \qquad (6\text{-}10)$$

令 cov $\boldsymbol{M}_s = \Sigma$,mean $\boldsymbol{M}_s = \mu$,$r_t = R$,代入均值方差模型,并计算出该点对应的组合权重,记为 $w_t, t = 1, 2, \cdots, m+1$。

第四步,重复第二和第三步 n 次,每次取得的第 t 个点权重向量的均值就是再抽样得到的组合权重向量,记为 $W_t(t = 1, 2, \cdots, m+1)$。

第五步,计算组合权重向量 $W_t(t = 1, 2, \cdots, m+1)$ 所对应的标准差与收益,以及相应的平均的均值方差有效边界曲线。

在 Resample 资产组合再抽样方法提出后,许多研究人员对这一方法进行了实证研究。Fletcher & Hillier(2001)通过研究发现使用基于 Resample 方法的策略来配置资产,能使资产配置更加稳健。Scherer(2004)认为投资组合的 Resample 方法是一种非常通用和强大的技术,可以降低输入误差,优化投资组合权重。对于短期投资者,Resample 方法会将噪声增加到最佳投资组合;而对于长期投资者,Resample 方法是非常有效的。Delcourt & Petitjean(2011)对 Michaud(1998)提出的 Resample 方法的效率进行了研究,通过三种代表性投资组合,即最小差异投资组合、中间回报投资组合及最高回报投资组合,来对 Resample 方法与 Markowitz 均值方差组合构建技术的效率进行比较研究,研究显示 Resample 方法将导致更稳定和更多样化的资产配置结果。Chen Y C(2013)对不同的金融模型进行再抽样分析,分析结果表明由再抽样方法得到的结果更平滑,资产配置种类更加分散。Frahm G(2015)为 Resample 方法提供了坚实的理论基础,认为使用该方法可以尽量避免噪声交易的发生。

Kohli(2005)认为 Resample 方法远未成为成熟资本配置的标准范式,但它在金融圈获得了相当大的地位,并成为一种具有一定争议的投资组合构建技术。对 Resample 方法的质疑主要体现在样本外的预估方面,认为在样本外

Resample方法没有系统地降低投资组合的风险。这种质疑是较为苛刻的,因为目前所有的模型在样本外的预估方面效果都不算好。Herold & Maurer(2006)对基于贝叶斯方法和基于Resample方法的资产配置的效率进行比较,发现两种方法均不能改善样本外的预估。

尽管对Resample投资组合方法存在一定的争议,但研究人员在以下两个方面达成共识:第一,Resample投资组合方法能够改善Markowitz均值方差模型对输入参数过于敏感的缺陷,能够避免资产配置出现极端值;第二,Resample投资组合方法适用于长期资产配置,并且可以尽量避免噪声交易的发生。下面,使用Resample投资组合方法对全国社会保障基金的资产配置结果进行改善。

6.2 再抽样投资组合方法下全国社会保障基金的大类资产配置

首先,本节将结合Resample投资组合方法的思想建立全国社会保障基金大类资产配置的模型并设置其参数;然后使用所建立的模型在区分经济状态和不区分经济状态的情况下,对全国社会保障基金大类资产进行战术配置;最后对Resample投资组合方法和Markowitz的均值方差模型的资产配置结果进行比较。

6.2.1 Resample投资组合模型及其参数设置

在数据选取上,我们仍然选取和上一章相同的指标作为衡量全国社会保障基金大类资产收益率的指标,各类资产收益率仍采用对数收益率。研究数据来自锐思金融数据库(RESSET)。Resample模型的构建仍然是在《暂行办法》的约束条件下进行,模型结构为

$$\begin{cases} \min \sigma_p^2 \\ \text{s. t.} \quad \sum_{i=1}^{6} w_i = 1, \quad w'E[R] = r_0 \\ w_1, w_2, \cdots, w_6 \geqslant 0 \\ w_1 + w_2 \geqslant 0.5 \\ w_1 \geqslant 0.1 \\ w_3 + w_4 \leqslant 0.1 \\ w_5 + w_6 \leqslant 0.4 \end{cases} \quad (6\text{-}11)$$

式(6-11)中,w_1、w_2、w_3、w_4、w_5、w_6分别为银行存款、国债、金融债、企业债、证券投资基金、股票投资的权重比例,各权重系数均大于零,这是由于社保基金的资产不可以卖空的限制;$E[R]$为资产预期收益率向量;σ_p^2为资产组合方差;r_0为每次进行二次规划所既定的期望收益率。

Resample 再抽样投资组合方法的具体步骤及参数设置如下:① 由 2005 年 5 月—2022 年 4 月共计 204 个月的 6 种大类资产的历史数据,计算出考察期各类资产收益率的均值、方差和协方差矩阵,并计算其对应的有效边界曲线。② 在正态分布条件下,对各资产收益率的均值和协方差矩阵采用 Monte Carlo 方法进行模拟抽样,可以得到新的收益率矩阵,计算其均值和协方差矩阵。③ 对一次 Monte Carlo 抽样产生的输入参数均值和协方差矩阵,通过二次规划得出一条模拟有效边界线。分别计算最小方差组合和最大预期收益组合的收益,并将其差值分为 99 等份,并将这 100 个点按收益率从小到大进行排列,并求出这 100 个点的有效边界线。④ 重复第二和第三步骤 50 次,每次取得的某个点的权重向量的均值就是再抽样得到的组合权重向量。⑤ 在求出的组合权重下,计算组合收益率和标准差。

由于求出一条有效边界线需要涉及 50 次同分布的 Monte Carlo 抽样和 5 000 次非线性最优规划,数据计算量比较大,所以我们在 Excel 软件中编制了 VBA"宏程序",对运算过程进行程序化处理(主要的 VBA"宏程序"见附录),从而得到 Resample 投资组合方法的最优资产配置结果。

6.2.2 不区分经济状态下社保基金大类资产配置

我们在不区分经济状态下,采用 Resample 投资组合方法对社保基金大类资产进行配置。因为 Resample 投资组合方法是对均值方差模型的资产配置的改进,所以我们先将这两种方法进行对比。

表 6-1 列出了有效边界上的 5 个投资组合点的最优资产配置,用于比较 Resample 再抽样投资组合方法与传统的均值方差模型对大类资产的配置结果。表中 MV 列表示按照均值方差模型得出的有效边界上对应于该点的投资组合权重,而 Resample 列表示按照 Resample 投资组合方法得出的有效边界上对应于该点的投资组合权重。

表 6-1　Resample 投资组合方法与均值方差模型投资组合权重比较

大类资产	第 20 个组合点		第 40 个组合点		第 60 个组合点		第 80 个组合点		第 100 个组合点	
	MV	Resample	MV	Resample	MV	Resample	MV	Resample	MV	Resample
国债	0.156 2	0.105 2	0.448 4	0.420 1	0.603 1	0.587 8	0.482 9	0.471 9	0.400 0	0.400 4
金融债	0.000 0	0.051 0	0.000 0	0.053 0	0.000 0	0.032 3	0.000 0	0.032 8	0.000 0	0.001 2
企业债	0.100 0	0.084 1	0.100 0	0.075 3	0.100 0	0.083 0	0.100 0	0.067 2	0.100 0	0.098 4
基金	0.051 9	0.021 9	0.114 9	0.109 1	0.196 9	0.149 1	0.317 1	0.293 1	0.099 8	0.090 1
股票	0.000 0	0.045 9	0.000 0	0.005 8	0.000 0	0.042 5	0.000 0	0.033 8	0.300 2	0.309 9
银行存款	0.691 9	0.691 9	0.336 7	0.336 7	0.100 0	0.105 3	0.100 0	0.101 2	0.100 0	0.100 0

由图 6-1 我们可以发现,通过 Resample 投资组合方法得到的有效边界略低于理论上的均值方差模型的有效边界。由表 6-1 我们可以发现,通过 Resample 投资组合方法得到的资产配置在每个组合点的配置结构更加分散,更加稳健,更加贴近于机构投资者对资产配置的要求。

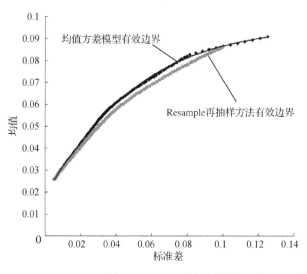

图 6-1　Resample 再抽样方法与均值方差模型有效边界比较

下面在不区分经济状态下采用 Resample 投资组合方法对社保基金大类资产进行最优配置。研究中,市场的无风险收益率仍取 3.35%,仍然通过资本市场线(CML)与有效边界的切点坐标来确定包含无风险资产的最优资产投资组合。

由表 6-2 可知,在不区分经济状态条件下,满足社保基金投资要求,Resample 再抽样投资组合方法的最优投资组合的权重为国债 0.512 8,金融债 0.017 3,企业债 0.070 1,基金 0.184 5,股票 0.096,银行存款 0.142 7。资产预期组合收益率为 6.12%,组合标准差为 0.056 5。与表 5-2 的均值方差模型最优资产配置结果相比,表 6-2 的资产配置比率更加分散,更加稳健。

表 6-2　不区分经济状态下基于 Resample 方法的全国社会保障基金最优投资组合

资产配置方法	组合收益率	组合标准差	国债	金融债	企业债	基金	股票	银行存款
Resample	6.12%	0.056 5	0.512 8	0.017 3	0.070 1	0.184 5	0.096 0	0.142 7

同样,我们也可以作出 Resample 再抽样投资组合方法的资产组合有效边界和资本市场线,如图 6-2 所示。

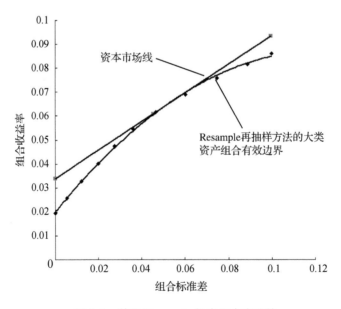

图 6-2　基于 Resample 投资组合方法的大类资产组合有效边界和资本市场线

6.2.3 区分经济状态下社保基金大类资产配置

上一章,我们在不同的经济阶段使用均值方差模型对全国社会保障基金进行资产配置,发现从经济周期视角出发进行资产配置可以大幅提高资产配置的累计收益率,但是通过均值方差模型配置的结果往往集中于少数几类资产。下面,我们将在不同的经济阶段,使用 Resample 投资组合方法对均值方差模型的大类资产配置结果进行改进。这样做的目的是使资产配置可以获得较为分散和稳健的结果。资产配置所采用的模型仍然是式(6-11)。与不区分经济状态下 Resample 模型相比,这部分内容中模型的输入参数为各经济阶段的大类资产收益率及其相应的协方差矩阵,并且各经济阶段中资产配置的最优解是资产组合的有效边界与资本市场线的切点所对应的组合权重,市场无风险利率 r_f 仍然取 3.39%。在不同的宏观经济状态下,采用 Resample 投资组合方法进行大类资产配置的结果如表 6-3 所示。

表 6-3 不同经济状态(阶段)下基于 Resample 方法的大类资产最优配置

经济周期	国债	金融债	企业债	基金	股票	银行存款
复苏阶段	0.390 0	0.023 0	0.077 0	0.244 4	0.153 2	0.112 4
繁荣阶段	0.002 1	0.039 8	0.001 3	0.204 4	0.169 4	0.583 0
衰退阶段	0.001 5	0.002 1	0.000 4	0.004 3	0.000 1	0.995 7
萧条阶段	0.686 9	0.012 8	0.087 2	0.064 5	0.029 3	0.119 3

由表 6-3 可以发现,不同经济状态下的资产最优配置权重较为分散,几乎配置于各种大类资产。但在不同的经济阶段,资产的权重则呈现出不同的特征:复苏阶段,银行存款的占比最低;繁荣阶段,债券资产的占比最低;衰退阶段,资产配置几乎都为银行存款;萧条阶段,债券类资产的占比最高。

下面,来比较 Resample 投资组合方法与均值方差模型在不同经济阶段的资产配置结构。表 6-4 列出了这两种方法的对比结果,其中 MV 列表示按照均值方差模型得到的资产组合权重,而 Resample 列表示按照 Resample 投资组合方法得到的资产组合权重。

表 6-4　Resample 投资组合方法与均值方差模型的大类投资组合权重比较

大类资产	复苏阶段		繁荣阶段		衰退阶段		萧条阶段	
	MV	Resample	MV	Resample	MV	Resample	MV	Resample
国债	0.402 4	0.390 0	0.000 0	0.002 1	0.000 0	0.001 5	0.681 7	0.686 9
金融债	0.000 0	0.023 0	0.000 0	0.039 8	0.000 1	0.002 1	0.000 0	0.012 8
企业债	0.100 0	0.077 0	0.000 0	0.001 3	0.021 4	0.000 4	0.100 0	0.087 2
基金	0.397 6	0.244 4	0.392 1	0.204 4	0.000 0	0.004 5	0.000 0	0.064 5
股票	0.000 0	0.153 2	0.000 0	0.169 4	0.000 0	0.000 1	0.029 3	0.029 3
银行存款	0.100 0	0.112 4	0.607 9	0.583 0	0.978 5	0.995 7	0.189 0	0.119 3
收益率	0.152 9	0.161 6	0.178 6	0.180 1	0.029 0	0.027 4	0.055 9	0.056 3
标准差	0.060 6	0.067 3	0.115 6	0.122 8	0.002 4	0.340 0	0.024 0	0.026 5
夏普比率	1.970 3	1.904 1	1.255 2	1.194 0	−0.000 011	−0.002 1	0.933 3	0.862 6

注：当夏普比率为负值时，采用 Israelsen（2005）对夏普比率修正的方法进行计算。

由表 6-4 可以发现，与均值方差模型相比，Resample 投资组合方法可以提高大类资产配置的稳健性，具体表现在均值方差模型的资产配置结果会出现极端值，资产配置往往集中于少数几类资产，而使用 Resample 方法得到的配置类别则较为分散，较为贴近资产配置实际。这说明 Resample 投资组合方法可以改善传统的均值方差模型的配置状况。这与 Resample 投资组合方法的原理是通过大量同分布的蒙特卡罗方法进行模拟抽样来得到分散化的资产配置有关。

从夏普比率来看，除萧条阶段，Resample 投资组合方法的夏普比率低于 MV 资产配置方法外，在其余的经济阶段，Resample 的夏普比率与 MV 资产配置方法接近，说明 Resample 投资组合方法可以对均值方差模型的配置结果起到改进的作用。

6.2.4　资产配置结果比较

我们从经济周期视角出发，对 2005 年 5 月—2022 年 4 月 17 年间全国社保基金的 6 种大类资产进行战术模拟配置。研究采用两种不同的资产配置方法：第一种方法将经济周期细分为四个经济阶段，对 17 年间的历史数据，运用均值方差模型对 6 种大类资产进行配置；第二种方法，将经济周期细分为四个经济阶段，对 17 年间的历史数据，运用 Resample 投资组合方法对模拟配置结果进行改进。

我们仍然假设投资者是理性的。社保基金的大类资产组合在 2005 年 5 月—2022 年 4 月这 17 年间按照两种不同的方法进行资产模拟配置,所得的累计收益率状况如图 6-3 所示。图中,曲线 MV 表示按照第一种方法,在不同经济阶段运用均值方差模型对资产进行配置,能够产生的累计收益率是 448.35%;曲线 Resample 则表示按照第二种方法,运用 Resample 投资组合方法对第一种配资方法进行改进,所产生的累计收益率是 420.52%,略低于第一种方法能够产生的累计收益率,但改进后的配资方法可以配置更多种类的资产,资产配置的稳健性和可靠性要高于均值方差模型。

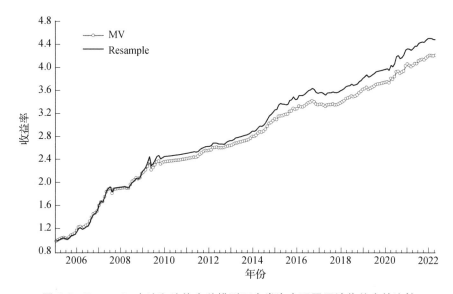

图 6-3　Resample 方法和均值方差模型下大类资产配置累计收益率的比较

6.3　再抽样投资组合方法下全国社会保障基金的风格资产配置

首先,我们将结合 Resample 投资组合方法的思想建立全国社会保障基金风格资产配置的模型并设置其参数;然后使用所建立的模型在区分经济状态和不区分经济状态的情况下,对全国社会保障基金风格资产进行战术配置;最后对这两种资产配置结果进行比较。

6.3.1 再抽样投资组合模型及其参数设置

在数据选取上,我们仍然选取和上一章相同的指标作为衡量风格资产收益率的指标。各类资产收益率仍采用对数收益率。我们仍然在《暂行办法》的约束条件下,对 Resample 投资组合模型进行设置,将具体的模型设置为

$$\begin{cases} \min \sigma_p^2 \\ \text{s.t.} \sum_{i=1}^{10} w_i = 1, \quad w'E[R] = r_0 \\ w_1, w_2, \cdots, w_{10} \geq 0 \\ w_1 + w_2 \geq 0.5 \\ w_1 \geq 0.1 \\ w_3 + w_4 \leq 0.1 \\ w_5 + w_6 + w_7 + w_8 + w_9 + w_{10} \leq 0.4 \end{cases} \quad (6-12)$$

式中,w_1、w_2、w_3、w_4、w_5、w_6、w_7、w_8、w_9、w_{10}分别为银行存款、国债、金融债、企业债、大盘成长股、大盘价值股、中盘成长股、中盘价值股、小盘成长股、小盘价值股的权重比例,各权重系数均大于零,这是因为社保基金的资产不可以卖空;$E[R]$为资产预期收益率向量;σ_p^2为资产组合方差;r_0为每次进行二次规划所既定的期望收益率。

Resample 再抽样投资组合方法的步骤与上一节相同,也是采用 VBA 宏程序,对运算过程进行程序化处理,从而得到 Resample 投资组合方法的最优资产配置结果。

6.3.2 不区分经济状态下社保基金风格资产配置

我们采用 Resample 投资组合方法,在不区分经济状态的条件下,对全国社会保障基金的风格资产进行配置。因为 Resample 方法是对均值方差模型的资产配置方法的改进,所以先对这两种方法进行对比。表 6-5 中列出了有效边界上的 5 个投资组合点的最优资产配置,用于比较 Resample 投资组合方法与传统均值方差模型对风格资产的配置结果。表中 MV 列为按照均值方差模型得出的有效边界上对应于该点的投资组合权重,而 Resample 列为按照 Resample 投资组合方法得出的有效边界上对应于该点的投资组合权重。

表 6-5　Resample 投资组合方法与均值方差模型下风格资产配置权重比较

风格资产	第 20 个组合点		第 40 个组合点		第 60 个组合点		第 80 个组合点		第 100 个组合点	
	MV	Resample	MV	Resample	MV	Resample	MV	Resample	MV	Resample
国债	0.266 7	0.263 5	0.503 4	0.533 4	0.553 7	0.550 5	0.413 1	0.408 4	0.400 0	0.394 3
金融债	0.100 0	0.064 4	0.000 0	0.064 1	0.000 0	0.052 4	0.000 0	0.032 4	0.000 0	0.050 0
企业债	0.000 0	0.035 6	0.100 0	0.035 9	0.100 0	0.047 6	0.100 0	0.067 6	0.100 0	0.050 0
大盘成长	0.000 0	0.019 3	0.000 0	0.036 0	0.000 0	0.064 3	0.000 0	0.097 7	0.000 0	0.000 0
大盘价值	0.037 0	0.004 6	0.059 6	0.038 6	0.125 4	0.076 1	0.205 9	0.123 2	0.400 0	0.385 0
中盘成长	0.000 0	0.003 1	0.000 0	0.012 7	0.000 0	0.020 7	0.000 0	0.029 1	0.000 0	0.000 0
中盘价值	0.000 0	0.005 9	0.000 0	0.018 6	0.000 0	0.035 1	0.000 0	0.055 3	0.000 0	0.000 0
小盘成长	0.014 8	0.008 9	0.071 4	0.025 1	0.120 9	0.050 1	0.184 0	0.081 6	0.000 0	0.019 0
小盘价值	0.000 0	0.000 0	0.000 0	0.000 0	0.000 0	0.000 0	0.000 0	0.000 0	0.000 0	0.000 0
银行存款	0.581 5	0.594 7	0.265 5	0.235 5	0.100 0	0.132 0	0.100 0	0.117 0	0.100 0	0.117 0

由表 6-5 可以发现,采用均值方差模型得到的资产配置通常集中于几类特定的风格资产,容易出现极端值。虽然,理论上采用均值方差模型可以使组合资产达到较高的资产收益率,但实际上由于均值方差模型的敏感性过强,无法真正用于资产配置。而由表 6-5 可以发现,通过 Resample 再抽样投资组合方法进行的资产配置更加分散和稳健,更加贴近机构投资者资产配置的实际情况。

下面在不区分经济状态下采用 Resample 投资组合方法对社保基金风格资产进行最优配置。研究中,市场的无风险收益率仍取 3.39%,仍然通过资本市场线(CML)与有效边界的切点坐标来确定包含无风险资产的最优资产投资组合。

表 6-6　不区分经济状态下基于 Resample 投资组合方法的风格资产最优投资组合

收益率	标准差	国债	金融债	企业债	大盘成长	大盘价值	中盘成长	中盘价值	小盘成长	小盘价值	银行存款
6.62%	0.034 9	0.616 9	0.062 4	0.037 6	0.049 2	0.055 0	0.016 8	0.026 1	0.036 0	0.000 0	0.100 0

由表 6-6 可知,在不区分经济状态的条件下,满足社保基金投资要求,Resample 再抽样投资组合方法的最优投资组合的权重为:国债 0.616 9,金融债 0.062 4,企业债 0.037 6,大盘成长股 0.049 2,大盘价值股 0.055 0,中盘成长股 0.016 8,中盘价值股 0.026 1,小盘成长股 0.036 0,小盘价值股 0,银行存款 0.1。资产预期组合收益率为 6.62%,组合标准差为 0.034 9。

下面在不区分经济状态下,对 Resample 投资组合方法与均值方差模型的风格资产最优配置进行比较,对比结果如表 6-7 所示。

表 6-7　Resample 投资组合方法与均值方差模型的风格资产最优配置比较

资产配置	MV	Resample
组合收益率	6.54%	6.62%
组合标准差	0.036 4	0.034 9
国债	0.723 9	0.616 9
金融债	0.000 0	0.062 4
企业债	0.000 0	0.037 6
大盘成长	0.000 0	0.049 2
大盘价值	0.000 0	0.055 0
中盘成长	0.116 6	0.016 8
中盘价值	0.000 0	0.026 1
小盘成长	0.000 0	0.036 0
小盘价值	0.059 5	0.000 0
银行存款	0.100 0	0.100 0

表 6-7 中 MV 列为按照均值方差模型得出的最优投资组合的权重,而 Resample 列为按照 Resample 投资组合方法得出的最优投资组合权重。由表 6-7 可知,与均值方差模型最优资产配置结果相比,采用 Resample 投资组合方法得到的最优投资组合收益率更高,而资产组合风险更低,同时,资产配置更加分散,更加稳健。同样,我们也可以画出基于 Resample 投资组合方法的风格资产组合的有效边界和资本市场线,如图 6-4 所示。

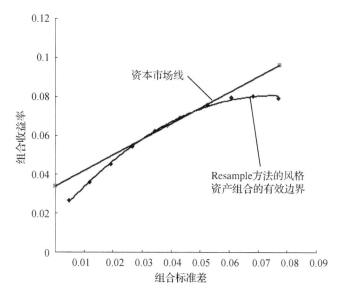

图 6-4 基于 Resample 投资组合方法的风格资产组合的有效边界和资本市场线

6.3.3 区分经济状态下社保基金风格资产配置

下面我们对全国社会保障基金采用 Resample 投资组合方法进行风格资产配置。所采用的资产配置模型仍然是式（6-12）。与不区分经济状态下 Resample 模型相比,这部分内容中模型的输入参数为各经济阶段的风格资产收益率及其相应的协方差矩阵,并且各经济阶段中资产配置的最优解是资产组合的有效边界与资本市场线的切点所对应的组合权重,市场无风险利率 r_f 和前几节相同,仍然取 3.39%。在不同的宏观经济状态下,采用 Resample 投资组合方法进行风格资产配置的结果如表 6-8 所示。

表 6-8 不同经济状态（阶段）下基于 Resample 投资组合方法的风格资产最优配置

周期	国债	金融债	企业债	大盘成长	大盘价值	中盘成长	中盘价值	小盘成长	小盘价值	银行存款
复苏阶段	0.398 2	0.098 8	0.001 2	0.002 5	0.046 0	0.003 5	0.002 1	0.345 9	0.000 0	0.101 8
繁荣阶段	0.498 8	0.000 1	0.001 1	0.000 1	0.399 5	0.000 1	0.000 1	0.000 1	0.000 1	0.100 0
衰退阶段	0.017 8	0.004 6	0.000 5	0.000 7	0.001 8	0.001 1	0.000 3	0.000 2	0.000 4	0.972 6
萧条阶段	0.402 4	0.000 2	0.097 4	0.002 3	0.001 2	0.000 2	0.394 9	0.000 1	0.001 3	0.100 0

由表 6-8 可以发现,不同经济状态下采用 Resample 投资组合方法得到的资

产最优配置权重较为分散,几乎配置于各种风格资产。但在不同的经济阶段,资产的权重则呈现出不同的特征:复苏阶段,资产配置主要集中于国债和小盘成长股;繁荣阶段,资产配置主要集中于国债和大盘价值股;衰退阶段,资产配置主要集中于银行存款;萧条阶段,资产配置主要集中于国债和中盘价值股。表 6-9 列出了 Resample 投资组合方法与均值方差模型在不同经济阶段的风格资产配置权重结果对比,而 Resample 列表示按照 Resample 投资组合方法得到的资产组合权重。

表 6-9　Resample 投资组合方法与均值方差模型的风格资产投资组合权重比较

资产	复苏阶段		繁荣阶段		衰退阶段		萧条阶段	
	MV	Resample	MV	Resample	MV	Resample	MV	Resample
国债	0.400 0	0.398 2	0.500 0	0.498 8	0.013 9	0.017 8	0.400 0	0.402 4
金融债	0.100 0	0.098 8	0.000 0	0.000 1	0.000 0	0.004 6	0.000 0	0.000 2
企业债	0.000 0	0.001 2	0.000 0	0.000 1	0.000 5	0.000 5	0.100 0	0.097 4
大盘成长	0.000 0	0.000 25	0.000 0	0.000 0	0.000 7	0.000 7	0.177 6	0.002 3
大盘价值	0.000 0	0.046 0	0.305 7	0.399 5	0.001 8	0.001 8	0.000 0	0.001 2
中盘成长	0.000 0	0.003 5	0.000 0	0.000 1	0.001 1	0.001 1	0.000 0	0.000 2
中盘价值	0.000 0	0.002 1	0.094 3	0.000 1	0.000 0	0.000 3	0.222 4	0.394 9
小盘成长	0.400 0	0.345 9	0.000 0	0.000 0	0.000 2	0.000 2	0.000 0	0.000 1
小盘价值	0.000 0	0.002 1	0.000 0	0.000 0	0.000 4	0.000 4	0.000 0	0.001 3
银行存款	0.100 0	0.101 8	0.100 0	0.100 0	0.981 5	0.972 6	0.100 0	0.100 0
组合收益率	11.74%	11.48%	36.58%	36.55%	2.96%	2.97%	8.15%	7.88%
组合标准差	0.137 5	0.121 1	0.117 3	0.117 1	0.002 4	0.002 4	0.129 1	0.089 7
夏普比率	0.610 2	0.671 4	2.834 0	2.835 1	−0.000 009	−0.000 009	0.371 6	0.505 0

注:当夏普比率为负值时,采用 Israelsen(2005)对夏普比率修正的方法进行计算。

由表 6-9 中资产配置结果的对比可以发现,与均值方差模型相比,Resample 投资组合方法可以改善传统的均值方差模型的配置状况。从夏普比率来看,除萧条阶段,基于 Resample 投资组合方法的夏普比率明显高于 MV 资产配置方法,说明 Resample 投资组合方法可以对均值方差模型的配置结果起到改进的作用。

6.3.4 资产配置结果比较

我们研究采用两种不同的方法对全国社会保障基金进行战术资产模拟配置。两种资产配置方法为：第一种，将经济周期细分为四个经济阶段，对17年间的历史数据，运用均值方差模型对10类风格资产进行配置；第二种，将经济周期细分为四个经济阶段，对17年间的历史数据，运用Resample投资组合方法对模拟配资结果进行改进。为了简单起见，我们仍然假设投资者是理性的。图6-5为全国社会保障基金风格资产按照均值方差模型和Resample投资组合方法进行资产配置的收益率比较。图中，曲线MV表示按照第一种方法，在不同经济阶段运用均值方差模型对资产进行配置，能够产生的累计收益率是585.59%，这也是理论上能够达到的最大收益率，实际资产配置只能接近这一理论值；曲线Resample则表示按照第二种方法，运用Resample投资组合方法对第一种配资方法进行改进，所产生的累计收益率是387.01%，低于第一种方法能够产生的累计收益率，但改进后的配资方法可以配置更多种类的资产，资产配置的稳健性和可靠性要高于均值方差模型。

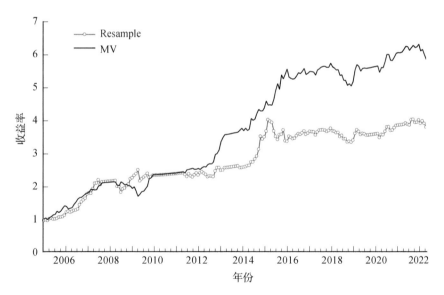

图6-5 Resample方法和均值方差模型下风格资产配置累计收益率比较

第八章 Robust 投资组合方法下全国社会保障基金的资产配置

上一章我们通过大样本同分布的蒙特卡罗方法进行模拟抽样,采用 Resample 投资组合方法对全国社会保障基金进行战术资产配置,改善了传统的均值方差模型资产配置结果,避免了均值方差模型对于输入参数过于敏感的问题。但是 Resample 投资组合方法是通过模拟抽样的方法进行求解的。Robust 投资组合方法是解决均值方差模型对于输入参数过于敏感的问题的另一条途径,并且 Robust 方法是通过函数的方法寻求最优解。本章采用 Robust 投资组合方法对上一章 Resample 投资组合方法做进一步的改善,在与 Resample 投资组合方法收益率相同的情况下,通过 Robust 资产配置模型可以得到至少等同于甚至优于 Resample 投资组合方法得到的资产配置结果。

采用数学规划法求解资产组合的有效边界并没有考虑数据的不确定性对模型的质量和实用性的影响。现实中我们需要处理的最优化问题的特征是数据的不确定性,所以导致投资产品收益率的期望和协方差矩阵具有一定随机性,即便利用现代统计方法对其进行估计,也很难得到精确的估计值。Charnes & Cooper(1959)提出了随机约束(Chance Constrain)的方法,其核心思想是在一定概率的约束条件下,来确定未知参数的取值范围。20 世纪 90 年代以来,随着金融市场波动性的增大,不确定性的程度也在增大,参数误差变得越来越敏感,为了解决这类问题,诸多学者开始利用鲁棒优化(Robust Optimization)方法来解决投资决策问题。

Robust Optimization 方法,也被音译为鲁棒优化方法,其中鲁棒性(Robustness)指的是系统的稳健性。有关鲁棒优化问题的研究最早可追溯到 Soyster(1973)写的一篇运筹学论文。此后 20 多年,这一方面的研究没有实质进展,真正开始流行是在 20 世纪 90 年代末,Ben-Tal & Nemirovski(1998,1999)

提出鲁棒优化的理论框架,并且给出了鲁棒线性、二次规划以及凸规划模型求解方法。此后,鲁棒优化问题的研究逐渐活跃起来。郑立辉(2000)在鲁棒控制的框架下提出一种新的期权定价的方法。Onatski & Stock (2002)、Leving & Williams(2003)提出以鲁棒优化方法来设计最优货币政策。李培培(2008)用鲁棒优化方法来处理收益率不确定的证券组合的投资策略问题,研究结果表明使用该投资策略可实现总资产按预期目标增长的投资目的。Ceria S、Stubbs R A (2016)使用用鲁棒优化构建的投资组合,在大多数情况下优于使用传统均方差优化创建的投资组合,并且使用鲁棒优化时实现的收益更大。Forsyth P A、Vetzal K R(2016)经实证研究发现鲁棒优化法适用于长期投资者。Huang R. 等建立一种风险厌恶的两阶段分布式 Robust 优化模型,并将其推广至多阶段情形,实证结果表明,与风险中性随机优化模型相比,他们提出的 Robust 优化模型具有更强的稳健性。段倩倩等(2022)构建了 Robust 二阶随机占优的投资组合优化模型,研究发现基于最新的历史数据规模得出的投资策略能够达到较高的样本外期望收益,具有未来投资的参考价值。

  Robust Optimization 方法的作用是规避不确定性的风险,从而使得投资策略在一定的误差范围内都是最优的。Robust Optimization 方法通常假设投资者预先设定一个其认为最优的"参考"对象。例如,投资者根据设定的预期收益和协方差,并通过均值方差模型计算出最优配置比例,将计算出来的最优配置比例视作是最优的"参考"对象,接下来对比"参考"对象中由参数的误差导致的预测分布与真实分布之间的偏离状况,并采用相对熵进行控制,最后采用最优规划的方法,在相对熵控制范围内,在期望收益率一定的条件下使得风险最小。与均值方差模型所计算的最优组合相比,通过 Robust 模型计算出来的最优组合可以使资产组合在不同类别的资产之间更加分散,降低了模型对参数输入的敏感性。

7.1 Robust 投资组合方法介绍

Hansen 和 Sargent(1995)借鉴工程学领域中的 Robust 控制思想,提出模型不确定下的 Robust 决策方法。其中,模型不确定性是指资产收益预测模型在设定形式上的不确定性或模糊性,但模型设定形式的不确定性最终仍将体现在收益预测分布的不确定性上。不确定性理论解决的主要问题是使投资策略对模型设定误差具有免疫性。模型不确定性理论的研究思路通常会假设投资者拥有一个比较理想的"参考"模型,但是投资者也认为该模型未必完全准确,可能存在一定程度的误差。为了使得"参考"模型的误差最小,投资者做最坏的打算,采取在最不利的模型条件下使得期望效用最大化的策略,其中最不利的模型条件是投资者做最坏打算时所对应的模型的误差范围。

模型的不确定性有多种度量方式。Chen & Epstein (2002)采用等价鞅测度集来界定模型的不确定性。Anderson、Hansen & Sargent (2003)采用半群来刻画模型的不确定性,Garlappi(2007)利用统计学中的置信区间来描述模型的不确定性,Hansen 和 Sargent(2001)利用相对熵来度量模型的不确定性。虽然不同的度量方式采用的形式不相同,但本质相同,即都是通过概率的大小来描述模型的不确定性程度。我们使用 Hansen 和 Sargent(2001)的度量模型不确定性的方法,采用熵值来描述模型的不确定性程度。

7.1.1 熵理论介绍

熵最初是热力学的概念,随着各学科的交叉渗透,熵的概念逐渐被引入统计力学、信息论及金融学等学科中。熵在信息论中用于度量信息量的有序化程度。一个系统越是有序,信息熵就越低;反之,一个系统越是混乱,信息熵就越高。所以,熵是对不确定性的定量化度量。我们考虑一个具有 n 个结果的概率试验,并假设这些结果各自的离散概率为 $p_i(i=1,2,\cdots,n)$,则熵的计算公式为

$$S = -\sum_{i=1}^{n} p_i \ln p_i \tag{7-1}$$

式中,$p_i \geq 0(i=1,2,\cdots,n)$,$\sum_{i=1}^{n} p_i = 1$。

由熵的计算公式,可以得出熵的基本性质:

(1) 非负性:由于 $0 \leqslant p_i \leqslant 1$,则 $\ln p_i \leqslant 0$,从而 $S \geqslant 0 (i=1,2,\cdots,n)$。

(2) 可加性:由对数的性质可知,对于相互独立的状态,其熵的和等于和的熵。

(3) 极值性:由不等式的性质可知,当各状态为等概率的时候,其熵最大,即 $p_i = \dfrac{1}{n}(i=1,2,\cdots,n)$ 时,$S = \ln n$。

(4) 凹凸性:S 是一个关于变量 p_i 的对称凹函数。

需要说明的是,由熵的计算公式来计算熵值时有时会遇到 $p=0$ 的情况,也就是求 $0 \cdot \ln 0$ 的值。当 $p \to 0$ 时,

$$\lim_{p \to 0} p \ln p = 0 \tag{7-2}$$

式(7-2)的结论可以由洛必达法则推导出来。

$\lim\limits_{p \to 0} p \ln p = \lim\limits_{p \to 0} \dfrac{\ln p}{\dfrac{1}{p}}$ 为 $\dfrac{\infty}{\infty}$ 型,使用洛必达法则得

$$\lim_{p \to 0} p \ln p = \lim_{p \to 0} \frac{\ln p}{\dfrac{1}{p}} = \lim_{p \to 0} \frac{(\ln p)'}{\left(\dfrac{1}{p}\right)'} = \lim_{p \to 0} \frac{\dfrac{1}{p}}{-\dfrac{1}{p^2}} = \lim_{p \to 0}(-p) = 0$$

可以从热力学角度来理解熵的基本性质。假定有两种气体 a、b,当两种气体完全混合时,可以达到热力学中的稳定状态,此时熵最高。由熵的基本性质(3)可以发现,当各状态为等概率的时候,其熵最大。从金融资产角度来看,在资产组合中,从理论上可以根据各种收益发生的概率计算出一个熵值,这个熵表示的就是收益的不确定性,也就是当各资产收益发生等概率时熵最大,不确定性最大。本研究采用 Jana et al.(2009)度量熵值的方法,采用公式(7-3)来计算投资组合中的熵值:

$$\max S = -\sum_{i=1}^{n} w_i \ln w_i \tag{7-3}$$

式(7-3)中,w_i 为各资产投资的权重比例。由于 $\sum\limits_{i=1}^{n} w_i = 1$,且社保基金的各资产不可卖空,即 $w_i \geqslant 0$,所以 w_i 具有概率的基本性质:非负性、规范性和可加性。当各资产的投资权重相等,也就是投资者在各资产间平均分配投资比例时,不确定性程度最大,熵最大。

7.1.2 均值-CVaR-熵的投资组合模型

下面,在 Markowitz(1952)的均值方差模型中引入熵优化而构建新的模型。最大化熵是求一种最接近均匀分布的分布,最大化熵的均值方差模型是在稳态的状态下,计算最优投资组合比率。引入熵优化的均值方差模型可归为式(7-4)和式(7-5)两类多目标函数模型:

$$\begin{cases} \max S = -\sum_{i=1}^{n} w_i \ln w_i \\ \max E(R_p) = \sum_{i=1}^{n} w_i r_i \\ \text{s.t.} \quad \sigma_p^2 = \sum_{i=1}^{n}\sum_{j=1}^{n} w_i w_j \sigma_{ij} = \sigma_0^2 \\ \sum_{i=1}^{n} w_i = 1 \end{cases} \tag{7-4}$$

$$\begin{cases} \max S = -\sum_{i=1}^{n} w_i \ln w_i \\ \min \sigma_p^2 = \sum_{i=1}^{n}\sum_{j=1}^{n} w_i w_j \sigma_{ij} \\ \text{s.t.} \quad E(R_p) = \sum_{i=1}^{n} w_i r_i = R_0 \\ \sum_{i=1}^{n} w_i = 1 \end{cases} \tag{7-5}$$

式(7-4)表示投资者采取最大化最不利模型下的期望效用的策略,而式(7-5)表示投资者采取最小化最不利模型下的组合方差的策略。式(7-4)和式(7-5)中,w_i 为资产组合中第 i 种资产的权重;r_i 为第 i 种资产的期望收益率;σ_{ij} 为第 i 种和第 j 种资产收益率的协方差;$E(R_p)$ 为资产组合期望收益率;σ_p^2 表示资产组合方差;R_0 为既定的组合收益率;σ_0^2 为既定的组合方差。

7.1.3 均值-CVaR-熵的 Robust 投资组合模型

在第四章我们介绍了 VaR 和 CVaR 方法。VaR 度量的是在一定的置信水平下最大损失的量,而 CVaR 度量的是在一定置信水平下在最大化损失已经发生的条件下预期平均尾部损失。我们使用 VaR 和 CVaR 方法来对 Robust 投资

组合模型进行风险约束。各资产收益率的均值都不为零。对于均值不为零的正态分布，VaR 的计算公式为

$$\text{VaR} = -r_p + z\sigma_p\sqrt{T} \tag{7-6}$$

对于均值不为零的正态分布，CVaR 的计算公式为

$$\text{CVaR} = E(R\mid R \leqslant \text{VaR}) = \sigma\sqrt{T}\frac{\varphi(z)}{1-c} - r_p \tag{7-7}$$

于是，我们就可以用 CVaR 和熵函数的线性组合来度量风险，建构出模型：

$$\begin{cases} \min\left[(1-\lambda)\text{CVaR} + \lambda\sum_{i=1}^{n} w_i \ln w_i\right] \\ \text{s.t.} \quad \text{CVaR} = \frac{1}{1-\alpha}\varphi(z_\alpha)\sigma_p - r_p \\ E(R_p) = \sum_{i=1}^{n} w_i r_i = R_0 \\ \text{VaR}_\alpha = -r_p + \sigma_p z_p \geqslant L^* \\ \sum_{i=1}^{n} w_i = 1 \end{cases} \tag{7-8}$$

式(7-8)表示熵最大的条件下，资产组合的平均尾部损失最小。式(7-8)中具体参数及设置范围如下：λ 为调节参数，且 $0 < \lambda < 1$，其取值根据风险偏好决定；α 为置信水平；z_α 为分位数；$\varphi(x)$ 是标准正态分布下的密度函数；w_i 是第 i 项资产的权重；r_p 为投资组合预期收益率；σ_p 为投资组合标准差；L^* 为社保基金可以承受的风险水平。接下来我们按照《暂行办法》的规定，对社保基金的大类资产和风格资产进行战术资产配置。

7.2 Robust 模型对全国社会保障基金的大类资产配置

首先，我们将结合 Robust 投资组合方法的思想建立全国社会保障基金大类资产配置的模型并设置其参数；然后使用所建立的模型在区分经济状态和不区分经济状态的情况下，对全国社会保障基金大类资产进行战术配置；最后对 Robust 投资组合方法与 Resample 投资组合方法下大类资产的配置结果进行比较。

7.2.1 Robust 投资组合模型及其参数设置

在数据选取上,我们仍然选取和前几章相同的指标作为衡量全国社会保障基金大类资产收益率的指标。各类资产收益率仍采用对数收益率。研究数据来自锐思金融数据库(RESSET)。Robust 投资组合模型的构建仍然是在《暂行办法》的约束条件下,将模型设置为

$$\begin{cases} \min\left[(1-\lambda)CVaR + \lambda \sum_{i=1}^{6} w_i \ln w_i\right] = \min\left\{(1-\lambda)\left[\frac{1}{1-\alpha}\varphi(z_\alpha)\sigma_p - r_p\right] + \lambda \sum_{i=1}^{6} w_i \ln w_i\right\} \\ \text{s. t. } \sum_{i=1}^{6} w_i = 1 \\ \sum_{i=1}^{6} w_i r_i \geq r^* \\ VaR_\alpha = -r_p + \sigma_p z_p \geq L^* \\ w_1, w_2, \cdots, w_6 \geq 0.000\,1 \\ w_1 + w_2 \geq 0.5 \\ w_1 \geq 0.1 \\ w_3 + w_4 \leq 0.1 \\ w_5 + w_6 \leq 0.4 \end{cases}$$

(7-9)

式中,$0 < \lambda < 1$ 为调节参数,根据风险偏好决定,这里调节参数取 $\lambda = 0.01$;置信水平 $\alpha = 95\%$,则分位数 $z_\alpha = 1.65$;$\varphi(x)$ 为标准正态分布下的密度函数;L^* 为社保基金可以承受的风险水平,这里设置 L^* 为 -0.1,也就是确保在 95% 的概率下,1 年内社保基金的大类资产投资损失不超过 10%;w_1、w_2、w_3、w_4、w_5、w_6 分别为银行存款、国债、金融债、企业债、证券投资基金、股票投资的权重比例,模型将权重系数设置为 $w_1, w_2, \cdots, w_6 \geq 0.000\,1$,这是因为 Robust 模型中含有对数函数 $\ln w_i$,对数函数要求自变量的值大于零,所以本研究设置了自变量的下限 $0.000\,1$;r_1、r_2、r_3、r_4、r_5、r_6 分别为银行存款、国债、金融债、企业债、证券投资基金、股票投资的收益率;r_p 为投资组合预期收益率;σ_p 为投资组合标准差。

我们先在整个样本期,在不区分经济状态的情况下,对社保基金的大类资产进行配置。由于式(7-9)为非线性模型,在规划求解的过程中容易出现局部最优解,所以我们使用 Matlab 软件中的遍历遗传算法处理模型的求解(主要的遗传算法程序见附录)。

7.2.2 不区分经济状态下社保基金大类资产配置

在不区分经济状态下对社保基金的大类资产进行配置时,我们在上一章利用 Resample 投资组合方法对大类资产配置的基础上,采用 Robust 投资组合方法做进一步的研究。Robust 投资组合模型中设置的资产收益率下限 r^* 与表 6-2 中由 Resample 方法模拟得到的资产组合收益率相同。这样做的原因:一方面是能够使研究开展得更加深入;另一方面因为通过 Resample 投资组合方法得到的有效边界是经过 50 次蒙特卡洛抽样,有效边界上的点是经过 5 000 次最优规划运算而得到的,所得到的拟合资产配置结果相对稳定。所以,将组合收益率下限设置为 $r^* = 6.12\%$。将整个样本区间大类资产收益率和协方差矩阵作为模型的输入,通过 Robust 模型,使用遍历遗传算法(遍历遗传算法的程序示例见附录),得到的大类资产战术配置权重结果如表 7-1 所示。

表 7-1 不区分经济状态下基于 Robust 投资组合方法的大类资产配置结果

资产配置方法	组合收益率	组合标准差	国债	金融债	企业债	基金	股票	银行存款
Robust	6.12%	0.040 2	0.616 8	0.000 9	0.099 9	0.182 3	0.000 1	0.100 0

由表 7-1 可知,在不区分经济状态的条件下,满足社保基金投资要求,基于 Robust 投资组合方法的最优投资组合的权重为:国债 0.616 8,金融债 0.000 9,企业债 0.099 9,基金 0.182 3,股票资产 0.000 1,银行存款 0.1。2005 年 5 月—2022 年 4 月 17 年间资产组合的平均收益率为 6.12%,组合标准差为 0.040 2。可以发现,Robust 投资组合方法与 Resample 投资组合方法一样,资产配置结果较为分散和稳健。同时,与 Resample 投资组合方法(表 6-2 中的组合标准差)相比,还可以发现采用 Robust 投资组合方法得到的标准差更小,风险水平更低。

7.2.3 区分经济状态下社保基金大类资产配置

在不同经济阶段,采用 Robust 投资组合方法对社保基金进行大类资产配置时所采用的模型仍为式(7-9),但模型的输入数据为各经济阶段的大类资产收益率及其相应的协方差矩阵,并且各经济阶段的组合资产的收益率下限 r^* 与表 6-4 中由 Resample 方法模拟得到的大类资产组合收益率相同。按照式(7-9),我们可以从经济周期视角出发对大类资产进行配置,在不同的经济阶段,采用 Robust 投资组合方法进行资产配置的结果如表 7-2 所示。

表 7-2 不同经济阶段基于 Robust 投资组合方法的大类资产最优配置

经济阶段	国债	金融债	企业债	基金	股票	银行存款
复苏阶段	0.400 0	0.000 0	0.100 0	0.270 7	0.129 3	0.100 0
繁荣阶段	0.000 0	0.000 0	0.000 0	0.337 2	0.062 8	0.600 0
衰退阶段	0.000 0	0.049 2	0.000 7	0.000 4	0.000 0	0.949 8
萧条阶段	0.696 4	0.000 0	0.100 0	0.000 0	0.029 9	0.173 7

由表 7-2 可以发现,不同的经济阶段,基于 Robust 投资组合方法的大类资产的最优组合权重也不同:复苏阶段,按大类资产的权重大小排列依次为国债 0.4、基金 0.270 7、股票 0.129 3、企业债 0.1、银行存款 0.1;繁荣阶段,按大类资产的权重大小排列依次为银行存款 0.6、基金 0.337 2、股票 0.062 8;衰退阶段,按大类资产的权重大小排列依次为银行存款 0.949 8、金融债 0.049 2、企业债 0.000 7、基金 0.000 4;萧条阶段,按大类资产的权重大小排列依次为国债 0.696 4、银行存款 0.173 7、企业债 0.1、股票 0.029 9。

下面,我们比较 Robust 投资组合方法与 Resample 投资组合方法在不同经济阶段配置的权重。表 7-3 列出了这两种方法的对比结果,其中 Resample 列表示按照 Resample 再抽样投资组合方法得到的资产最优组合权重,而 Robust 列则表示按照 Robust 投资组合方法得到的资产最优配置权重。

表 7-3 不同经济阶段 Robust 方法与 Resample 方法最优资产组合权重比较

资产	复苏阶段		繁荣阶段		衰退阶段		萧条阶段	
	Resample	Robust	Resample	Robust	Resample	Robust	Resample	Robust
国债	0.390 0	0.400 0	0.002 1	0.000 0	0.001 5	0.000 0	0.686 9	0.696 4
金融债	0.023 0	0.000 0	0.039 8	0.000 0	0.002 1	0.049 2	0.012 8	0.000 0
企业债	0.077 0	0.100 0	0.001 3	0.000 0	0.000 4	0.000 7	0.087 2	0.100 0
基金	0.244 4	0.270 7	0.204 4	0.337 2	0.004 3	0.000 4	0.064 5	0.000 0
股票	0.153 2	0.129 3	0.169 4	0.062 8	0.000 1	0.000 0	0.029 3	0.029 9
银行存款	0.112 4	0.100 0	0.583 0	0.600 0	0.995 7	0.949 8	0.119 3	0.173 7
组合收益率	0.161 6	0.161 6	0.180 1	0.180 1	0.027 4	0.027 4	0.056 3	0.056 3
组合标准差	0.067 3	0.066 4	0.122 8	0.117 5	0.340 2	0.002 2	0.026 5	0.024 5
夏普比率	1.903 4	1.930 5	1.194 0	1.249 0	−0.002 1	0.000 0	0.862 6	0.931 4

注:当夏普比率为负值时,采用 Israelsen(2005)对夏普比率修正的方法进行计算。

由表7-3可以发现，Robust投资组合方法同Resample投资组合方法一样可以起到提高大类资产配置的稳健性的作用。在组合收益率相同的情况下，由于Robust投资组合方法的目标函数是使得资产收益的不确定性及未来可能发生的损失最小，这就使得资产配置青睐于风险相对低而回报率相对高的资产。例如，在复苏阶段，Robust投资组合方法与Resample投资组合方法的组合收益率相同，但是Robust投资组合方法的国债资产配置比例及基金配置比率高于Resample投资组合方法，而股票资产配置比率却低于Resample投资组合方法。从夏普比率来看，在各个经济阶段，Robust投资组合方法的夏普比率都要高于Resample投资组合方法，说明在预期资产组合收益率相同的情况下，采用Robust投资组合方法可以降低资产收益率波动的风险，达到提高夏普比率的目的。

7.2.4 资产配置结果比较

我们采用两种不同的资产配置方法对全国社会保障基金进行战术配置模拟：第一种，将经济周期细分为四个经济阶段，对17年间的历史数据，运用Resample投资组合方法对10类风格资产进行配置；第二种，将经济周期细分为四个经济阶段，对17年间的历史数据，运用Robust投资组合方法对模拟配资结果进行改进。同时，我们还假设投资者是理性的，能够根据不同的状态对6类投资标的进行战术资产配置，当经济进入另一种新的状态时，就及时调整组合的资产配置，使其与该经济状态下的最优配置比例一致，为了简单起见不考虑交易成本，不考虑调整组合配置对市场的冲击。

社保基金的大类资产组合在2005年5月—2022年4月这17年的时间段，按照两种不同的方法进行资产模拟配置，所得的累计收益率状况如图7-1所示。图中，曲线Resample表示按照第一种方法，在不同经济阶段，运用Resample投资组合方法对资产进行配置，能够产生的累计收益率是448.35%；曲线Robust则表示按照第二种方法，运用Robust投资组合方法对第一种配资方法进行改进，所产生的累计收益率是443.26%，略低于第一种方法能够产生的累计收益率。从图中可以看出，两条收益率曲线较为接近，这是因为Robust方法是Resample方法的优化改进，且改进后的配置方法风险更小，资产配置的夏普比率更高。

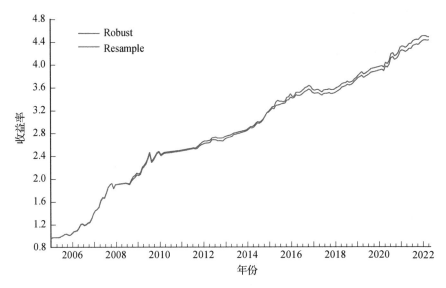

图 7-1　Robust 方法和 Resample 方法下大类资产配置累计收益率比较

7.3　Robust 模型对全国社会保障基金的风格资产配置

我们首先使用 Robust 投资组合方法建立全国社会保障基金风格资产配置的模型并设置其参数；然后使用所建立的模型在区分经济状态和不区分经济状态的情况下，对全国社会保障基金风格资产进行战术配置；最后对 Robust 投资组合方法与 Resample 投资组合方法下风格资产的配置结果进行比较。

7.3.1　Robust 投资组合模型及其参数设置

在数据选取上，我们仍然选取与前几章相同的指标作为衡量风格资产收益率的指标。各类资产收益率仍采用对数收益率。我们仍然在《暂行办法》的约束条件下，对 Robust 投资组合模型进行设置，将 Robust 资产配置模型设置为

$$\begin{cases} \min\left[(1-\lambda)CVaR + \lambda\sum_{i=1}^{10}w_i\ln w_i\right] = \min\left\{(1-\lambda)\left[\frac{1}{1-\alpha}\varphi(z_\alpha)\sigma_p - r_p\right] + \lambda\sum_{i=1}^{10}w_i\ln w_i\right\} \\ \text{s.t.}\ \sum_{i=1}^{10}w_i = 1 \\ \sum_{i=1}^{10}w_i r_i \geq r_1^* \\ VaR_\alpha = -r_p + \sigma_p z_p \leq L^* \\ w_1, w_2, \cdots, w_{10} \geq 0.0001 \\ w_1 + w_2 \geq 0.5 \\ w_1 \geq 0.1 \\ w_3 + w_4 \leq 0.1 \\ w_5 + w_6 + w_7 + w_8 + w_9 + w_{10} \leq 0.4 \end{cases}$$

(7-10)

式(7-10)中,$0<\lambda<1$ 为调节参数,根据风险偏好决定,这里将调节参数取 $\lambda=0.01$;置信水平 $\alpha=95\%$,则分位数 $z_\alpha=1.65$;$\varphi(x)$ 是标准正态分布下的密度函数;w_1、w_2、w_3、w_4、w_5、w_6、w_7、w_8、w_9、w_{10} 分别为银行存款、国债、金融债、企业债、大盘成长股、大盘价值股、中盘成长股、中盘价值股、小盘成长股、小盘价值股的权重比例,模型将权重系数设置为 $w_1, w_2, \cdots, w_{10} \geq 0.0001$,这是因为 Robust 模型中含有对数函数 $\ln w_i$,而对数函数中要求自变量的值大于零,所以本研究设置了自变量的下限 0.0001;r_1^* 为设定的社保基金投资收益率下限;r_p 为投资组合预期收益率;σ_p 为投资组合标准差;L^* 为社保基金可以承受的风险水平,这里设置 L^* 为 -0.1,也就是在 95% 的概率下,1 年内社保基金的风格资产投资损失不超过 10%。

由于式(7-10)为非线性模型,在规划求解的过程中容易出现局部最优解,所以本研究使用 Matlab 软件中的遍历遗传算法处理模型的求解。

7.3.2 不区分经济状态下社保基金风格资产配置

我们在上一章 Resample 投资组合方法对风格资产配置的基础上,在不区分经济状态下对社保基金风格资产配置时使用 Robust 投资组合方法进行研究。Robust 投资组合模型中设置的资产收益率下限 r^* 与表 6-6 中由 Resample 方法模拟得到的资产组合收益率相同。这样做的原因:一方面可以使研究开展得更加深入;另一方面因为通过 Resample 投资组合方法得到的拟合结果相对稳定。

所以,将组合收益率下限设置为$r^* = 6.62\%$。将整个样本区间风格资产收益率和协方差矩阵作为模型的输入,得到风格资产战术配置权重结果如表7-4所示。

表7-4 在不区分经济状态下基于Robust投资组合方法的风格资产最优投资组合

收益率	标准差	国债	金融债	企业债	大盘成长	大盘价值	中盘成长	中盘价值	小盘成长	小盘价值	银行存款
6.62%	0.034 7	0.627 6	0.048 1	0.051 9	0.044 8	0.066 0	0.006 6	0.021 2	0.033 9	0.000 0	0.100 0

由表7-4可知,在不区分经济状态的条件下,采用Robust投资组合方法得到的风格资产最优投资组合的权重中,债券风格资产中的国债资产权重最高,占比达到62.76%;股票风格资产中,估值较低的大盘股配置权重最高,大盘成长股和大盘价值股的权重占比之和为11.1%。可以发现,Robust投资组合方法与Resample投资组合方法一样,风格资产配置结果较为分散和稳健。

7.3.3 区分经济状态下社保基金风格资产配置

在不同经济阶段,采用Robust投资组合方法对社保基金进行风格资产配置时所采用的模型仍为式(7-10),但模型的输入数据为各经济阶段的风格资产收益率及它们相应的协方差矩阵,并且各经济阶段的组合资产的收益率下限r^*与表6-9中由Resample方法模拟得到的风格资产组合收益率相同。按照式(7-10),我们可以从经济周期视角出发对社保基金的风格资产进行配置,在不同的经济阶段,采用Robust投资组合方法进行资产配置的结果如表7-5所示。

表7-5 不同经济状态(阶段)下基于Robust投资组合方法的风格资产最优配置

经济阶段	国债	金融债	企业债	大盘成长	大盘价值	中盘成长	中盘价值	小盘成长	小盘价值	银行存款
复苏阶段	0.400 0	0.100 0	0.000 0	0.000 0	0.089 7	0.000 0	0.000 0	0.310 3	0.000 0	0.100 0
繁荣阶段	0.500 0	0.000 0	0.000 0	0.000 0	0.399 0	0.000 0	0.001 0	0.000 0	0.000 0	0.100 0
衰退阶段	0.014 3	0.000 0	0.000 0	0.000 8	0.001 7	0.001 1	0.000 0	0.000 4	0.000 3	0.981 5
萧条阶段	0.400 0	0.000 0	0.100 0	0.178 7	0.000 0	0.000 0	0.221 3	0.000 0	0.000 0	0.100 0

由表7-5可以发现,不同的经济阶段,按照Robust投资组合方法得到的资产最优组合权重也不同:在复苏阶段,银行存款的权重较低,债券和股票风格的资产配置比例均较高,股票风格资产中小盘成长股的资产配置比率最高;在繁

荣阶段,大盘价值股的资产配置比率达到最高;在衰退阶段,银行存款的配置权重达到 98.15%;在萧条阶段,债券风格资产的配置比例最高,达到 50%。

下面,我们比较 Robust 投资组合方法与 Resample 投资组合方法在不同经济阶段的资产配置权重。表 7-6 中列出了这两种方法的对比结果,其中 Resample 列表示按照 Resample 投资组合方法得到的资产组合权重,而 Robust 列表示按照 Robust 投资组合方法得到的资产组合权重。

表 7-6　不同经济阶段 Robust 投资组合方法与 Resample 投资组合方法权重比较

资产	复苏阶段		繁荣阶段		衰退阶段		萧条阶段	
	Resample	Robust	Resample	Robust	Resample	Robust	Resample	Robust
国债	0.398 2	0.400 0	0.498 8	0.500 0	0.017 8	0.014 3	0.402 4	0.400 0
金融债	0.098 8	0.100 0	0.000 1	0.000 0	0.004 6	0.000 0	0.000 2	0.000 0
企业债	0.001 2	0.000 0	0.000 1	0.000 0	0.000 5	0.000 0	0.097 4	0.100 0
大盘成长	0.002 5	0.000 0	0.000 1	0.000 0	0.000 7	0.000 8	0.002 3	0.178 7
大盘价值	0.046 0	0.089 7	0.399 5	0.399 0	0.001 8	0.001 7	0.001 2	0.000 0
中盘成长	0.003 5	0.000 0	0.000 1	0.000 0	0.001 1	0.001 1	0.000 0	0.000 0
中盘价值	0.002 1	0.000 0	0.000 1	0.001 0	0.000 3	0.000 0	0.394 9	0.221 3
小盘成长	0.345 9	0.310 3	0.000 1	0.000 0	0.000 2	0.000 4	0.000 1	0.000 0
小盘价值	0.000 0	0.000 0	0.000 1	0.000 0	0.000 4	0.000 3	0.001 3	0.000 0
银行存款	0.101 8	0.100 0	0.100 0	0.100 0	0.972 6	0.981 5	0.100 0	0.100 0
收益率	11.48%	11.48%	36.55%	36.55%	2.97%	2.97%	7.88%	7.88%
标准差	0.121 1	0.110 0	0.117 1	0.116 9	0.002 4	0.002 4	0.089 7	0.089 5
夏普比率	0.671 3	0.739 2	2.835 1	2.841 1	−0.000 009	−0.000 009	0.505 0	0.506 0

注:当夏普比率为负值时,采用 Israelsen(2005)对夏普比率修正的方法进行计算。

由表 7-6 可以发现,Robust 投资组合方法同 Resample 投资组合方法一样,资产配置较为分散,可以起到提高风格资产配置的稳健性的作用。在资产组合收益率相同的设置条件下,由于 Robust 投资组合方法的目标函数是使得资产收益的不确定性及未来可能发生的损失最小,这就使得资产配置青睐于风险相对低而回报率相对高的资产。从夏普比率来看,在各经济阶段,Robust 投资组合方法的夏普比率都要高于 Resample 投资组合方法,说明在预期资产组合收益率相同的情况下,采用 Robust 投资组合方法可以降低资产收益率波动的风险,达到提高夏普比率的目的。

7.3.4 资产配置结果比较

我们采用两种不同的方法对全国社会保障基金进行战术资产模拟配置:第一种方法,将经济周期细分为四个经济阶段,对 17 年间的历史数据,运用 Resample 投资组合方法对 10 类风格资产进行配置;第二种方法,将经济周期细分为四个经济阶段,对 17 年间的历史数据,运用 Robust 投资组合方法对模拟配资结果进行改进。为了简单起见仍然假设投资者是理性的。

2005 年 5 月—2022 年 4 月两种不同的资产配置方法收益率的比较如图 7-2 所示。其中,曲线 Resample 表示按照第一种方法,在不同经济阶段,运用 Resample 投资组合方法对资产进行配置,能够产生的累计收益率是 380.23%;曲线 Robust 表示按照第二种方法,运用 Robust 投资组合方法对第一种配资方法进行改进,所产生的累计收益率是 366.49%,与第一种方法能够产生的累计收益率相近,但改进后的配资方法风险水平更低,资产配置的夏普比率更高。

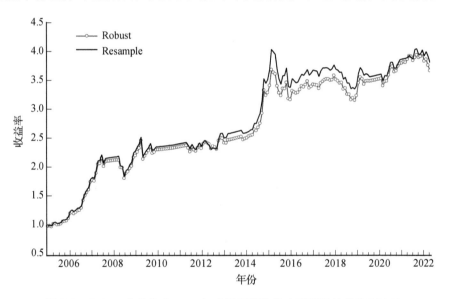

图 7-2 Robust 方法和 Resample 方法下风格资产配置累计收益率比较

第8章 Black-Litterman 模型下全国社会保障基金的资产配置

前面几章分析的三种资产配置方法均是在历史数据的基础上使得风险收益率最优的"静态"资产配置结果,没有体现投资者的主观看法,没有体现当前市场的收益率状况,也没有体现再平衡的资产配置策略。

高盛集团的 Black 和 Litterman 最早提出了 Black-Litterman 模型,该模型是以经典的 Markowitz 均值方差模型为基础,并结合贝叶斯理论而推导出的。Black-Litterman 模型的特点是既考虑了市场的客观数据,又能结合投资者的观点,并使用反向优化方法来优化模型的配置结果。所以,Black-Litterman 模型可以针对更加具体的宏观经济状态和资本市场行情,并结合投资者的主观观点进行资产配置,模型的实用性较好,目前被许多机构投资者应用于资产配置和行业配置。本章将使用 Black-Litterman 模型对全国社会保障基金的大类资产和风格资产进行战术资产配置研究。

8.1 Black-Litterman 模型

8.1.1 Black-Litterman 模型的相关研究

Black-Litterman 模型是在 1990 年由高盛集团的 Black 和 Litterman 在固定收入研究报告中首次公布的。之后,Black 和 Litterman(1991)将这篇研究报告扩展到一篇论文中,发表于刊物 *Journal of Fixed Income*。该模型的最大特点是在进行资产配置时可以将投资者的主观看法与均衡市场组合的表现结合起来。

Black-Litterman模型基于这样一种理念,在任何一个动态系统里,均衡是一个各个方向的作用力都达成平衡的状态,经济系统有内在的自发力量来减缓和抵消明显偏离均衡的状态,使其总体上达成均衡。例如,当资产价格过低时,需求就会增加;当资产价格过高时,供给就会增加。当资本市场由于外来冲击出现明显失衡时,市场会产生力量推动市场重新达成均衡,投资者可以利用这个机会来获取投资收益。Koch W(2023)认为与Markowitz模型相比,Black-Litterman模型可以解决Markowitz模型的许多不足之处,具体如下:

第一,Markowitz模型对输入参数具有高度敏感性,但Black-Litterman模型可以降低这种敏感性,避免投资权重的大幅波动,因为Black-Litterman模型比Markowitz模型考虑的信息更加全面。该模型假定资本市场是均衡的,运用市场风险回避系数、资产协方差及可观察到的指数权重推出隐含的资本市场预期,同时结合投资者对未来资产的看法及看法的信心程度,即根据市场可观察信息(包括客观信息,也包括主观看法)来推出隐含参数。

第二,在传统的Markowitz模型中,投资者被假定为具有相同预期。但在实际的市场上,投资人各自拥有不同的信息优势,能以相对或绝对的方式表达对某些资产的看法,同时投资者对看法会有误差存在,所以信心水平也有所区别。而Black-Litterman模型允许投资者对市场具有不同的预期,也允许投资者对自己的观点持有不同的信心水平。

第三,传统的Markowitz模型是单期模型,而Black-Litterman模型可以是多期模型。

第四,传统的Markowitz模型采用方差来刻画风险,而Black-Litterman模型可以使用VaR和CVaR值来刻画风险。

Black和Litterman(1992)又对Black-Litterman模型做了进一步解释和推广。他们认为量化资产配置模型在全球组合管理中没有发挥重要作用的主要原因在于金融人员发现传统的模型难以使用,并且资产配置的表现不良。但是如果使用Black-Litterman模型,并从全球市场均衡角度出发,考察全球股票资产、债券资产和货币资产的市场隐含收益率,作为中性看法的起点,可以显著改善资产配置模型的表现。倘若投资者对资产收益没有个人的看法,则投资者可以参照均衡模型给出的中性看法;倘若投资者对资产的相对表现或其绝对表现有一个或多个观点,则投资者可以根据这些观点调整平衡值。此外,投资者可以根据其持有观点的信心程度来控制个人观点对组合权重的影响程度。He G

& Litterman R(2002)对 Black-Litterman 模型做了进一步的阐释,使用 Black-Litterman 模型进行资产配置时,市场均衡收益率和投资者观点共同决定了最优投资组合的配置结果:当投资者对某项资产的信心增大时,这项资产的投资权重会增加;当投资者对某项资产的预期收益率高于市场均衡收益率时,这项资产的投资权重也会增加。

在 Black-Litterman 模型提出之后,有关该模型的研究沿着两个方向逐步深入。

第一个方向是关于模型的理论研究,包括模型输入参数的进一步设置及校准,这些参数涉及投资者的观点向量的设置、置信度矩阵的设置及单位调整数的设置。Black & Litterman(1992)给出的模型是一个开放的模型,投资在观点的设置上可以主观地表达个人相对或绝对的观点,也可以不表达个人的观点。后续研究人员为了使模型更具量化的特征,提出了诸多量化投资者观点的方法。Satchell & Scowcroft(2000)使用点估计的方法来生成投资者的观点,Beach & Orlov(2007)使用 GARCH 模型来生成投资者的观点,他们使用 20 个发达国家的国际证券模型,配置结果也显示了如何随着不同的单位调整数 τ 值而变化。而 Meucci(2006)给出了一种 COP(Copula-Opinion Pooling)方法,该方法可以在 Black-Litterman 模型中使用非正态观点的方法,采用蒙特卡罗模拟和 Copula 方法给出投资者的观点。

由于 Black 和 litterman(1991,1992)在其原始文献中没有就看法分布做详细讨论,并且看法误差分布的构造方式可以不同,所以研究人员也对置信度矩阵 Ω 的设置进行研究。He & Litterman(2002)将投资者观点的置信度矩阵 Ω 设置为一个对角阵,对角线以外的投资者观点的协方差数值为 0,也就是只考虑各个观点本身的方差,假设观点之间的相关系数为 0。Meucci(2006)将置信度矩阵 Ω 设置为等于隐含均衡期望收益率协方差矩阵乘一定比例。在关于参数置信度矩阵 Ω 的研究中,影响比较大的是 Idzorek(2005)的研究,他引入了一种采用信心跨度的方法,来指定投资者看法的置信度矩阵 Ω,信心的跨度在 0 至 100% 之间,信心跨度发生变化也会使资产的权重发生变化。

关于参数单位调整数 τ 的设置,Black 和 litterman(1992)认为由于收益率均值的不确定性小于收益率本身的不确定性,所以单位调整数 τ 介于 0 和 1 之间,并且单位调整数 τ 比较接近于 0。Bevan & Winkelmann(1998)认为单位调整数 τ 的值通常为 0.5 ~ 0.7。Satchell & Scowcroft(2000)将单位调整数 τ 当作刻度因子,所以将 τ 的值设定为 1。Lee(2000)将单位调整数 τ 的值设定在 0.01~0.05。但影响比较大的仍然是 Idzorek(2005)结合信心跨度来设置单位调整数 τ 的方法。

此外,还有结合其他模型或风险度量方法来研究 Black-Litterman 模型的。Giacommetti 等人(2007)提出了一种计算中性投资组合的方法,使用稳定的帕累托分布,而不是 Black 和 Litterman(1992)描述的正态分布。他们还对投资组合模型使用方差 VaR 和 CVaR 来度量风险。Lejeune(2011)在 Black-Litterman 模型的基础上建立了 VaR 风险度量模型,并将其用于 FOF(Fund of Funds),经过实证研究表明所提出的模型及算法技术是较为有效的。Palczewski J. 和 Palczewski A.(2019)将 Black-Litterman 理论扩展到连续分布,并且用 CVaR 来度量资产面临的风险。Kolm P. 和 Ritter G.(2017)从理论上证明了 Black-Litterman 最优化方法与贝叶斯回归之间存在对偶性,证明了 Black-Litterman 最优化方法是贝叶斯概率图模型的特殊情况。

第二个方向是关于 Black-Litterman 模型在资产配置方面的应用研究,应用研究主要分析 Black-Litterman 模型在实际市场上的表现,以及如何更好地提高资产配置效果,并由此来指导实际投资业务。Bevan & Winkelmann(1998)在他们的全球资产配置研究中提供了使用 Black-Litterman 模型作为资产配置流程的细节,以及对模型进行的设置和校准。Drobetz(2001)对 Black-Litterman 模型进行更深入的解释和描述,认为与 Markowitz 的均值方差模型相比,Black-Litterman 模型更适用于专业投资人员,更贴近投资实际,因为该模型允许投资者对其投资领域前景的看法与市场的均衡回报进行结合。而市场的均衡回报提供了中性参考点,所以能够提供更加合理、更加稳定的最佳投资组合。Mankert(2006)经过实证研究认为,由于 Black-Litterman 模型以市场均衡收益率为基准,所以与 Markowitz 模型相比,Black-Litterman 模型更适合基金经理的实际操作和对基金经理的绩效评价,并且 Black-Litterman 模型还能将传统的金融学与行为金融学的相关研究结合起来。Fabozzi 等(2006)通过实证研究认为,Black-Litterman 模型是一种简单有效的方法,可以减少估计误差并将不同的交易策略纳入同一个投资组合优化框架。Martellini & Ziemann(2007)将 Black-Litterman 模型应用于对冲基金投资中,结果表明系统地实施主动风格分配决策可以有效提高对冲基金投资组合的收益率,提供一个合理的投资过程来解决对冲基金回报分布中的非正态性和参数不确定性的问题。Shin 等(2013)采用 Black-Litterman 模型来构建投资组合,经研究发现 Black-Litterman 模型可以克服以往的投资方法存在的弱点,即对于专家的看法存在严重依赖,或者对于历史数据存在严重依赖的问题,通过 Black-Litterman 模型,基金经理可以更加有效地利用专家的看法并结合历史数据构建投资组合。He P W、Grant A、Fabre J(2013)使用 Black-Litterman 模型资产配置的策略,并将证券分析师的建议与再平衡策略相结合,研究发现在该策略下,资产的回报会优于市场,同时资产风险也得到有效控制。Sahamkhadam M 等(2022)使用 Black-Litterman 模型的资产配置策略,研究结果表明与基准策略相比,Black-Litterman 模型的投资组合在尾部风险更低且风险调整后的收益更高,有效地改进了投资组合优化的性能。

国内的研究人员也对 Black-Litterman 模型在资产配置方面的应用进行研究。陈志斌(2008)采用 Black-Litterman 模型对对冲基金的流动性风险进行研究,经过实证研究发现不同流动性风险的资产在配置中的权重选择存在差异,资产配置中权重大小与其流动性风险在资产组合总风险中的比例负相关。若资产流动性风险大,则相应地在资产配置中权重就相对小;若资产流动性风险小,则相应地在资产配置中权重就相对大。蔡基栋(2010)使用 Black-Litterman 模型对积极的资产组合管理在我国股票市场能否获取超额收益进行实证研究,发现采用适当的 Black-Litterman 模型、积极的资产组合管理能够获得超额收益,而且适当的 Black-Litterman 模型可以使最优组合的风险暴露减小,夏普比率显著增加。温琪(2011)使用 Black-Litterman 模型对金融市场的选择与配置策略进行研究,认为 Black-Litterman 模型允许投资人持有自己的观点,并且能结合市场的均衡收益和投资者观点来提出资产配置方案,能够克服传统的资产配置模型在应用中的一些缺陷。在 Black-Litterman 框架下调整合理的资产配置,从长期来看能够获得较为可观的超额收益。庞杰(2021)使用 Black-Litterman 模型将传统金融学和行为金融学融合,利用投资者情绪变量量化行为决策,发现该模型优于传统资产配置模型,发现投资者情绪对累计收益的影响具有异质性。

综上所述,可以看出,Black-Litterman 模型可以克服传统 Markowitz 模型的缺陷,也使得客观市场和投资者的主观观点结合起来,为传统金融学和行为金融学紧密结合提供了途径,为资产的配置开拓了更加广阔的空间。下面我们介绍 Black-Litterman 模型的框架及参数设置。

8.1.2 Black-Litterman 模型的结构及相关参数的解释

Black-Litterman 模型采用贝叶斯方法,结合投资者的主观看法及客观的市场均衡收益率进行资产配置。模型初始假设市场的均衡状态是合理的,投资者可以根据个人特殊的信息优势,以相对或绝对的方式表达对某些资产的看法,并且该模型承认投资者的看法会存在误差,所以观点的信心水平可以不必为100%。

Black-Litterman 模型的构建框架如图 8-1 所示。图 8-1 的左半部分表示市场均衡分布的构建过程,而图 8-1 的右半部分表示投资者观点分布的构建过程。该框架表明投资者需要先在没有主观观点的前提下,确定市场隐含的均衡收益率 Π,该收益率是中性立场的收益,产生出市场的均衡分布。再结合投资者的主观观点 P,不同的投资者观点对应不同的风险,将风险进行分配,形成观点置信度的矩阵 Ω,产生出观点分布。结合这两种分布,合成新的回报分布。最终合成的回报分布服从均值为 $E(R)$、方差为 $[(\tau\Sigma)^{-1}+P^{T}\Omega^{-1}P]^{-1}$ 的正态分布,即 $N \sim (E(R), [(\tau\Sigma)^{-1}+P^{T}\Omega^{-1}P]^{-1})$。

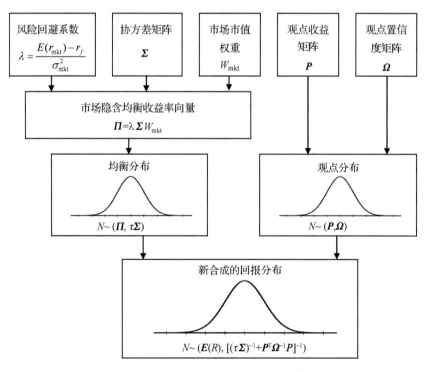

图 8-1 Black-Litterman 模型的构建框架

在我们建立基于 Black-Litterman 模型的资产配置模型之前,需要先对 Black-Litterman 模型的公式和参数的设置进行说明,Black-Litterman 模型中预期收益率的公式如下:

$$E(R) = [(\tau\Sigma)^{-1} + P^T\Omega^{-1}P]^{-1}[(\tau\Sigma)^{-1}\Pi + P^T\Omega^{-1}Q] \quad (8-1)$$

式中(有关 Black-Litterman 模型预期推导过程具体见附录),$E[R]$ 为 Black-Litterman 模型的预期收益向量(n 维列向量);Π 为市场均衡收益率向量(n 维列向量);τ 为单位调整数;Σ 为资产收益率协方差矩阵;P 为投资者的主观看法资产矩阵,如果资产的数量为 n,投资者对市场的观点数为 k,则 P 是 $k\times n$ 阶矩阵;Ω 为投资者看法的置信度矩阵($k\times k$ 阶矩阵);Q 为投资者的看法向量($k\times 1$ 阶列向量);T 为矩阵进行转置运算;-1 为逆矩阵运算。

下面,我们将对 Black-Litterman 模型中所涉及的主要参数及其设置加以介绍。

8.1.2.1 涉及市场均衡权重方面的参数

1. 市场均衡收益率向量(Π)

Litterman B(2004)认为均衡状态是一种理想状态,表明市场供求处于平衡,这样一种状态尽管在实际中很少发生,市场更多的是处于不均衡状态,但这样一种状态正如引力的中心一样,市场体系将不断地朝这个方向发展,我们可以从市场观察到的价格、市场权重反推出隐含的市场均衡收益率。倘若市场上有 n 种资产,Black-Litterman 模型将当前市场上这些资产的权重假设为买卖双方处于均衡状态下的均衡权重,并且在这个均衡状态下,将所有投资者视为一个总体,他们持有一个市场投资组合为 W^m,则均衡风险收益率为

$$\Pi = \lambda\Sigma W^m \quad (8-2)$$

式中,λ 是风险回避系数;Σ 是超额收益率的协方差矩阵;W^m 是市场权重向量,由于市场权重也在时刻改变,所以这里的市场权重指的是前一期的市场权重向量。

Litterman B(2004)认为市场均衡收益率向量 Π 是一个适当的参考点,为投资者提供了判断市场的中性观点。资产组合收益率的 Bayes 先验分布服从一个正态分布:

$$\mu \sim N(\Pi, \tau\Sigma) \quad (8-3)$$

式(8-3)也可以用线性关系式来表达:

$$\Pi = \mu + \varepsilon_\pi \quad (8-4)$$

式中 ε_π 服从正态分布:$\varepsilon_\pi \sim N(0, \tau\Sigma)$,并且 ε_π 与 μ 不相关;τ 为单位调整数,表示的是资本资产模型的不确定性度量,当 τ 趋向于 0 时,通过模型计算得到的权重将趋近于市场均衡权重。

2. 风险回避系数(λ)

本研究的风险回避系数 λ 是可变的,不同于以往的研究文献,因为以往的文献一般只研究 1 期,所以设置风险回避系数 λ 为固定常数,而本研究涉及多期资产配置,并且市场的风险在时刻变化。本研究采用公式法来计算风险回避系数:

$$\lambda = \frac{u_r - r_f}{\sigma^2} \tag{8-5}$$

式中,u_r 为市场年化收益率均值;r_f 为市场无风险利率,本研究将 r_f 设置为货币基金年均收益率;σ^2 为市场组合方差,$\sigma^2 = (W^m)^T \Sigma W^m$,$W^m$ 是各类资产的市场权重向量。所以,风险回避系数 λ 将随着市场年化收益率和市场组合方差的波动而发生变化。

3. 单位调整数(τ)

本研究采用 Black 和 litterman(1992)对于单位调整数 τ 的设置方法,将单位调整数设置为 $\tau = 0.01$。

8.1.2.2 涉及投资者主观看法方面的参数

Black-Litterman 模型最引人关注的特点是该模型将投资者观点作为一个条件分布,投资者可以在模型中表达个人的观点。假设投资者对于这 n 个资产持有 k 个观点,并且假设这 k 个观点是互不相关的。在这样的假设条件下,条件分布的协方差矩阵将是对角阵。投资者在表达个人主观观点时将涉及以下参数:

(1)投资者的主观看法资产矩阵 P($k \times n$ 阶矩阵)。投资者关于这 n 个资产的 k 个观点,可以用相对或者绝对的方式来表达,相对观点的权重和为 0,绝对观点的权重和为 1。

(2)投资者的看法向量 Q(k 维列向量)。Q 表示投资者每个观点的期望收益率。

(3)看法的置信度矩阵 Ω($k \times k$ 阶对角矩阵)。Ω 表示观点的误差方差协方差矩阵。

投资者的观点可以用式(8-6)进行表达:

$$P\mu = Q + \varepsilon_q \qquad (8\text{-}6)$$

式中,ε_q 表示观点看法的误差,它服从正态分布:$\varepsilon_q \sim N(0, \Omega)$。

下面来具体说明这三个参数及其设置方法。

1. 投资者的主观看法资产矩阵(P)

Black-Litterman 模型将投资者观点作为贝叶斯分布的条件分布,很好地解决了如何刻画投资者观点的问题。假设投资人对于这 n 个资产持有 k 个观点,并且这 k 个观点是互不相关的,对投资者关于这 n 个资产的 k 个观点用 $k \times n$ 阶矩阵来表示。下面举例阐述投资者的主观看法资产矩阵 P 的具体构造过程。

例:现有 8 类资产,按照 A、B、C、D、E、F、G、H 的顺序依次排序,投资者对这 8 类资产的看法及信心水平如下:

(1) A 资产绝对收益为 10%,信心水平为 60%。

(2) B 资产比 C 资产收益率高 5%,信心水平为 70%。

(3) D、E 资产比 F、G、H 资产收益率高 3%,信心水平为 90%。

则 P 矩阵如下:

$$P = \begin{bmatrix} A & B & C & D & E & F & G & H \\ 1 & 0 & 0 & 0 & 0 & 0 & 0 & 0 \\ 0 & 1 & -1 & 0 & 0 & 0 & 0 & 0 \\ 0 & 0 & 0 & \frac{1}{2} & \frac{1}{2} & -\frac{1}{3} & -\frac{1}{3} & -\frac{1}{3} \end{bmatrix}$$

矩阵的第一行代表第一个看法,这是一种绝对方式表达,涉及 A 资产,看法正面为 1。第二行是相对看法,涉及 A、B 两资产,看法正面为 1,负面为 -1。第三行涉及多个资产,看法为正面的之和为 1,看法为负面的之和为 -1。考虑一种特殊情况,当所有资产都必须持有的时候,投资者的主观看法资产矩阵 P 为单位阵。

由于全国社会保障基金的投资关心的是每种风险资产下一期能够产生的超额收益率,所以研究需要对每种资产都进行分析,故投资者的主观看法资产矩阵 P 为单位阵。

2. 投资者的看法向量(Q)

Black-Litterman 模型并不要求投资者对每一资产都有看法,倘若投资者有 k 个资产看法,则看法向量 Q 就是 k 维列向量,每个分量表示每个观点的期望收益。接上例,投资者看法的数量 $k = 3$,因此看法列向量 $Q = (10\%, 5\%, 3\%)^{\mathrm{T}}$。

本研究使用资产配置的再平衡策略来设置投资者的看法向量 Q。资产配置的再平衡策略是利用资产收益波动的特点进行判断和操作：当资产价格高于长期均衡价格时，投资者判断该项资产的未来预期收益率将会下降；而当资产价格低于长期均衡价格时，投资者判断该项资产的未来预期收益率将会上升。再平衡策略的优点在于：在资本市场的波动规律比较稳定的条件下，通过统计分析制定最优再平衡策略，可以提高预期投资收益，有效控制风险。这里的统计分析指的是第4章中对各类资产收益随经济周期的轮动关系进行的统计分析。举例来说，倘若投资者判断经济处于萧条阶段，并且如果国债、金融债、企业债、基金、股票、银行存款在过去一年的年化收益率向量为

$$(2.20\%, 2.45\%, 2.90\%, 0.66\%, 1.42\%, 1.42\%)^T$$

但是按照表4-7中的结果，当经济处于萧条阶段时，国债、金融债、企业债、基金、股票、银行存款的年化收益率向量为

$$(6.20\%, 6.45\%, 6.90\%, 3.66\%, 3.42\%, 3.42\%)^T$$

因为Black-Litterman模型是一个开放的模型，投资者可以加入自己的主观看法，所以我们可以将投资者的看法向量设置为均衡收益率向量和当前收益率向量的差值：

$Q = (6.20\%, 6.45\%, 6.90\%, 3.66\%, 3.42\%, 3.42\%)^T - (2.20\%, 2.45\%, 2.90\%, 0.66\%, 1.42\%, 1.42\%)^T = (4\%, 4\%, 4\%, 3\%, 2\%, 2\%)^T$

在看法向量 Q 设定之后，投资者就可以设置看法的信心水平。倘若投资者对个人的看法比较自信，可以将信心水平设置为 $c = 80\%$ 或 $c = 90\%$；倘若投资者对个人的看法比较缺乏信心，可以将信心水平设置为 $c = 10\%$ 或 $c = 20\%$。信心水平 c 的具体设置及 c 与看法的置信度矩阵(Ω)的关系如下。

3. 投资者看法的信心水平(c)及看法的置信度矩阵(Ω)

Black和Litterman(1992)没有就看法分布做详细讨论，而Idzorek(2005)对置信度矩阵 Ω 的构造过程进行完善，他将观点信心水平看成从先验估计(0%)到条件估计(100%)的后验权重的改变，并尝试性地给出信心水平 c 的定义：

$$c = \frac{\hat{w} - w_{mkt}}{w_{100} - w_{mkt}} \tag{8-7}$$

式中，投资者各观点的总体信心水平为 c；ω_{100} 为投资者在100%确定观点下资产的最优权重；w_{mkt} 为市场上各资产的实际权重；$\hat{w}$ 为在投资者持有某个特定观点下的资产权重。投资者的观点选择矩阵一旦确定，则看法的置信度均值就可

以表示为

$$\boldsymbol{\Omega} = \alpha \cdot \mathrm{diag}(\boldsymbol{P\Sigma P}^{\mathrm{T}}) \quad (8\text{-}8)$$

式(8-8)中的 α 为比例系数。式(8-8)看法的置信度矩阵 $\boldsymbol{\Omega}$ 还可以写成矩阵形式：

$$\boldsymbol{\Omega} = \begin{bmatrix} \alpha(\boldsymbol{p}_1\boldsymbol{\Sigma p}_1^{\mathrm{T}}) & 0 & 0 \\ 0 & \ddots & 0 \\ 0 & 0 & \alpha(\boldsymbol{p}_k\boldsymbol{\Sigma p}_k^{\mathrm{T}}) \end{bmatrix} \quad (8\text{-}9)$$

式中，$\boldsymbol{p}_k$ 为投资者的主观看法资产矩阵 $\boldsymbol{P}$ 中的第 k 列，也就是第 k 个观点的资产选择向量；$\boldsymbol{\Sigma}$ 仍为超额收益率的方差协方差矩阵。

以前普遍认为 $\alpha = \tau$，但 Idzorek(2002)改进了这一做法。他认为 α 是一个大于或等于 0 的标量，表示观点的不确定性，与投资者信心水平有关，并且于 2005 年给出了计算 α 的一个方法。

按照 Idzorek(2005)给出的方法：

$$\hat{w} = w_{mkt} + \frac{(w_{100} - w_{mkt})}{1 + \alpha} \quad (8\text{-}10)$$

将式(8-8)和式(8-9)结合起来，可得：

$$\alpha = \frac{1-c}{c} \quad (8\text{-}11)$$

式中，信心水平 c 为 Black-Litterman 模型中的一个重要变量，信心水平越高，最优权重越接近投资者个人的观点；信心水平越低，投资组合权重越接近市场权重。信心水平越高，投资组合权重越接近投资者的主观看法。此外，信心水平越高，资产配置通常比较极端，资产组合集中于少数几类资产；而信心水平越低，资产配置通常较为分散。在本章的实证部分中，如果投资者的信心水平较高，则将信心水平设置为 80%；如果投资者的信心水平较低，则将信心水平设置为 30%。

8.2 Black-Litterman 模型对全国社会保障基金的大类资产配置

首先,我们将结合 Black-Litterman 模型的思想建立全国社会保障基金大类资产配置的模型并设置其参数;然后使用所建立的模型在经济复苏阶段、繁荣阶段、衰退阶段及萧条阶段对全国社会保障基金大类资产进行战术最优配置。

8.2.1 Black-Litterman 模型及其参数设置

目前,使用 Black-Litterman 模型进行资产配置的研究,绝大多数都是在无约束条件下,采用既定的公式来计算资产的最优投资组合权重。但是全国社会保障基金的投资运营有约束限制。所以,在进行资产配置时,不能直接使用现有的权重公式,必须回到原始的最优规划思想,并结合 Black-Litterman 模型,才能完成对全国社会保障基金的大类资产配置。均值方差模型的思想就是二元最优规划,使得组合收益率最大同时组合方差最小。可以将二元规划转换为如下的一元规划效用函数:

$$\max \boldsymbol{w}'\boldsymbol{E}(R) - \frac{1}{2}\lambda \boldsymbol{w}'\boldsymbol{\Sigma}\boldsymbol{w} \tag{8-12}$$

式中,$\boldsymbol{E}(R)$ 为 Black-Litterman 模型下的预期收益率向量;λ 为风险回避系数;$\boldsymbol{w}$ 为组合权重向量。

我们考虑到市场短期风险,使用 VaR 方法,在一定的概率条件下,使得社保基金组合投资的损失不超过一定的比例。仍在《暂行办法》约束条件下设置模型。这样,将最终的模型设置为

$$\begin{cases} \max \ \boldsymbol{w'E}(R) - \dfrac{1}{2}\lambda \boldsymbol{w'\Sigma w} \\ \text{s. t.} \ \sum_{i=1}^{6} w_i = 1 \\ w_1, w_2, \cdots, w_6 \geq 0 \\ w_1 + w_2 \geq 0.5 \\ w_1 \geq 0.1 \\ w_3 + w_4 \leq 0.1 \\ w_5 + w_6 \leq 0.4 \\ \text{VaR}_{95\%} \leq \text{VaR}^* \end{cases} \quad (8\text{-}13)$$

式中,w_1、w_2、w_3、w_4、w_5、w_6 分别为银行存款、国债、金融债、企业债、证券投资基金、股票投资的权重比例。VaR 值等于正常情况下资产的预期价值与在一定置信区间的该资产最大的损失比率,本研究采用分析法计算 VaR,具体公式如下:

$$\text{VaR} = -r_p + z\sigma_p \sqrt{T} \quad (8\text{-}14)$$

式中,W_0 为期初资产的价值,如果令 $W_0 = 1$,则 VaR 值表示资产相对于期初的损失比率;z 为分位数,在 95% 的概率下,z 的值大约为 1.645;σ 为投资收益的标准差;T 为投资区间的长度。考虑到风险和收益率的关系,我们将具体的 $\text{VaR}_{95\%} \leq \text{VaR}^*$ 的限制条件设置如下:

① 在复苏阶段、繁荣阶段和萧条阶段,将 VaR 约束条件设置为 $\text{VaR}_{95\%} \geq -10\%$。

② 在衰退阶段,市场风险较高,将 VaR 约束条件设置为 $\text{VaR}_{95\%} \geq -5\%$。

下面,我们使用 Black-Litterman 模型对全国社会保障基金的大类资产战术配置进行实证研究。研究采用模拟配置的方法。由于全国社会保障基金理事会为了完成全年的战术资产配置目标,会在每个季度制定资产配置执行计划,在分析宏观经济和资本市场的基础上,安排下季度可投资资金的投向和额度。本章在不同的经济周期阶段选取一个季度(在前一个季度末期,模拟对下一个季度资产配置的计划安排)对社保基金新增资金的战术配置进行模拟。此外,投资者观点的设置采取再平衡资产配置策略。

8.2.2 复苏阶段社会保障基金大类资产配置

经济复苏阶段的资产配置区间,我们选择 2009 年第二季度,即 2009 年 4—

6月份。我们判断这一阶段属于经济复苏阶段,原因如下:2008年美国次贷危机引发金融海啸,我国政府推出4万亿元经济刺激政策以应对经济危机。在这种强刺激下,我国经济开始企稳回升,一些主要的经济先行指标开始止跌回升。例如,在2009年3月份,我国水泥产量同比增速在2008年9月达到谷底后,开始持续回升,生铁、钢和钢材产量同比增速已从2008年11月开始连续4个月回升,商品房销售额同比增速自2008年9月以来持续6个月回升,股市成交量同比增速从2008年6月开始持续回升。根据这些指标可以判断,这一阶段属于经济复苏阶段。

表8-1中第2行是全国社会保障基金的大类资产(国债、金融债、企业债、基金、股票、银行存款)在过去一年(2008年4月—2009年3月)的年化平均收益率,对于长期投资者而言,它近似地代表资产当前的收益率状况。而表中的第3行是这6类资产在复苏阶段的年化平均收益率状况。仍然采用再平衡资产配置策略来设置投资者的观点向量。表中的第4行是复苏阶段的均衡收益率与当前收益率的差值,用来表示资产收益率可能的上行空间。

表8-1　2009年3月份社保基金大类资产的年化平均收益率状况

周期	国债	金融债	企业债	基金	股票	银行存款
过去一年Ⅰ	10.50%	10.74%	9.01%	-15.43%	-22.51%	2.32%
复苏阶段Ⅱ	4.10%	3.34%	6.59%	43.41%	51.00%	1.51%
Ⅱ-Ⅰ	-6.40%	-7.40%	-2.42%	58.84%	73.51%	-0.81%

将表8-1中最后一行的年化收益率转换成月度平均收益率向量为(-0.53%,-0.62%,-0.20%,4.90%,6.13%,-0.07%)。所以,可将2009年4—6月投资者关于市场的月收益率的观点向量设置为

$$Q_1 = (-0.53\%, -0.62\%, -0.20\%, 4.90\%, 6.13\%, -0.07\%)^T$$

在Black-Litterman模型中,我们将单位调整数设置为$\tau = 0.01$,由于2009年第二季度经济处于企稳复苏的转折点,倘若投资者的信心不是很高,将信心水平设置为$c = 30\%$,于是就可以求出Black-Litterman模型的预期收益率$E(R)$。之后,就可以按照式(8-13)进行资产最优组合配置,配置结果如表8-2所示。

表8-2 2009年4—6月份复苏阶段社保基金新增资金最优投资组合权重

月份	信心水平	国债	金融债	企业债	基金	股票	银行存款
4	30%	9.12%	9.73%	0.27%	7.24%	18.80%	54.84%
5	30%	8.30%	5.37%	0.43%	6.88%	19.41%	59.62%
6	30%	7.63%	5.16%	0.20%	6.67%	19.97%	60.37%

按照投资时钟理论,在复苏阶段,债券和股票资产的收益率较高,但具体应持有多少比例该理论没有明确说明。通过Black-Litterman模型可以根据具体的市场状况进行资产配置。由于我们将信心水平设置为30%,信心水平相对较低,所以按照模型配置的最优权重较为接近市场权重。如表8-2所示,依据Black-Litterman模型模拟配置的结果,在2009年第二季度,基金和股票资产在最优组合权重中所占的比率大约为26%。而随着经济的复苏,投资组合中债券类资产的最优组合权重在不断降低。

8.2.3 繁荣阶段社会保障基金大类资产配置

经济繁荣阶段的资产配置区间,我们选择2009年第四季度,即2009年10—12月份。我们判断这一阶段属于经济繁荣阶段,原因如下:我国政府为了应对2008年的金融海啸,推出4万亿元经济强刺激政策。在这种强刺激下,我国经济短时间内开始V型反弹,一些经济指标表明经济已经处于繁荣阶段。例如,我国规模以上工业企业增加值同比增速自2009年6月份起连续4个月达到10%以上,商品房销售额同比增速连续4个月达到50%以上,水泥产量的同比增速自2009年1月份起连续8个月达到10%以上,固定资产投资新开工项目数同比增速自2009年2月份起连续8个月达到80%以上。根据这些指标可以判断,这一阶段属于经济繁荣阶段。

表8-3中第2行是全国社会保障基金的大类资产(国债、金融债、企业债、基金、股票、银行存款)在过去一年(2008年10月—2009年9月)的年化平均收益率,对于长期投资者而言,它近似地代表资产当前的收益率状况。而表中的第3行是这6类资产在经济繁荣阶段的年化平均收益率状况。仍然采用再平衡资产配置策略来设置投资者的观点向量。表中的第4行是繁荣阶段的均衡收益率与当前收益率的差值,用来表示资产收益率可能的上行空间。

表8-3 2009年9月份社保基金大类资产的年化平均收益率状况

周期	国债	金融债	企业债	基金	股票	银行存款
过去一年Ⅰ	5.71%	6.62%	5.22%	25.62%	49.22%	1.69%
繁荣阶段Ⅱ	0.12%	0.65%	-3.47%	47.36%	62.71%	1.85%
Ⅱ-Ⅰ	-5.59%	-5.97%	-8.69%	21.74%	13.49%	0.16%

将表8-3中最后一行的年化收益率转换成月度平均收益率向量为(-0.47%,-0.50%,-0.72%,1.81%,1.12%,0.01%)。所以,我们将2009年10—12月投资者关于市场的月收益率的观点向量设置为

$$Q_2 = (-0.47\%, -0.50\%, -0.72\%, 1.81\%, 1.12\%, 0.01\%)^T$$

在Black-Litterman模型中,由于我们对于经济处于繁荣阶段比较自信,所以将信心水平设置为$c=80\%$,在求出Black-Litterman模型的预期收益率$E(R)$之后,就可以按照式(8-13)对大类资产进行最优资产模拟配置,配置结果如表8-4所示。

表8-4 2009年10—12月份繁荣阶段社保基金新增资金最优投资组合权重

月份	信心水平	国债	金融债	企业债	基金	股票	银行存款
10	80%	0.00%	0.00%	0.00%	20.03%	0.00%	79.97%
11	80%	0.00%	0.00%	0.00%	20.60%	0.00%	79.40%
12	80%	0.00%	0.00%	0.00%	12.86%	0.00%	87.14%

按照第4章4.2节中经济周期与资产收益之间关系的分析结论,债券资产在经济繁荣阶段收益率最低,而股票资产在经济繁荣阶段的收益率最高。由表8-3可以看出,与过热的经济阶段相比,债券类资产在过去一年已经取得了较高的收益率。所以,按照Black-Litterman模型进行资产最优配置的结果是债券资产的配置权重为零,并且对基金的投资权重也在逐渐降低。

8.2.4 衰退阶段社会保障基金大类资产配置

经济衰退阶段的资产配置区间,我们选择2011年第二季度,即2011年4—6月份。我们判断这一阶段属于经济衰退阶段,原因如下:我国政府为了应对2008年的金融海啸,推出4万亿元经济强刺激政策。在这种强刺激下,我国规模以上工业企业增加值同比增速在2010年1月份一度达到28.3%,GDP的季度增速在2010年第一季度一度达到12.2%,此后我国经济开始收缩,固定资产投资新开工项目数同比增速自2011年1月份起连续3个月负增长,生铁产量同

比增速从2010年1月份的28.36%收缩至2011年3月份的6.96%。同时通货膨胀开始抬头,CPI同比增速自2010年11月份起连续5个月维持在5%左右。根据这些指标可以判断,这一阶段属于经济衰退阶段。

表8-5中第2行是全国社会保障基金的大类资产(国债、金融债、企业债、基金、股票、银行存款)在过去一年(2010年4月—2011年3月)的年化平均收益率,对于长期投资者而言,它近似地代表资产当前的收益率状况。而表中的第3行是这6类资产在经济衰退阶段的年化平均收益率状况。仍然采用再平衡资产配置策略来设置投资者的观点向量。表中的第4行是衰退阶段的均衡收益率与当前收益率的差值,用来表示资产收益率可能的上行空间。

表8-5　2011年3月份社保基金大类资产的年化平均收益率状况

周期	国债	金融债	企业债	基金	股票	银行存款
过去一年 I	0.93%	0.73%	3.29%	4.25%	2.57%	1.64%
衰退阶段 II	-0.35%	-1.17%	3.08%	-16.70%	-26.87%	2.03%
II - I	-1.28%	-1.90%	-0.21%	-20.95%	-29.44%	0.39%

将表8-5中最后一行的年化收益率转换成月度平均收益率向量为(-0.11%,-0.16%,-0.02%,-1.75%,-2.45%,0.03%)。所以,我们将2011年4—6月投资者关于市场的月收益率的观点向量设置为

$$Q_3 = (-0.11\%, -0.16\%, -0.02\%, -1.75\%, -2.45\%, 0.03\%)^T$$

在Black-Litterman模型中,由于我们对于经济处于衰退阶段比较自信,所以将总体信心水平 c 设置为80%。考虑到经济处于衰退阶段,市场的风险较高,所以我们将VaR约束条件设置为 $VaR_{95\%} \geq -5\%$。按照式(8-13)对大类资产进行最优资产模拟配置,配置结果如表8-6所示。

表8-6　2011年4—6月份衰退阶段社保基金新增资金最优投资组合权重

月份	信心水平	国债	金融债	企业债	基金	股票	银行存款
4	80%	0.00%	0.00%	0.00%	0.00%	9.47%	90.53%
5	80%	0.00%	0.00%	0.00%	0.00%	9.76%	90.24%
6	80%	0.00%	0.05%	0.57%	0.04%	10.19%	89.14%

由表8-6可知,在衰退阶段,现金所占的权重接近90%,债券资产所占的权重几乎为零。这个量化组合的结果也与投资时钟理论相一致。

8.2.5 萧条阶段社会保障基金大类资产配置

经济处于萧条阶段的资产配置区间,我们选择2015年第二季度,2015年1—3月份,我国股票市场处于"疯牛"行情的阶段。我们判断这一阶段属于经济萧条阶段,原因如下:我国商品房销售额同比增速自2014年2月以来连续11个月负增长;出口额同比增速自2014年1月以来连续3个月负增长,此后出口增速略有回升,但增速基本维持在3%左右;汽车销量同比增速自2013年12月以来同比增速连续12个月下降。并且,CPI同比增速自2014年8月以来连续5个月低于2%。根据这些指标可以判断,这一阶段属于经济萧条阶段。

表8-7中第2行是全国社会保障基金的大类资产(国债、金融债、企业债、基金、股票、银行存款)在过去一年(2015年1月—2015年12月)的年化平均收益率,对于长期投资者而言,它近似地代表资产当前的收益率状况。而表中的第3行是这6类资产在经济萧条阶段的年化平均收益率状况。仍然采用再平衡资产配置策略来设置投资者的观点向量。表中的第4行是萧条阶段的均衡收益率与当前收益率的差值,用来表示资产收益率可能的上行空间。

表8-7 2014年12月份社保基金大类资产的年化平均收益率状况

周期	国债	金融债	企业债	基金	股票	银行存款
过去一年Ⅰ	10.58%	11.42%	9.75%	21.71%	43.87%	1.99%
萧条阶段Ⅱ	8.59%	8.68%	9.20%	5.50%	6.28%	2.08%
Ⅱ-Ⅰ	-1.99%	-2.74%	-0.55%	-16.21%	-37.59%	0.09%

将表8-7中最后一行的年化收益率转换成月度平均收益率向量为(-0.17%,-0.23%,-0.05%,-1.35%,-3.13%,0.01%)。所以,我们将2015年1—3月投资者关于市场的月收益率的观点向量设置为

$$Q_4 = (-0.17\%, -0.23\%, -0.05\%, -1.35\%, -3.13\%, 0.01\%)^T$$

虽然我们对于经济处于萧条阶段比较自信,但对这一波"疯牛"行情难以把握,所以将总体信心水平c设置为30%。面对这样的市场行情,由Black-Litterman模型模拟配资的结果如表8-8所示。

第8章 Black-Litterman模型下全国社会保障基金的资产配置

表8-8 2015年1—3月份萧条阶段社保基金新增资金最优投资组合权重

月份	信心水平	国债	金融债	企业债	基金	股票	银行存款
1	30%	4.74%	6.53%	3.47%	0.98%	22.35%	61.93%
2	30%	5.59%	4.61%	4.22%	2.32%	22.05%	61.20%
3	30%	5.87%	5.81%	3.37%	2.04%	22.23%	60.68%

由于我们的信心水平相对较低,所以按照模型配置的最优权重较为接近市场权重。按照市场权重配置的结果就是我们可以搭"疯牛"行情的顺风车。如表8-8所示,依据Black-Litterman模型模拟配资的结果,基金和股票资产在最优组合权重中所占的比率大约为24%,债券资产所占的权重大约为14%。

8.3 Black-Litterman模型对全国社会保障基金的风格资产配置

首先,我们将结合Black-Litterman模型的思想建立全国社会保障基金风格资产配置的模型并设置其参数;然后使用所建立的模型在经济复苏阶段、繁荣阶段、衰退阶段及萧条阶段对全国社会保障基金风格资产进行战术最优配置。由于选取的研究时间区间与上一节相同,所以对经济周期的判断依据与上一节相同。

8.3.1 Black-Litterman模型及其参数设置

我们采用类似的方法运用Black-Litterman模型对全国社会保障基金的风格资产进行配置,研究的时间区间、研究数据、经济周期阶段的划分及风格资产的划分标准仍然与前面几章相同。风格资产配置模型的设置仍然是在《暂行办法》的约束条件下。这样我们将Black-Litterman模型下全国社会保障基金风格资产配置的模型设置为。

$$\begin{cases} \max \ \boldsymbol{w'E(R)} - \dfrac{1}{2}\lambda \boldsymbol{w'\Sigma w} \\ \text{s.t.} \quad \sum_{i=1}^{10} w_i = 1 \\ w_1, w_2, \cdots, w_{10} \geq 0 \\ w_1 + w_2 \geq 0.5 \\ w_1 \geq 0.1 \\ w_3 + w_4 \leq 0.1 \\ w_5 + w_6 + w_7 + w_8 + w_9 + w_{10} \leq 0.4 \\ VaR_{95\%} \leq VaR^* \end{cases} \qquad (8\text{-}15)$$

式中，$\max \ \boldsymbol{w'E(R)} - \dfrac{1}{2}\lambda \boldsymbol{w'\Sigma w}$ 为最优效用函数，其中 $E(R)$ 为 Black-Litterman 模型下的预期收益率向量。w_1、w_2、w_3、w_4、w_5、w_6、w_7、w_8、w_9、w_{10} 分别为银行存款、国债、金融债、企业债、大盘成长股、大盘价值股、中盘成长股、中盘价值股、小盘成长股、小盘价值股的权重比例，各权重系数均大于零，这是由于社保基金的资产不可以卖空。

VaR 的约束方法与 8.2 节内容相同。

下面，我们使用 Black-Litterman 模型对全国社会保障基金的风格资产战术配置进行实证研究。研究采用模拟配置的方法。由于全国社会保障基金理事会每年召开一至两次会议，审议基金的年度工作报告、制定本年度工作计划，以及对投资事项进行表决，所以，本章在不同的经济周期阶段选取一个季度（在前一个季度末期，模拟对下一个季度资产配置的计划安排）对社保基金进行战术资产配置模拟。此外，投资者观点的设置仍然采取再平衡资产配置策略。

8.3.2 复苏阶段社会保障基金风格资产配置

经济复苏阶段的资产配置区间，我们仍然选择 2009 年第二季度，即 2009 年 4—6 月份。我们判断这一阶段属于经济复苏阶段，原因同 8.2 节的内容，不再赘述。表 8-9 中第 2 行是全国社会保障基金的风格资产（国债、金融债、企业债、大盘成长股、大盘价值股、中盘成长股、中盘价值股、小盘成长股、小盘价值股及银行存款）在过去一年（2008 年 4 月—2009 年 3 月）的年化平均收益率，对于长期投资者而言，它近似地代表资产当前的收益率状况。而表中的第 3 行是这10类风格资产在经济复苏阶段的年化平均收益率状况。仍然采用再平衡资产配置策略来设置投资者的观点向量。表中的第4行是复苏阶段的均衡收益率与当前收益率的差值,用来表示资产收益率可能的上行空间。

表8-9　2009年3月份社保基金风格资产的年化平均收益率状况

周期	国债	金融债	企业债	大盘成长	大盘价值	中盘成长	中盘价值	小盘成长	小盘价值	银行存款
过去一年Ⅰ	10.50%	10.74%	9.01%	-39.58%	-42.77%	-38.12%	-37.85%	-30.67%	-30.08%	2.32%
复苏阶段Ⅱ	4.10%	3.34%	6.59%	58.68%	57.70%	55.26%	52.06%	52.33%	57.14%	1.51%
Ⅱ-Ⅰ	-6.40%	-7.40%	-2.42%	98.26%	100.47%	93.38%	89.91%	83.00%	87.22%	-0.81%

将表8-9中最后一行的年化收益率转换成月度平均收益率向量为(-0.53%,-0.62%,-0.20%,8.19%,8.37%,7.78%,7.49%,6.92%,7.27%,-0.07%)。所以,我们将2009年4—6月份投资者关于市场的月收益率的观点向量设置为

$$Q_5 = (-0.53\%, -0.62\%, -0.20\%, 8.19\%, 8.37\%, 7.78\%, 7.49\%, 6.92\%, 7.27\%, -0.07\%)^T$$

在Black-Litterman模型中,我们将单位调整数设置为$\tau=0.01$,由于2009年第二季度经济处于反弹的转折点,所以信心不是很高,故我们将信心水平设置为$c=30\%$,这样我们就可以将Black-Litterman模型的预期收益率$E(R)$求出。之后,就可以按照式(8-15)进行战术资产配置,配置结果如表8-10所示。

表8-10　2009年4—6月份复苏阶段社保基金新增资金最优投资组合权重

月份	国债	金融债	企业债	大盘成长	大盘价值	中盘成长	中盘价值	小盘成长	小盘价值	银行存款
4	7.05%	1.27%	2.34%	3.42%	2.87%	5.87%	6.39%	4.95%	1.97%	63.88%
5	3.33%	7.20%	2.80%	3.92%	2.97%	6.07%	5.48%	3.98%	3.85%	60.41%
6	4.11%	8.09%	1.91%	3.76%	3.18%	6.05%	5.76%	4.36%	3.74%	59.04%

由于我们将信心水平设置为30%,信心水平相对较低,所以按照模型配置的最优权重较为接近市场权重,资产配置也较为分散。如表8-10所示,依据Black-Litterman模型模拟配资的结果,在2009年第2季度,股票资产在最优组合权重中所占的比率大约为28%,债券资产所占的权重为12%左右。同时我们也可以分析出股票风格资产的配置特点:在经济复苏阶段,成长股的最优配置权重通常要高于价值股的最优配置权重,也就是说在复苏阶段市场看中的是

公司的成长性;从市值大小来看,大盘股和小盘股的配置权重基本持平,反而是中盘股的配置权重最高。

8.3.3 繁荣阶段社会保障基金风格资产配置

经济繁荣阶段的资产配置区间,我们仍然选择 2009 年第四季度,即 2009 年 10—12 月份。我们判断这一阶段属于经济繁荣阶段,原因不再赘述。表 8-11 中第 2 行是全国社会保障基金的风格资产(国债、金融债、企业债、大盘成长股、大盘价值股、中盘成长股、中盘价值股、小盘成长股、小盘价值股及银行存款)在过去一年(2008 年 10 月—2009 年 9 月)的年化平均收益率,对于长期投资者而言,它近似地代表资产当前的收益率状况。而表中的第 3 行是这 10 类风格资产在经济繁荣阶段的年化平均收益率状况。仍然采用再平衡资产配置策略来设置投资者的观点向量。表中的第 4 行是繁荣阶段的均衡收益率与当前收益率的差值,用来表示资产收益率可能的上行空间。

表 8-11 2009 年 9 月份社保基金风格资产的年化平均收益率状况

周期	国债	金融债	企业债	大盘成长	大盘价值	中盘成长	中盘价值	小盘成长	小盘价值	银行存款
过去一年 I	5.71%	6.62%	5.22%	26.44%	16.26%	39.17%	29.86%	46.69%	51.48%	1.69%
繁荣阶段 II	0.12%	0.65%	-3.74%	36.58%	44.24%	51.85%	55.97%	71.45%	68.43%	1.91%
II - I	-4.11%	-5.27%	-6.95%	10.14%	27.98%	12.68%	26.11%	24.76%	16.95%	0.22%

将表 8-11 中最后一行的年化收益率转换成月度平均收益率向量为 (-0.34%, -0.44%, -0.58%, 0.85%, 2.33%, 1.06%, 2.18%, 2.06%, 1.41%, 0.02%)。所以,我们将 2009 年 10—12 月份投资者关于市场的月收益率的观点向量设置为

$$Q_6 = (-0.34\%, -0.44\%, -0.58\%, 0.85\%, 2.33\%, 1.06\%, 2.18\%, 2.06\%, 1.41\%, 0.02\%)^T$$

在 Black-Litterman 模型中,由于我们对于经济处于繁荣阶段比较自信,所以将信心水平设置为 $c = 80\%$,在求出 Black-Litterman 模型的预期收益率 $E(R)$ 之后,就可以按照式(8-15),进行风格资产战术配置,配置结果如表 8-12 所示。

表8-12 2009年10—12月份繁荣阶段社保基金新增资金最优投资组合权重

月份	国债	金融债	企业债	大盘成长	大盘价值	中盘成长	中盘价值	小盘成长	小盘价值	银行存款
10	0.00%	0.00%	0.00%	1.00%	2.45%	2.96%	5.13%	1.52%	0.00%	86.94%
11	0.00%	0.00%	0.00%	1.21%	2.29%	3.52%	4.07%	2.59%	0.00%	86.33%
12	1.24%	0.43%	0.00%	1.90%	1.75%	3.33%	3.34%	2.11%	1.76%	84.13%

按照第4章4.2节中经济周期与资产收益之间关系的分析结论,债券资产在经济繁荣阶段收益率最低,而股票资产在经济繁荣阶段的收益率最高。由表8-11可以看出,与过热的经济阶段相比,债券类资产在过去一年已经取得了较高的收益率。所以,按照Black-Litterman模型进行资产最优配置的结果是债券资产的配置权重为零,股票资产所占的权重为14%左右。从股票风格资产的角度来看,由于小盘股在过去一年的涨幅最高,所以按照Black-Litterman模型进行资产配置的权重最低,因此资本开始青睐市值相对较小的中盘股。而且可以发现采用Black-Litterman模型的方法进行资产模拟配置,中盘价值股的配置权重最高,一方面是由于中盘价值股的估值水平较低,另一方面是由于中盘股的市值相对较小。

8.3.4 衰退阶段社会保障基金风格资产配置

经济衰退阶段的资产配置区间,我们选择2011年第二季度,即2011年4—6月份。我们判断这一阶段属于经济衰退阶段,原因不再赘述。表8-13中第2行是全国社会保障基金的风格资产(国债、金融债、企业债、大盘成长股、大盘价值股、中盘成长股、中盘价值股、小盘成长股、小盘价值股及银行存款)的年化平均收益率,对于长期投资者而言,它近似地代表资产当前的收益率状况。而表中的第3行是这10类风格资产在经济衰退阶段的年化平均收益率状况。仍然采用再平衡资产配置策略来设置投资者的观点向量。表中的第4行是衰退阶段的均衡收益率与当前收益率的差值,用来表示资产收益率可能的上行空间。

表8-13 2011年3月份社保基金风格资产的年化平均收益率状况

周期	国债	金融债	企业债	大盘成长	大盘价值	中盘成长	中盘价值	小盘成长	小盘价值	银行存款
过去一年Ⅰ	0.93%	0.73%	3.29%	−11.06%	−22.90%	7.66%	−7.53%	4.09%	7.38%	1.64%
衰退阶段Ⅱ	−0.35%	−1.17%	3.08%	−36.27%	−39.39%	−29.31%	−36.88%	−25.60%	−24.79%	1.99%
Ⅱ−Ⅰ	−1.28%	−1.90%	−0.21%	−25.21%	−16.49%	−36.97%	−29.35%	−29.69%	−32.17%	0.35%

将表 8-13 中最后一行的年化收益率转换成月度平均收益率向量为 (-0.11%, -0.16%, -0.02%, -2.10%, -1.37%, -3.08%, -2.45%, -2.47%, -2.68%, 0.03%)。所以,我们将 2011 年 4—6 月份投资者关于市场的月收益率的观点向量设置为

Q_7 = (-0.11%, -0.16%, -0.02%, -2.10%, -1.37%, -3.08%, -2.45%, -2.47%, -2.68%, 0.03%)^T

在 Black-Litterman 模型中,由于我们对于经济处于衰退阶段比较自信,所以将总体信心水平 c 设置为 80%。考虑到经济处于衰退阶段,市场的风险较高,所以我们将 VaR 约束条件设置为 $VaR_{95\%} \geq -5\%$。然后按照式(8-15)进行风格资产战术配置,配置结果如表 8-14 所示。

表 8-14 2011 年 4—6 月份衰退阶段社保基金新增资金最优投资组合权重

月份	国债	金融债	企业债	大盘成长	大盘价值	中盘成长	中盘价值	小盘成长	小盘价值	银行存款
4	0.00%	0.00%	10.00%	0.00%	0.00%	0.00%	0.00%	0.00%	0.00%	90.00%
5	0.00%	0.00%	10.00%	0.00%	0.00%	0.00%	0.00%	0.00%	0.00%	90.00%
6	0.00%	0.00%	10.00%	0.00%	0.00%	0.00%	0.00%	0.00%	0.00%	90.00%

由表 8-14 可知,在衰退阶段,现金资产所占的权重为 90%,股票资产所占的权重几乎为零,这个量化组合的结果也与投资时钟理论相一致。

8.3.5 萧条阶段社会保障基金风格资产配置

经济处于萧条阶段的资产配置区间,我们选择 2015 年第二季度,2015 年 1—3 月份,我国股票市场处于"疯牛"行情的阶段。我们判断这一阶段属于经济萧条阶段,原因不再赘述。表 8-15 中第 2 行是全国社会保障基金的风格资产(国债、金融债、企业债、大盘成长股、大盘价值股、中盘成长股、中盘价值股、小盘成长股、小盘价值股及银行存款)在过去一年(2015 年 1 月—2015 年 12 月)的年化平均收益率,对于长期投资者而言,它近似地代表资产当前的收益率状况。而表中的第 3 行是这 10 类风格资产在经济萧条阶段的年化平均收益率状况。仍然采用再平衡资产配置策略来设置投资者的观点向量。表中的第 4 行是萧条阶段的均衡收益率与当前收益率的差值,用来表示资产收益率可能的上行空间。

第8章 Black-Litterman 模型下全国社会保障基金的资产配置

表 8-15 2014 年 12 月份社保基金风格资产的年化平均收益率状况

周期	国债	金融债	企业债	大盘成长	大盘价值	中盘成长	中盘价值	小盘成长	小盘价值	银行存款
过去一年Ⅰ	10.58%	11.42%	9.75%	50.85%	38.78%	21.65%	59.26%	21.18%	39.50%	1.99%
萧条阶段Ⅱ	8.59%	8.68%	9.20%	−0.62%	2.83%	−7.52%	4.28%	5.91%	6.83%	2.07%
Ⅱ−Ⅰ	−1.99%	−2.74%	−0.55%	−51.47%	−35.95%	−29.17%	−54.98%	−15.27%	−32.67%	0.08%

将表 8-15 中最后一行的年化收益率转换成月度平均收益率向量为 (−0.17%, −0.23%, −0.05%, −4.29%, −3.00%, −2.43%, −4.58%, −1.27%, −2.72%, 0.01%)。所以，我们将 2015 年 1—3 月份投资者关于市场的月收益率的观点向量设置为

$$Q_8 = (-0.17\%, -0.23\%, -0.05\%, -4.29\%, -3.00\%, -2.43\%, -4.58\%, -1.27\%, -2.72\%, 0.01\%)^{\mathrm{T}}$$

虽然我们对于经济处于萧条阶段比较自信，但我们对这一波"疯牛"行情难以把握，所以将总体信心水平 c 设置为 30%。面对这样的市场行情，基于 Black-Litterman 模型模拟配资的结果如表 8-16 所示。

表 8-16 2015 年 1—3 月份萧条阶段社保基金新增资金最优投资组合权重

月份	国债	金融债	企业债	大盘成长	大盘价值	中盘成长	中盘价值	小盘成长	小盘价值	银行存款
1	5.32%	5.11%	2.61%	2.09%	2.03%	4.15%	3.70%	4.80%	3.96%	66.24%
2	3.38%	9.03%	0.97%	2.03%	2.03%	4.41%	3.94%	5.11%	3.41%	65.68%
3	6.21%	6.56%	0.82%	2.22%	2.03%	4.21%	4.00%	4.95%	3.77%	65.23%

由于我们的信心水平相对较低，所以按照模型配置的最优权重较为接近市场权重，资产配置也较为分散。按照市场权重配置的结果就是我们可以搭"疯牛"行情的顺风车。其中，债券资产的权重为 14% 左右，股票资产的权重为 20% 左右。债券资产中，国债和金融债的权重占比较高。而在股票风格资产中，中、小盘股票的资产配置权重较高，大盘股的资产配置权重较低。由于是搭"疯牛"行情的顺风车，并按照 Black-Litterman 模型进行资产模拟配置，所以估值较高的成长股的配置权重较高。

第9章 结论与展望

全国社会保障基金是我国的主权养老储备基金,专门用于人口老龄化高峰时期的养老保险等社会保障支出的补充、调剂。所以,研究全国社会保障基金资产配置的主要任务就是实现资产的保值和增值。本研究从经济视角出发,对全国社会保障基金的大类资产和风格资产的战术配置进行研究。

9.1 研究的结论与建议

9.1.1 研究的主要结论

本研究的主要结论如下:

(1) 要对全国社保基金资产配置进行研究,首先需要解决一个前提性问题——社保基金资金来源的充裕性问题,在此基础上研究基金的资产配置问题才更现实。养老保险的历史空账问题是养老改革必须面对的难题。对于历史空账,理应由国有资本来补偿。国有经济是我国国民经济的主要力量,政府将国有股份转持至全国社保基金账户是解决历史空账问题的主要途径,但实际上这部分资金并未完全划拨到位。本研究提出将国有资本净收入逐年划拨至全国社会保障基金账户是解决空账问题的一个较为温和的办法,与不划拨的情况相比,通过划拨国有资本净收入能提高全社会的福利水平。

(2) 从经济周期视角出发对社保基金资产进行配置应先识别及确认经济所处的周期阶段。本研究采用宏观经济的月度数据将我国的宏观经济状态划分为复苏阶段、繁荣阶段、衰退阶段和萧条阶段,并建立 Probit 模型对这一经济周期的划分结果进行检验,模型以消费者价格指数和工业增加值同比增速作为输入变量,检验结果表明模型准确拟合了 145 个收缩期中的 142 个,准确率为 97.93%;对于扩张期,Probit 模型准确拟合了 59 个扩张期中的 40 个,准确率为 68.80%,说明本研究对宏观经济状态的划分及识别状况较好。

(3) 虽然我国资本市场建立的时间较短,发展不够成熟,但我国资本市场也存在经济周期与资产配置的轮动关系。统计结果表明:在复苏阶段,基金资产和股票资产表现较好,因为在复苏阶段,央行往往采取低利率的货币政策,有利于股票资产价格和债券资产价格的走高,同时企业的盈利状况在逐渐好转,所以与企业未来盈利能力预期密切相关的股票资产是最佳投资品种;在繁荣阶段,我国资本市场中基金资产和股票资产的表现最好,这一点有别于成熟的资本市场,成熟的资本市场往往是在经济处于复苏阶段时,股票资产的投资回报率最高,因为成熟资本市场的结构是以机构投资者为投资主体,在市场见顶前会提早进行减仓处理,而中国股票市场结构是以散户为主体的投资结构,散户往往会追涨杀跌;在衰退阶段,表现最好的只有现金资产,因为在衰退阶段,经济增速在逐渐下降,具体表现在企业的产品库存逐渐增加,利润逐渐下降,所以在衰退阶段,体现企业未来盈利能力的股票资产的表现往往会很糟糕,同时,由于经济从繁荣阶段回落,而通货膨胀率仍处于高位,央行为了维持物价稳定,往往会采取提高利率的货币政策,所以导致债券的价格不断走低,债券资产的价格表现也很糟糕,这种情况下只有现金算是最安全的资产;在萧条阶段,债券资产的表现较好,因为在萧条阶段,政府为了维持宏观经济的稳定,央行往往会对市场进行干涉,通过低利率的货币政策来抑制经济的下滑,由于市场利率与债券价格成反向关系,导致债券资产价格不断走高,成为萧条阶段的最佳投资品种。

(4) 如果能将社保基金的大类资产细分为不同的风格资产类别,讨论细分类别资产的特征和运行规律,则可以改善投资组合的内部结构,为提高资产组合收益提供更加广阔的视角,提供更加明晰的资产配置思路。本研究将全国社会保障基金的投资工具从风格资产角度进行划分,并对风格资产配置与经济周期之间的轮动关系进行统计分析。统计结果表明:在复苏阶段,股票风格资产表现较好,且股票风格资产表现出齐涨的态势;在繁荣阶段,股票风格资产表现最好,债券风格资产表现较差甚至为负,但股票风格资产的表现出现了明显的分化，市场的投机性较强，一般来说，在繁荣阶段，大盘股的收益率要低于中盘股，中盘股的收益率要低于小盘股，并且在繁荣阶段，估值较高的小盘成长股的收益率最高；在衰退阶段，表现最好的只有现金资产；在萧条阶段，债券风格资产表现较好，尤其是企业债的表现较好。

（5）本研究还对全国社会保障基金采用经典的 Markowitz 均值方差模型进行最优资产配置。研究在区分和不区分经济状态两种情况下，对最优资产配置结果进行比较分析。研究发现，倘若投资者是理性的经济人，采用从经济周期视角出发对资产进行配置的策略，可以大幅提高社保基金资产的累计收益率。但在使用均值方差模型进行战术资产配置时，也遇到一个问题，就是资产配置结果往往出现极端值，导致该方法的资产配置方案难以在实际资产配置中加以应用。这是由均值方差模型对输入参数过于敏感的缺陷造成的，因为均值方差模型的固有特点是倾向于选择那些收益率高、风险相对较低的资产。因此，均值方差模型在使资产组合收益率最大化的同时，也放大了估计误差。为了解决这一问题，本研究采用三种方法对均值方差模型的资产配置结果进行改进，分别是 Resample 投资组合方法、Robust 投资组合方法及 Black-Litterman 模型方法。

（6）Resample 投资组合方法属于抽样的方法，其原理是通过大量同分布的蒙特卡罗方法进行模拟抽样，得到分散化的资产配置，避免极端值的发生。研究中由 Resample 投资组合方法得到的每一条有效边界都是经过 50 次同分布的蒙特卡罗抽样，有效边界上每 100 个点都是经过 5 000 次最优规划运算而得到的。实证结果表明，采用 Resample 投资组合方法对全国社会保障基金进行战术资产配置，可以避免角点解的发生，得到比均值方差模型更加分散和稳健的配置方案。

（7）Robust 投资组合方法是解决均值方差模型对输入参数过于敏感问题的另一种方法。Robust 投资组合方法与 Resample 投资组合方法相比，没有优劣之分，但是为了深入了解，本研究将这两种方法进行对比。Robust 投资组合方法的思想是考虑极差的情形，从资产收益率的不确定性最大的角度，运用函数的方法对资产进行配置；而 Resample 投资组合方法注重对模型输入数据进行大量同分布的再抽样处理，运用模拟的方法对资产进行配置。本研究在与 Resample 投资组合方法收益率相同的情况下，通过 Robust 资产配置模型可以得到至少等同于甚至优于 Resample 投资组合方法得到的资产配置方案。

(8)均值方差模型、Resample 投资组合方法和 Robust 投资组合方法三者之间的关系如下:Resample 投资组合方法是对均值方差模型资产配置结果的改善;而 Robust 投资组合方法是在与 Resample 投资组合方法收益率相同的情况下,对 Resample 投资组合方法做进一步的改善,它能使资产的风险和不确定性进一步降低。所以,由 Robust 投资组合方法进行的资产配置,可视作本研究从风险收益最大化角度出发的"静态"社保基金资产配置最优结果。全国社会保障基金大类资产在各经济阶段的最优配置权重如表 9-1 所示。

表 9-1 不同经济阶段全国社会保障基金大类资产的最优配置权重

经济阶段	国债	金融债	企业债	基金	股票	银行存款
复苏阶段	0.400 0	0.000 0	0.100 0	0.270 7	0.129 3	0.100 0
繁荣阶段	0.000 0	0.000 0	0.000 0	0.337 2	0.062 8	0.600 0
衰退阶段	0.000 0	0.049 2	0.000 7	0.000 4	0.000 0	0.949 8
萧条阶段	0.696 4	0.000 0	0.100 0	0.000 0	0.029 9	0.173 7

由表 9-1 可知,从风险收益率最优的角度出发,全国社会保障基金的大类资产在不同经济阶段的最优配置权重为:复苏阶段,最优权重中债券资产所占的比例为 50%,权益资产(基金+股票,下同)所占的比例为 40%,银行存款所占的比例为 10%;繁荣阶段,权益资产所占的比例为 40%,银行存款所占的比例为 60%;衰退阶段,整个资本市场的表现较差,最优权重中银行存款所占的比例达到 94.98%;萧条阶段,最优权重中债券资产所占的比例为 80% 左右,权益资产所占的比例为 3% 左右,银行存款所占的比例为 10% 左右。同样,本研究也得到了全国社会保障基金风格资产在各经济阶段的最优配置权重如表 9-2 所示。

表 9-2 不同经济阶段全国社会保障基金风格资产的最优配置权重

周期	国债	金融债	企业债	大盘成长	大盘价值	中盘成长	中盘价值	小盘成长	小盘价值	银行存款
复苏阶段	0.400 0	0.100 0	0.000 0	0.000 0	0.089 7	0.000 0	0.000 0	0.310 3	0.000 0	0.100 0
繁荣阶段	0.500 0	0.000 0	0.000 0	0.000 0	0.399 0	0.000 0	0.001 0	0.000 0	0.000 0	0.100 0
衰退阶段	0.014 3	0.000 0	0.000 0	0.000 8	0.001 7	0.001 1	0.000 0	0.000 4	0.000 3	0.981 4
萧条阶段	0.400 0	0.000 0	0.100 0	0.178 7	0.000 0	0.000 0	0.221 3	0.000 0	0.000 0	0.100 0

由表 9-2 可知,从风险收益率最优的角度出发,全国社会保障基金的风格资产在不同经济阶段的最优配置权重为:复苏阶段,最优权重中债券资产所占

的比例为50%,权益资产(基金+股票,下同)所占的比例为40%,股票风格资产中的小盘成长股的权重较高,而银行存款所占的比例为10%;繁荣阶段,权益资产所占的比例为40%,股票风格资产中的大盘价值股的权重较高,而银行存款所占的比例为10%;衰退阶段,整个资本市场的表现较差,最优权重中银行存款所占的比例达到98.14%;萧条阶段,最优权重中债券资产所占的比例为50%,权益资产所占的比例为40%,银行存款所占的比例为10%。

以上资产配置结果可以为全国社会保障基金理事会在制定年度战术资产配置计划时,对确定资产投向的范围及阈值提供一定的思路。需要说明的是,由于全国社会保障基金资产采用的管理模式是,除银行存款、在一级市场购买国债为理事会直接运作的投资外,其他投资均需委托投资管理人进行管理和运作,资金需要委托基金托管人托管,而委托投资以法律合同进行约定,资产委托合同一旦签订,基本上不会发生变动,所以,本研究得出的资产配置方案,是对社保基金新增资金和到期资金的战术配置方案。

(9)以上三种资产配置方法均是在历史数据的基础上使得风险收益率最优的"静态"资产配置结果,没有体现投资者的主观看法及当前市场的风险收益状况,也没有体现再平衡的资产配置策略。由于全国社会保障基金理事会为了完成全年的战术资产配置目标,会在每个季度制定资产配置执行计划,在分析宏观经济和资本市场的基础上,安排下个季度可投资金的投向和额度,因此本研究还使用Black-Litterman模型对社保基金新增资金的"动态"配置进行模拟,可为全国社会保障基金理事会季度资产配置计划提供一定的思路。Black-Litterman模型不仅能够解决均值方差模型对输入参数过于敏感的问题,还能够将投资者的主观看法与客观的市场均衡收益率结合起来,并可以在模型中设置看法的信心水平。如果投资者对自己的主观看法比较确信,则可以将看法的信心水平设置得高一些,资产配置的结果将会更多地反映投资者的主观看法。例如,2011年第二季度为衰退阶段,各经济指标开始回落,并且CPI同比增速连续5个月维持在5%左右。如果投资者对经济处于衰退阶段的观点比较确信,可将信心水平设置为80%,由Black-Litterman模型得到的大类资产配置权重为:国债0.00%,金融债0.02%,企业债0.19%,基金0.01%,股票资产9.81%,银行存款89.97%;而如果投资者对自己的主观看法缺乏信心,则可以将看法的信心水平设置得低一些,资产配置的结果将会更多地反映市场均衡配置的结果。例如,2015年第一季度为经济萧条阶段,但我国股票市场出现一波"疯牛"行情。此前没有遇到过这样的行情,如果投资者对看法观点缺乏信心,可将看法的信心水平设置为30%,由Black-Litterman模型得到的大类资产配置权重为:国债5.40%,金融债5.65%,企业债3.69%,基金1.78%,股票资产22.21%,银行存款61.27%。

9.1.2 相关政策建议

本研究的相关政策建议如下:

第一,全国社会保障基金应实施随经济周期轮动的战术资产配置策略。全国社会保障基金于2000年成立,成立之初利息收入占总收入的比例为100%,证券价差收入占总收入的比例为0%;而2020年,社保基金利息收入占总收入的比例降至14.1%,证券价差收入占总收入的比例升至33.91%[①]。可以看出,社保基金的投资范围不断扩大,经历了从比较保守的投资策略到不断增配风险资产的过程。随着我国金融市场的完善,全国社会保障基金的投资渠道将更加丰富。按照本研究的结论,如果从风险收益最大化的角度对新增资产进行配置,在复苏阶段,应加大对股票类资产的投资;在繁荣阶段,中国股市的收益通常也高,但市场波动性大,社保基金可以搭中国股市的"顺风车"行情,应在控制风险的情况下,适当进行股票资产的投资;在衰退阶段,应控制风险,资产配置以银行存款为主;在萧条阶段,应加大对债券类资产的投资。

第二,全国社会保障基金理事会应加强精细化管理,基金要取得高于市场平均水平的超额收益,需要对各个基本环节进行精细化管理。为了完成5~10年的战略资产配置计划,社保基金应在分析宏观经济形势及金融市场风险收益状况的基础上,在确保安全的前提下制定并实施年度战术资产配置计划及季度配置计划,适度地调整大类资产及风格资产的配置范围及比例阈值。并且,全国社保基金投资的重大决策是由社保理事大会审定的,理事大会通常一年召开一次,这不利于提高理事大会的决策水平,建议能充实社保基金会理事,增加专业工作者,内设精干的内部工作机构,每季度召开例会。此外,社保基金应加强技术手段及信息保障水平建设。当前,金融市场在不断发展,信息技术水平在不断进步,全国社会保障基金理事会除采取传统决策手段外,还可以使用量化投资技术、云计算技术、大数据技术等工具作为辅助手段,对全国社会保障基金

---

① 全国社会保障基金理事会社保基金年度报告(2000年度,2020年度)[EB/OL]. [2023-02-10]. http://www.ssf.gov.cn/portal/index.htm.

的资产配置提供技术支持,使社保基金达到保值增值的目标。此外,社保基金还应扩大基金投资渠道,拓宽境外投资范围。如果能将全国社会保障基金的境外投资渠道拓宽,则可以利用国内外经济周期的差异和资本市场波动的差异,规避风险,提高资产收益率。并且如果时机成熟,可将投资范围扩大到境外股权投资和投资基金投资。最后,全国社会保障基金应适当加大对不动产、股权等另类资产的投资比重。不动产和股权资产可以提供更高的长期回报率,有助于锁定长期收益和降低波动风险。

第三,随着老龄化进程的加速,我国养老保险体系面临支付压力。养老保险双轨制并轨后,养老保险的公平性问题逐步得到解决,但养老保险的历史空账问题仍是养老改革必须面对的难题。对于历史空账,理应由国有资本来补偿,本研究提出将国有资本净收入逐年划拨至社保部门(全国社会保障基金)账户是空账问题的一个较为温和的解决办法。此外,还可以采取类似智利的"认可债券"的办法解决历史空账问题。智利在没有办法动用国有资产来补偿空账的情况下,发行了国家认可债券。认可债券的意思是政府承认职工的历史空账,但一时无法补偿,先预付一定数量的政府债券,到法定退休年龄时,职工到财政部兑现。并且,这种债券不按基金投资回报率计息,而是按每年弥补物价上涨后的4%的固定利率计算。最后,应拓宽全国社会保障基金的资金来源渠道。当前,环境污染成为影响我国人民健康状况的一个重要因素,碳排放交易也在各地开展起来,所以建议从碳排放交易的拍卖费用中上缴一定比例资金至全国社会保障基金账户,来应对职工退休后因空气污染而导致身体健康方面的疾病。

第四,全国社会保障基金应加大对ESG投资的重视程度,加大另类资产配置比例。全球范围内,越来越多的养老基金开始了ESG投资的尝试和实践。ESG投资与社保基金长期投资和责任投资属性相契合,可以帮助基金建立长期应对气候变化和其他ESG相关风险的能力,并形成可操作的ESG评打分体系和对投资标的的对话影响力。社保基金应当将气候变化、环境、社会责任、公司治理等ESG热点问题纳入投资策略和估值评价体系,以建立长期应对气候变化投资风险的能力。此外,社保基金应加大PE、VC的投资比例,通过对高风险资产的选取和参与,提高社保基金投资组合的总体回报。社保基金可以通过参与PE的方式,大力扶持和投资我国优质企业,为企业提供长期发展的资本支持,提高企业的市场竞争力,进一步助推我国经济的发展。社保基金可以通过参与

VC的方式,大力支持科技创新和新兴产业的发展,提高我国经济发展的活力和竞争力。并且,社保基金在加大PE、VC的投资比例的同时,应注意进行科学而严格的风险评估和风险管理,制定科学合理的退出机制。

9.2 研究的创新点

本研究可能的创新点如下:

(1)本研究从多个角度较为系统地对全国社会保障基金的战术资产配置进行研究。本研究将社保基金可投资的6种大类资产细分为10种风格资产,研究其资产的战术配置。使用月度宏观经济数据将我国宏观经济状态划分为复苏阶段、繁荣阶段、衰退阶段和萧条阶段,并使用Probit模型对划分结果进行检验。本研究从经济视角出发,使用经典的均值方差模型分别对社保基金的大类资产和风格资产进行战术配置,经过研究发现采用从经济周期视角出发的策略对社保基金进行资产配置可以大幅提高社保基金的累计收益率,但是使用均值方差模型进行资产配置时,容易出现模型对输入参数过于敏感的问题,导致该方法的资产配置方案难以在实际资产配置中加以应用。本研究使用了三种方法来解决这一问题,这三种方法分别是Resample投资组合方法、Robust投资组合方法及Black-Litterman模型方法。

(2)本研究使用再平衡资产配置策略来设置Black-Litterman模型中投资者的观点向量和信心水平。再平衡资产配置策略的含义是当资产价格高于该种经济状态下的长期均衡价格时,投资者就降低该种资产的组合权重;而当资产价格低于该种经济状态下的长期均衡价格时,就提高该种资产的组合权重。使用这种方法来设置模型参数,既能提高资产的组合收益,还能有效控制风险。

(3)本研究在人口增长率可变的情况下,探讨国有资本净收入对社保账户的最优划拨率,改进了杨俊、龚六堂(2008)在人口增长率固定不变的情况下,研究国有资本净收入对社保账户的最优划拨率。

9.3 关于进一步研究的建议

（1）本研究在对比不同方法对全国社会保障基金资产配置的累计收益率时，假设投资者是理性的经济人，并且不考虑交易成本和交易量对金融市场的冲击，这样的研究假设过于理想化。进一步研究，可逐渐放松这些假设条件。

（2）金融市场在不断变化，全国社会保障基金的战略资产配置思路也在不断改进，而且几乎每一年国务院及监管部门都会以"通知"和"函"的形式来微调社保基金的投资范围和比例。本研究在《暂行办法》的战略框架下对资产的战术配置进行研究，因为社保基金的大部分投资回报仍然来自《暂行办法》中规定的资产类别的投资收益。因此，倘若今后基金的资产配置结构发生比较大的变化，则需要增加一些资产，改变一些约束条件。

（3）Black-Litterman 模型是非常实用的模型，模型中可以加入投资者的观点。由于我国缺乏专业投资者关于市场看法的数据库，模型优良的属性无法体现出来。但是对全国社会保障基金理事会而言，因其有强大的管理团队和专家队伍，而管理团队对资本市场的理解和判断具有专业水准，所以理事会可以使用 Black-Litterman 模型作资产战术配置的工具。

主要参考文献

[1] Acerbi C, Tasche D. On the coherence of expected shortfall [J]. Journal of Banking & Finance, 2002, 26(7): 1487-1503.

[2] Anderson, E W, Hansen, L P, Sargent, T J. A quartet of semi-groups for model specification, detection, robustness, and the price of risk [J]. Journal of the European Economic Association, 2003, 1:68-123.

[3] Artzner P, Delbaen F, Eber J M, et al. Coherent measures of risk [J]. Mathematical Finance, 1999, 9(3): 203-228.

[4] Bachelier L. Théorie de la spéculation [C]. Annales scientifiques de l'École normale supérieure. Societe Mathematique de France, 1900, 17: 21-86.

[5] Bachelier L. Théorie de la spéculation [C]. Annales scientifiques de l'école normale supérieure, 1900, 17: 21-86.

[6] Barberis N. Investing for the long run when returns are predictable [J]. The Journal of Finance, 2000, 55(1): 225-264.

[7] Basak G K, Jagannathan R, Ma T. Jackknife estimator for tracking error variance of optimal portfolios [J]. Management Science, 2009, 55(6): 990-1002.

[8] Basak S, Shapiro A. Value-at-risk-based risk management: optimal policies and asset prices [J]. Review of Financial Studies, 2001, 14(2): 371-405.

[9] Bawa V S, Lindenberg E B. Capital market equilibrium in a mean-lower partial moment framework [J]. Journal of Financial Economics, 1977, 5(2): 189-200.

[10] Beach S L, Orlov A G. An application of the Black-Litterman model with EGARCH-M-derived views for international portfolio management[J]. Financial Markets and Portfolio Management, 2007, 21(2): 147-166.

[11] Beder T S. VAR: Seductive but dangerous[J]. Financial Analysts Journal, 1995, 51(5): 12-24.

[12] Ben-Tal A, Nemirovski A. Robust convex optimization[J]. Mathematics of Operations Research, 1998, 23(4): 769-805.

[13] Ben-Tal A, Nemirovski A. Robust solutions of uncertain linear programs[J]. Operations Research letters, 1999, 25(1): 1-13.

[14] Best M J, Grauer R R. The analytics of sensitivity analysis for mean-variance portfolio problems[J]. International Review of Financial Analysis, 1992, 1(1): 17-37.

[15] Bevan A, Winkelmann K. Using the Black-Litterman global asset allocation model: three years of practical experience[J]. Fixed Income Research, 1998: 1-19.

[16] Bickel P J, Freedman D A. Some asymptotic theory for the bootstrap[J]. The Annals of Statistics, 1981, 9(6): 1196-1217.

[17] Black F, Litterman R B. Asset allocation: combining investor views with market equilibrium[J]. The Journal of Fixed Income, 1991, 1(2): 7-18.

[18] Black F, Litterman R. Global portfolio optimization[J]. Financial Analysts Journal, 1992, 48(5): 28-43.

[19] Bogentoft E, Romeijn H E, Uryasev S. Asset/liability management for pension funds using CVaR constraints[J]. The Journal of Risk Finance, 2001, 3(1): 57-71.

[20] Brandt M W. Estimating portfolio and consumption choice: A conditional Euler equations approach[J]. The Journal of Finance, 1999, 54(5): 1609-1645.

[21] Brennan M J, Schwartz E S, Lagnado R. Strategic asset allocation[J]. Journal of Economic Dynamics and Control, 1997, 21(8): 1377-1403.

[22] Brière M, Drut B, Mignon V, et al. Is the market portfolio efficient? A new test of mean-variance efficiency when all assets are risky[J]. Finance, 2013,

34(1): 7 - 41.

[23] Brillinger D R. The asymptotic behaviour of Tukey's general method of setting approximate confidence limits (the jackknife) when applied to maximum likelihood estimates [J]. Revue de l'Institut International de Statistique, 1964 (32): 202 - 206.

[24] Brocato J, Steed S. Optimal asset allocation over the business cycle [J]. Financial Review, 1998, 33(3): 129 - 148.

[25] Brooks R. Asset-market effects of the baby boom and social-security reform [J]. The American Economic Review, 2002, 92(2): 402 - 406.

[26] Campbell J Y, Cocco J, Gomes F, et al. Stock market mean reversion and the optimal equity allocation of a long-lived investor [J]. European Finance Review, 2001, 5(3): 269 - 292.

[27] Campbell J Y. Asset prices, consumption, and the business cycle [J]. Handbook of Macroeconomics, 1999, 1: 1231 - 1303.

[28] Campbell R, Huisman R, Koedijk K. Optiml portfolio selection in a value-at-risk framework[J]. Journal of Banking & Finance, 2001, 25(9): 1789 - 1804.

[29] Ceria S, Stubbs R A. Incorporating estimation errors into portfolio selection: Robust portfolio construction [M]. Springer International Publishing, 2016.

[30] Charnes A, Cooper W W. Chance-constrained programming [J]. Management Science, 1959, 6(1): 73 - 79.

[31] Chen Y C. Portfolio resampling on various financial models[D]. University of California, Los Angeles, 2013.

[32] Chen Z, Epstein L. Ambiguity, risk, and asset returns in continuous time[J]. Econometrica, 2002, 70(4): 1403 - 1443.

[33] Chopra V K, Ziemba W T. The effect of errors in means, variances, and covariances on optimal portfolio choice[J]. The Kelly Capital Growth Investment Criterion: Theory and Practice, 2011, 3: 249.

[34] Chou P, Zhou G. Using bootstrap to test portfolio efficiency [J]. Annals of Economics and Finance, 2006, 7(2): 217.

[35] Cserna B. Elasticity of variance and jackknife estimation of short-term interest rates [J]. Review of Business, 2010, 31(1): 34.

[36] Delcourt F, Petitjean M. To what extent is resampling useful in portfolio management? [J]. Applied Economics Letters, 2011, 18(3): 239-244.

[37] Diamond, P A. National debt in a neoclassical growth model [J]. American Economic Review 1977(60): 1126-1150.

[38] Drobetz W. How to avoid the pitfalls in portfolio optimization? Putting the Black-Litterman approach at work [J]. Financial Markets and Portfolio Management, 2001, 15(1): 59-75.

[39] Durbin J. A note on the application of Quenouille's method of bias reduction to the estimation of ratios [J]. Biometrika, 1959, 46(3-4): 477-480.

[40] Efron B. Bootstrap methods: Another look at the jackknife [J]. The Annals of Statistics, 1978(6): 1-26.

[41] Epstein L G, Zin S E. Substitution, risk aversion, and the temporal behavior of consumption and asset returns: A theoretical framework [J]. Econometrica: Journal of the Econometric Society, 1989: 937-969.

[42] Fabozzi F J, Focardi S M, Kolm P N. Incorporating trading strategies in the Black-Litterman framework [J]. The Journal of Trading, 2006, 1(2): 28-37.

[43] Fama E F, Malkiel B G. Efficient capital markets: A review of theory and empirical work[J]. The Journal of Finance, 1970, 25(2): 383-417.

[44] Fama E F, French K R. Business conditions and expected returns on stocks and bonds[J]. Journal of Financial Economics, 1989, 25(1): 23-49.

[45] Fischer S. Capital accumulation on the transition path in a monetary optimizing model [J]. Econometeica, 1979(47):1433-1439.

[46] Fletcher J, Hillier J. An examination of resampled portfolio efficiency [J]. Financial Analysts Journal, 2001, 57(5): 66-74.

[47] Font B. Bootstrap estimation of the efficient frontier[J]. Computational Management Science, 2016, 13(4): 541-570.

[48] Forsyth P A, Vetzal K R. Robust asset allocation for long-term target-based investing [R]. Working Paper, Cheriton School of Computer Science, University of Waterloo, 2016.

[49] Frahm G. A theoretical foundation of portfolio resampling[J]. Theory and Decision, 2015, 79(1): 107-132.

[50] Friedman M. The Role of Monetary Policy [J]. American Economic Review,1968(58):1-17.

[51] Füss R, Miebs F, Trübenbach F. A jackknife-type estimator for portfolio revision [J]. Journal of Banking & Finance, 2014, 43: 14-28.

[52] Garlappi, L, Uppal, R, Wang, T. Portfolio selection with parameter and model uncer tainty: A multi-prior approach[J]. Review of Financial Studies, 2007, 20(1):41-81.

[53] Giacometti R, Bertocchi M, Rachev S T, et al. Stable distributions in the Black-Litterman approach to asset allocation[J]. Quantitative Finance, 2007, 7(4): 423-433.

[54] Grossman S J, Shiller R J. The Determinants of the Variability of Stock Market Prices[J]. The American Economic Review, 1981, 71(2): 222-227.

[55] Grossman S J, Stiglitz J E. On the impossibility of informationally efficient markets[J]. The American Economic Review, 1980, 70(3): 393-408.

[56] Gutierrez L. Bootstrapping asset price bubbles[J]. Economic Modelling, 2011, 28(6): 2488-2493.

[57] Hansen, L P, Sargent, T J. Robust control andmodel uncertainty[J]. American Economic Review, 2001(91): 60-66.

[58] Hansen, L P, Sargent, T J. Discounted linear exponential quadratic gaussian control [J]. IEEE Transactions on Automatic Control, 1995, 40: 968-971.

[59] He G, Litterman R. The Intuition Behind Black-Litterman Model Portfolios[J]. SSRN Working Paper Series, 2002.

[60] Hendricks D. Evaluation of value-at-risk models using historical data (digest summary) [J]. Economic Policy Review Federal Reserve Bank of New York, 1996, 2(1): 39-67.

[61] He P W, Grant A, Fabre J. Economic value of analyst recommendations in Australia: an application of the Black-Litterman asset allocation model[J]. Accounting & Finance, 2013, 53(2): 441-470.

［62］Herath H S B, Kumar P. The jackknife estimator for estimating volatility of a stock［J］. Corporate Finance Review, 2002, 7(3): 13.

［63］Herold U, Maurer R. Portfolio choice and estimation risk. A comparison of Bayesian to heuristic approaches［J］. ASTIN Bulletin: The Journal of the IAA, 2006, 36(1): 135 – 160.

［64］Hogan W W, Warren J M. Toward the development of an equilibrium capital-market model based on semivariance［J］. Journal of Financial and Quantitative Analysis, 1974, 9(1): 1 – 11.

［65］Horowitz J L. Bootstrap methods in econometrics: theory and numerical performance［J］. Econometric Society Monographs, 1997, 28: 188 – 222.

［66］Hong Vo D. Portfolio optimization and diversification in China: policy implications for Vietnam and other emerging markets［J］. Emerging Markets Finance and Trade, 2021, 57(1): 223 – 238.

［67］Huang R, Qu S, Yang X, et al. Multi-stage distributionally robust optimization with risk aversion［J］. Journal of Industrial and Management Optimization, 2020, 17(1): 233 – 259.

［68］Idzorek T M. A step-by-step guide through the Black-Litterman model, incorporating user specified confidence levels［J］. Chicago: Ibbotson Associates, 2005: 1 – 32.

［69］Idzorek T M. A step-by-step guide to the Black-Litterman model［J］. Forecasting Expected Returns in the Financial Markets, 2002: 17.

［70］Ilmanen A. Stock-bond correlations［J］. The Journal of Fixed Income, 2003, 13(2): 55 – 66.

［71］Israelsen C. A refinement to the Sharpe ratio and information ratio［J］. Journal of Asset Management, 2005, 5(6): 423 – 427.

［72］Jana P, Roy T K, Mazumder S K. Multi-objective possibilistic model for portfolio selection with transaction cost［J］. Journal of Computational and Applied Mathematics, 2009, 228(1): 188 – 196.

［73］Jorion P. Value at risk: The new benchmark for measuring financial risk［M］. New York: TheMcGraw-Hill Companies, Inc, 1997.

［74］Kallberg J G, Ziemba W T. Comparison of alternative utility functions in portfolio selection problems[J]. Management Science, 1983, 29(11): 1257 - 1276.

[75] Kandel S, Stambaugh R F. Expectations and volatility of consumption and asset returns[J]. Review of Financial Studies, 1990, 3(2): 207 - 232.

[76] Kashima H. An improvement of the parameter certainty equivalence method in portfolio selection[J]. Asia-Pacific Financial Markets, 2001, 8(1): 35 - 43.

[77] Keim D B. Size-related anomalies and stock return seasonality: Further empirical evidence[J]. Journal of Financial Economics, 1983, 12(1): 13 - 32.

[78] Kendall M G, Hill A B. The analysis of economic time-series-part I: prices[J]. Journal of the Royal Statistical Society. Series A (General), 1953, 116(1): 11 - 34.

[79] Koch W. Consistent Return Estimates In The Asset Allocation Process: The Black-Litterman Approach [EB/OL]. (2023-2-19). http://www.globalriskguard.com/resources/assetman/blach-litterman.pdf.

[80] Kohli J. An empirical analysis of resampled efficiency[D]. Worcester Polytechnic Institute, 2005.

[81] Kolm P, Ritter G. On the Bayesian interpretation of Black-Litterman[J]. European Journal of Operational Research, 2017, 258(2): 564 - 572.

[82] Kubler F, Schmedders K. Life-cycle portfolio choice, the wealth distribution and asset prices[R]. Swiss Finance Institute Research Paper, 2015:10 - 21.

[83] Lee W. Theory and Methodology of Tactical Asset Allocation[M]. John Wiley &Sons, 2000:171 - 182.

[84] Lejeune M A. A VaR Black-Litterman model for the construction of absolute return fund-of-funds[J]. Quantitative Finance, 2011, 11(10): 1489 - 1501.

[85] Levin A., Williams, J C. Robust Monetary Policy with Competing Reference Models[J]. Journal of Monetary Economics, 2003(50):945 - 975.

[86] Litterman B. Modern investment management: an equilibrium approach[M]. John Wiley & Sons, 2004.

[87] Louton D, McCarthy J, Rush S, et al. Tactical asset allocation for US pension investors: How tactical should the plan be? [J]. Journal of Asset Management, 2015, 16: 427 –436.

[88] Lucas Jr R E. Asset prices in an exchange economy [J]. Econometrica: Journal of the Econometric Society, 1978: 1429 –1445.

[89] Lucas Jr R E. Expectations and the neutrality of money [J]. Journal of economic theory, 1972, 4(2): 103 –124.

[90] Lynch M. The Investment Clock [R]. Special Report, 2004.

[91] Mandelbrot B. Forecasts of future prices, unbiased markets, and "martingale" models [J]. The Journal of Business, 1966, 39(1): 242 –255.

[92] Mankert C. The Black-Litterman Model: mathematical and behavioral finance approaches towards its use in practice [D]. Royal Institute of Technology: Industrial Engineering and Management, 2006.

[93] Mankiw N G. Small Menu Cost and large Business Cycles: a Macroeconomic Model of Monopoly [J]. Quarterly Journal of Economic, 1985 (100):529 –539.

[94] Markowitz H. Portfolio Selection, Efficent Diversification of Investments [M]. J. Wiley, 1959.

[95] Markowitz H. Portfolio selection [J]. Journal of Finance, 1952, 7:77 –91.

[96] Martellini L, Ziemann V. Extending Black-Litterman analysis beyond the mean-variance framework [J]. Journal of Portfolio Management, 2007, 33(4): 33.

[97] McKay R, Keefer T E. VaR is a dangerous technique [J]. Corporate Finance Searching for Systems Integration Supplement. Sep, 1996: 30.

[98] McQueen G, Roley V V. Stock prices, news, and business conditions [J]. Review of financial studies, 1993, 6(3): 683 –707.

[99] Mehra R, Prescott E C. The equity premium: A puzzle [J]. Journal of Monetary Economics, 1985, 15(2): 145 –161.

[100] Merton R C. An intertemporal capital asset pricing model [J]. Econometrica: Journal of the Econometric Society, 1973, 41(5): 867 –887.

[101] Merton R C. Lifetime portfolio selection under uncertainty: The

continuous-time case[J]. The Review of Economics and Statistics, 1969, 51(3): 247 – 257.

[102] Merton R C. Optimum consumption and portfolio rules in a continuous-time model[J]. Journal of Economic Theory, 1971, 3(4): 373 – 413.

[103] Meucci A. Beyond Black-Litterman in practice: A five-step recipe to input views on non-normal markets [EB/OL]. [2023-01-26]. http://ssrn.com/abstract = 872577.

[104] Michaud R O. The Markowitz optimization enigma: is'optimized'optimal? [J]. Financial Analysts Journal, 1989, 45(1): 31 – 42.

[105] Miles D, Černý A. Risk, return and portfolio allocation under alternative pension systems with incomplete and imperfect financial markets [J]. The Economic Journal, 2006, 116(511): 529 – 557.

[106] Miller R G. A trustworthy jackknife[J]. The Annals of Mathematical Statistics, 1964, 35(4): 1594 – 1605.

[107] Miller R G. An unbalanced jackknife[J]. The Annals of Statistics, 1974, 2(5): 880 – 891.

[108] Modigliani F, Ando A. The life cycle hypothesis of saving: aggregated implication and tests [J]. American Economic Review, 1963, 53(3):55 – 84.

[109] Munk C, Sørensen C. Optimal consumption and investment strategies with stochastic interest rates [J]. Journal of Banking & Finance, 2004, 28(8): 1987 – 2013.

[110] Ohlson J A, Ziemba W T. Portfolio selection in a lognormal market when the investor has a power utility function [J]. Journal of Financial and Quantitative Analysis, 1976, 11(01): 57 – 71.

[111] Onatski A, Stock, J H. Robust monetary policy under model uncertainty in a small model of the U S [J]. Economy Macroeconomic Dynamics, 2002(6):85 – 110.

[112] Osborne M F M. Brownian motion in the stock market [J]. Operations Research, 1959, 7(2): 145 – 173.

[113] Jorion P. Value at Risk[M]. 3th ed. New York:McGraw-Hill, 2007.

[114] Palczewski A, Palczewski J. Black-Litterman model for continuous

distributions[J]. European Journal of Operational Research, 2019, 273(2): 708 - 720.

[115] Partani A, Morton D P, Popova I. Jackknife estimators for reducing bias in asset allocation[C] Proceedings of the 38th Conference on Winter Simulation. Winter Simulation Conference, 2006: 783 - 791.

[116] Persson M. Estimation Risk and Portfolio Selection in the Lower Partial Moment[R] Working Paper, Department of Economics, Lund University, 2000.

[117] Pflug G C. Some remarks on the value-at-risk and the conditional value-at-risk[J]. Probabilistic constrained optimization: Methodology and Applications, 2000: 272 - 281.

[118] Porter R B. A comparison of stochastic dominance and stochastic programming [J]. Omega, 1974, 2(1): 105 - 117.

[119] Pratt J W, Risk-aversion in the small and in the large [J]. Econometrica, 1964, 32:122 - 136

[120] Quenouille M H. Approximate tests of correlation in time-series 3[C]. Mathematical Proceedings of the Cambridge Philosophical Society. Cambridge University Press, 1949, 45(3): 483 - 484.

[121] Reinganum M R. The anomalous stock market behavior of small firms in January: Empirical tests for tax-loss selling effects [J]. Journal of Financial Economics, 1983, 12(1): 89 - 104.

[122] Rishel R. Optimal portfolio management with partial observations and power utility function [M]. Stochastic analysis, control, optimization and applications. Birkhäuser Boston, 1999: 605 - 619.

[123] Ritter J R. The buying and selling behavior of individual investors at the turn of the year[J]. The Journal of Finance, 1988, 43(3): 701 - 717.

[124] Roberts H V. Statistical versus clinical prediction of the stock market [M]. Unpublished manuscript, Chicago: University of Chicago, 1967.

[125] Rockafellar R T, Uryasev S. Conditional value-at-risk for general loss distributions [J]. Journal of Banking & Finance, 2002, 26(7): 1443 - 1471.

[126] Rockafellar R T, Uryasev S. Optimization of conditional value-at-risk [J]. Journal of Fisk, 2000, 2: 21 - 42.

[127] Roll R. On computing mean returns and the small firm premium [J]. Journal of Financial Economics, 1983, 12(3): 371-386.

[128] Roy A D. Safety-First and The Holding of Assets [J], Econometrics, 1952(20), 431-449.

[129] Sahamkhadam M, Stephan A, Östermark R. Copula-based Black-Litterman portfolio optimization [J]. European Journal of Operational Research, 2022, 297(3): 1055-1070.

[130] Samuelson P A. Proof that properly anticipated prices fluctuate randomly [J]. Industrial Management Review, 1965, 6(2):41-49.

[131] Samuelson, P A. An exact consumption loan model of internet with or without the social contrivance of money [J]. Journal of Political Economy, 1958(66):467-482.

[132] Samuelson, P A. Optimum Social Security in a Life-Cycle Growth Model [J]. International Economic Review, 1975(16):539-544.

[133] Satchell S, Scowcroft A. A demystification of the Black-Litterman model: Managing quantitative and traditional portfolio construction [J]. Journal of Asset Management, 2000, 1(2): 138-150.

[134] Scherer B. Resampled Efficency and Portfolio Choice [J]. Financial Markets and Portfolio Management, 2004, 18(4): 382-398.

[135] Schroder M, Skiadas C. Optimal consumption and portfolio selection with stochastic differential utility [J]. Journal of Economic Theory, 1999, 89(1): 68-126.

[136] Siegel, J. Does it pay stock investors to forecast the business cycle? [J]. Journal of Portfolio Management, 1991(18):27-34.

[137] Sharpe, William F. Mutual fund performance [J]. The Journal of Business, 1966, 39(1): 119-138.

[138] Shen W, Wang J. Portfolio selection via subset resampling [C]. Thirty-First AAAI Conference on Artificial Intelligence, 2017.

[139] Shiller R J. Do stock prices move too much to be justified by subsequent changes in dividends?: Reply [J]. American Economic Review, 1983, 73(1): 236-237.

[140] Shin J, Coh B Y, Lee C. Robust future-oriented technology portfolios: Black-Litterman approach [J]. R&D Management, 2013, 43(5): 409-419.

[141] Singh K. On the asymptotic accuracy of Efron's bootstrap [J]. The Annals of Statistics, 1981: 1187-1195.

[142] Soyster, A. L. Convex programming with set-inclusive constraints and appplications to inexact linear programming [J]. Operational Research, 1973(21): 1154-1157.

[143] Strongin S, Petsch M. Asset returns and the economic environment [R]. Goldman Sachs Research Report, 1996.

[144] Topaloglou N, Vladimirou H, Zenios S A. CVaR models with selective hedging for international asset allocation [J]. Journal of Banking & Finance, 2002, 26(7): 1535-1561.

[145] Tsagkanos A. The bootstrap maximum likelihood estimator: the case of logit [J]. Applied Financial Economics Letters, 2008, 4(3): 209-212.

[146] Tukey J W. Bias and confidence in not-quite large samples [J]. Annals of Mathematical Statistics, 1958, 29(2): 614-614.

[147] Turnovsky S J. Optimal tax, debt, and expenditure policies in a growing economy [J]. Journal of Public Economics, 1996, 60(1): 21-44.

[148] Zarnowitz V. Business cycles and growth [M]. Chicago: University of Chicago Press, 1992.

[149] Whitelaw R F. Time variations and covariations in the expectation and volatility of stock market returns [J]. The Journal of Finance, 1994, 49(2): 515-541.

[150] Zenti R, Pallotta M. Risk analysis for asset managers: Historical simulation, the bootstrap approach and value at risk calculation [C]. EFMA 2001 Lugano Meetings. 2000.

[151] Zhu M. Jackknife for bias reduction in predictive regressions [J]. Journal of Financial Econometrics, 2013, 11(1): 193-220.

[152] 保罗·萨缪尔森,威廉·诺德豪斯著,萧琛,主译. 经济学 [M]. 18版. 北京:人民邮电出版社,2011.

[153] 蔡基栋. 积极型投资管理理论与策略的适用性:来自中国股票市场

的证据[D].武汉:武汉大学,2010.

[154] 陈婷,熊军,赵杨.经济周期与养老基金战术资产配置研究[J].生产力研究,2011(6):24-26.

[155] 陈婷.中国社会保障基金参与上市公司治理研究[D].北京:北京交通大学,2011.

[156] 陈玉罡,钟姿华,许红梅,等.基于非零超额收益假设的基金优选研究[J].管理科学学报,2023,26(03):136-158.

[157] 陈旭,刘勇.对我国股票市场有效性的实证分析及政策建议[J].投资研究,1999(3):32-36.

[158] 陈志斌.对冲基金流动性风险的计量与应用研究[D].上海:同济大学,2008.

[159] 陈王,马锋,魏宇,等.高频视角下中国股市动态VaR预测模型研究[J].运筹与管理,2020,29(2):184-194.

[160] 迟国泰,奚扬,姜大治,等.基于VaR约束的银行资产负债管理优化模型[J].大连理工大学学报,2002,42(6):750-758.

[161] 迟国泰,向俊.基于CVaR和改进熵的全贷款组合优化模型[J].系统管理学报,2020,29(3):452-463.

[162] 戴国强,徐龙炳,陆蓉.VaR方法对我国金融风险管理的借鉴及应用[J].金融研究,2000(7):45-51.

[163] 戴相龙.戴相龙社保基金投资文集[M].北京:中国金融出版社,2013.

[164] 董克用,姚余栋.中国养老金融发展报告(2022)[M].北京:社会科学文献出版社,2022.

[165] 段倩倩,彭春,李金林.基于鲁棒二阶随机占优的投资组合优化模型研究[J].运筹与管理,2022,31(8):64-69.

[166] 高鸿桢.我国各地区农民收入差异实证研究[J].厦门大学学报(哲学社会科学版),1995(2):27-32.

[167] 高全胜,李选举.基于CVaR的投资组合对资产变化的敏感性分析[J].数量经济技术经济研究,2005(6):88-94.

[168] 高铁梅,陈磊,王金明,等.经济周期波动分析与预测方法[M].2版.北京:清华大学出版社,2015.

[169] 高铁梅,李颖,梁云芳.2009年中国经济增长率周期波动呈U型走势:利用景气指数和Probit模型的分析和预测[J].数量经济技术经济研究,2009(6):3-14.

[170] 郜哲.基于投资时钟原理的中国大类资产配置研究与实证[J].河北经贸大学学报,2015(3):49-54.

[171] 国务院关于建立统一的企业职工基本养老保险制度的决定[EB/OL].[2023-01-18].http://www.pbc.gov.cn/rhwg/971302f1.htm.

[172] 黄金波,李仲飞,姚海祥.基于CVaR两步核估计量的投资组合管理[J].管理科学学报,2016,19(5):114-126.

[173] 黄金波,吴莉莉,尤亦玲.非对称Laplace分布下的均值-VaR模型[J].中国管理科学,2022,30(5):31-40.

[174] 靳云汇,于存高.中国股票市场与国民经济关系的实证研究(上)[J].金融研究,1998(3):40-45.

[175]《境内证券市场转持部分国有股充实社保基金实施办法》[EB/OL].[2023-4-25].https://www.gov.cn/gongbao/content/2017/content_5241911.htm.

[176] 李培培.一类回报率不确定的证券组合投资策略[J].广西民族大学学报(哲学社会科学版),2008(S1):52-54.

[177] 李选举,高全胜.交易费用和CVaR风险测度下的稳健投资组合[J].数量经济技术经济研究,2004(8):85-90.

[178] 李迅雷谈楼市限购和股市限售:政策要顺应变化[EB/OL].[2023-2-15].https://finance.ifeng.com/a/20161008/14922841_0.shtml.

[179] 廖理,刘碧波,郦金梁.道德风险、信息发现与市场有效性:来自于股权分置改革的证据[J].金融研究,2008(4):146-160.

[180] 林辉,何建敏.VaR在投资组合应用中存在的缺陷与CVaR模型[J].财贸经济,2003(12):46-49.

[181] 刘俊山.基于风险测度理论的VaR与CVaR的比较研究[J].数量经济技术经济研究,2007(3):125-133.

[182] 刘树成.新中国经济增长60年曲线的回顾与展望:兼论新一轮经济周期[J].经济学动态,2009(10):3-10.

[183] 刘小茂,李楚霖,王建华.风险资产组合的均值-CVaR有效前沿(Ⅰ)[J].管理工程学报,2003(1):29-34.

[184] 庞杰. Black-litterman 模型下行业资产配置:结合投资者情绪指数[J]. 科研管理,2021(6):17-24.

[185]《全国社会保障基金条例》[EB/OL].[2023-2-15]. http://www.ssf.gov.cn/portal/zcfg/zcfg/webinfo/2021/12/1640743468892417.htm.

[186]《全国社会保障基金理事会章程》[EB/OL].[2023-2-18]. http://www.ssf.gov.cn/portal/rootfiles/2022/10/25/1668325969848761-1668325969855352.pdf.

[187] 邱宜干. 我国股市是否达到弱式有效[J]. 东南学术,2001(1):46-53.

[188] 开局首季问大势[N]. 人民日报,2016-5-9 头版.

[189] 尚煜,许文浩. 基于经济周期的股票市场行业资产配置研究[J]. 经济问题,2020(3):25-34.

[190] 宋颂兴,金伟根. 上海股市市场有效性实证研究[J]. 经济学家,1995(4):107-113.

[191] 苏民,逯宇铎. 基于经济周期框架下的资产配置模型:对美林投资钟模型的修正和补充[J]. 上海管理科学,2011(2):11-14.

[192] 万解秋,贝政新,黄晓平,等. 社会保障基金投资运营研究[M]. 北京:中国金融出版社,2003.

[193] 王光伟. 金融学概论(适合理工科背景读者)[M]. 苏州:苏州大学出版社,2008.

[194] 王小鲁,樊纲. 中国经济增长的可持续性:跨世纪的回顾与展望[M]. 北京:经济科学出版社,2000.

[195] 王月溪,王卓. 基于我国不同经济周期下基金投资策略的实证研究[J]. 哈尔滨商业大学学报(社会科学版),2012(3):3-10.

[196] 温琪. 金融市场资产选择与配置策略研究[D]. 合肥:中国科学技术大学,2011.

[197] 吴世农. 上海股票市场效率的分析与评价[J]. 投资研究,1994(8):44-47.

[198] 吴世农. 我国证券市场效率的分析[J]. 经济研究,1996(4):13-19.

[199] 吴晓求. 股权分置改革的若干理论问题:兼论全流通条件下中国资

本市场的若干新变化[J].财贸经济,2006(2):24-31,96.

[200] 项怀诚.关于全国社会保障基金的几个问题[J].中央财经大学学报,2006(1):1-7.

[201] 熊军.资产配置系列研究之五:养老基金的风格资产配置[EB/OL].[2023-2-18].http://www.ssf.gov.cn/portal/tzyj/webinfo/2009/06/1632636003221657.htm.

[202] 杨俊,龚六堂.国有资本收入对养老保险的划拨率研究[J].金融研究,2008(11):46-55.

[203] 俞乔.市场有效、周期异常与股价波动[J].经济研究,1994(9):43-50.

[204] 瞿尚薇,王斌会.投资时钟下我国经济周期的划分与资产配置[J].统计与决策,2017(17):130-133.

[205] 张兵,李晓明.中国股票市场的渐进有效性研究[J].经济研究,2003(1):54-61,87.

[206] 郑立辉.基于鲁棒控制的期权定价方法[J].管理科学学报,2000(3):60-64.

[207] 郑木清.机构投资者积极资产配置决策研究[D].上海:复旦大学,2003.

附 录

1. Black-Litterman 模型的推导

Black-Litterman 模型的核心思想是贝叶斯分析方法,通过贝叶斯分布将市场均衡和投资者观点完美地结合起来。贝叶斯基本公式为

$$p(q|\Pi) = \frac{p(\Pi|q)p(q)}{p(\Pi)}$$

式中,$p(q|\Pi)$ 表示在当前隐含收益率下投资者观点的条件密度函数;$p(q)$ 表示投资者观点的密度函数;$p(\Pi|q)$ 表示加入投资者观点后隐含收益率的条件密度函数;$p(\Pi)$ 表示当前隐含收益率的密度函数,是个常量;$p(q|\Pi)$ 是 Black-Litterman 模型的最优解。假设各项资产的预期收益均服从正态分布,即 $E(R) \sim N(\mu,\Sigma)$,μ 为市场的均衡收益,Σ 为市场均衡收益率的方差。倘若投资者具有收益率的看法,$\mu = P^T q + \varepsilon_q$,$\varepsilon_q$ 服从 $N(0,\Omega)$ 分布。所以,贝叶斯分布将市场均衡和投资者观点完美地结合在了一起。下面我们来给出 Black-Litterman 模型的具体推导过程。

假定预期收益率先验分布为 $\Pi = \lambda \Sigma W^m$,其中 λ 是风险回避系数,也可以理解为单位市场风险溢价。真实预期收益未知的情况下,从市场均衡来做估计,假定 $E(r) = \mu + \varepsilon_\pi$,$\varepsilon_\pi$ 服从 $N(0,\Sigma)$ 分布。正态分布的线性函数还是正态分布,即 $E(r) \sim N(0,\Sigma)$。假定投资者具有收益率的看法,$\mu = P^T q + \varepsilon_q$,$\varepsilon_q$ 服从 $N(0,\Omega)$ 分布。根据贝叶斯理论,后验分布也是正态分布,先验分布密度函数:

$$p(q) = \frac{k}{\sqrt{2\pi e |\Omega|}} \exp\left\{-\frac{1}{2}[q - pE(r)]^T \Omega^{-1}[q - pE(r)]\right\}$$

似然函数密度函数:

$$p(\pi|q) = \frac{k}{\sqrt{2\pi e |r\Sigma|}} \exp\left\{-\frac{1}{2}[\pi - E(r)]^T (\tau\Sigma)^{-1}[\pi - E(r)]\right\}$$

根据贝叶斯公式得:

$$p(q|\pi) \propto p(q)p(\pi|q)$$

$$\propto \exp\left\{-\frac{1}{2}[q-pE(r)]^T \Omega^{-1}[q-pE(r)] - \frac{1}{2}[\pi-E(r)]^T(\tau\Sigma)^{-1}[\pi-E(r)]\right\}$$

$$\propto \exp\left\{-\frac{1}{2}[(q-pE(r))^T \Omega^{-1}(q-pE(r)) + (\pi-E(r))^T(\tau\Sigma)^{-1}(\pi-E(r))]\right\}$$

$$\propto \exp\left\{-\frac{1}{2}[E(r)^T[p^T\Omega^{-1}p+(\tau\Sigma)^{-1}]E(r)-[q^T\Omega^{-1}p+\pi^T(\tau\Sigma)^{-1}]E(r)\right.$$

$$\left.-E(r)^T[p^T\Omega^{-1}p+(\tau\Sigma)^{-1}]\pi + q^T\Omega^{-1}q + \pi^T(\tau\Sigma)^{-1}\pi]\right\}$$

$$\propto \exp\left\{-\frac{1}{2}[HE(r)-C]^T H^{-1}[HE(r)-C]\right\}$$

$$\propto \exp\left\{-\frac{1}{2}[E(r)-H^{-1}C]^T H[E(r)-H^{-1}C]\right\}$$

式中,$H = p^T\Omega^{-1}p + (\tau\Sigma)^{-1}$,$C = p^T\Omega^{-1}q + (\tau\Sigma)^{-1}\pi$,$A = q^T\Omega^{-1}q + \pi^T(\tau\Sigma)^{-1}\pi$。用正态分布的期望作为一个预期收益率的贝叶斯估计,可得到 Black-Litterman 模型:

$$E(r) = [p^T\Omega^{-1}p + (\tau\Sigma)^{-1}]^{-1}[p^T\Omega^{-1}q + (\tau\Sigma)^{-1}\pi]$$

所以,Black-Litterman 模型本质上是贝叶斯估计。

2. 数据处理过程中的部分程序

(1) Resample 投资组合方法,使用 Excel 软件连续调用规划求解计算有效前沿的 VBA 宏程序(这些程序是 VBA 宏程序,还有 Excel 表格中单元格的设置,这里不再赘述):

```
Private Sub CommandButton1_Click( )
Range("国债").Range(Cells(1,1),Cells(100,8)).Clear
    n = Range("迭代次数")
    For i = 0 To n
        Range("给定值") = i * Range("间隔") + Range("最小值")
        SolverOk
        SolverSolve UserFinish : = True
        Range("国债").Cells(i,1) = ActiveSheet.Range("国债权重")
        Range("企业债").Cells(i,1) = ActiveSheet.Range("企业债权重")
        Range("金融债").Cells(i,1) = ActiveSheet.Range("金融债权重")
```

```
        Range("基金").Cells(i, 1) = ActiveSheet.Range("基金权重")
        Range("股票").Cells(i, 1) = ActiveSheet.Range("股票权重")
        Range("银行").Cells(i, 1) = ActiveSheet.Range("银行权重")
        Range("标准差").Cells(i, 1) = ActiveSheet.Range("组合标准差")
    Next i
End Sub
```

(2) 遍历遗传算法的 Matlab 主程序。

遍历遗传算法有相应的软件包网上可以下载,下面介绍本研究相应参数、目标函数及约束条件的设置。

```
%% 遗传算法参数设置：
maxgen = 100;                    % 进化代数
sizepop = 100;                   % 种群规模
pcross = [0.6];                  % 交叉概率
pmutation = [0.01];              % 变异概率
lenchrom = [1 1 1 1 1 1];        % 变量字串长度
bound = [0.0001 1;0.0001 1;0.0001 1;0.0001 1;0.0001 1;0.0001 1];
                                 % 变量范围
%% 遍历遗传算法的目标函数(以繁荣阶段大类资产配置为例):
function f = myobj(x)
f = (x(1) * log(x(1)))/100 -
(602943373243416051 * conj(x(2)))/14411518807585587200 -
(152546856928301583 * conj(x(3)))/2882303761517117440 -
(5158894929771772529 * conj(x(4)))/3602879701896396800 -
(36660551494815171 * conj(x(5)))/225179981368524800 -
(549430865033582367 * conj(x(6)))/2882303761517117440 -
(631479079328863491 * conj(x(1)))/14411518807585587200 +
(x(2) * log(x(2)))/100 + (x(3) * log(x(3)))/100 + (x(4) * log(x(4)))/100 +
(x(5) * log(x(5)))/100 + (x(6) * log(x(6)))/100 + (2042073 * (conj(x(2)) *
((8073429681415833 * x(1))/9223372036854775808 +
(1970790184916889 * x(2))/2305843009213693952 +
(6683753439994961 * x(3))/9223372036854775808 -
```

$(7046010600114469*x(4))/9223372036854775808 - (6641653358332737*x(5))/4611686018427387904) + $ conj$(x(1))*((2717304553306813*x(1))/2305843009213693952 + (8073429681415833*x(2))/9223372036854775808 + (7712556027101853*x(3))/9223372036854775808 - (1660012122899581*x(4))/1152921504606846976 - (2725530648242183*x(5))/1152921504606846976) - $ conj$(x(5))*((2725530648242183*x(1))/1152921504606846976 + (6641653358332737*x(2))/4611686018427387904 + (1811939507090653*x(3))/576460752303423488 - (2305713701861193*x(4))/36028797018963968 - (7376045621792849*x(5))/72057594037927936) - $ conj$(x(4))*((1660012122899581*x(1))/1152921504606846976 + (7046010600114469*x(2))/9223372036854775808 + (1128166550520681*x(3))/576460752303423488 - (3126171735784191*x(4))/72057594037927936 - (2305713701861193*x(5))/36028797018963968) + $ conj$(x(3))*((7712556027101853*x(1))/9223372036854775808 + (6683753439994961*x(2))/9223372036854775808 + (5921893686378719*x(3))/4611686018427387904 - (1128166550520681*x(4))/576460752303423488 - (1811939507090653*x(5))/576460752303423488))^(1/2))/1000000;$

%% 遍历遗传算法的非线性约束条件(以繁荣阶段大类资产配置为例):

function [c,ceq] = mycon(x)

$c(1) = -((6378576558877409*\text{conj}(x(1)))/144115188075855872 + (6090337103468849*\text{conj}(x(2)))/144115188075855872 + (7704386713550585*\text{conj}(x(3)))/144115188075855872 + (5211059896684571*\text{conj}(x(4)))/36028797018963968 + (370308600957729*\text{conj}(x(5)))/2251799813685248 + (5549806717510933*\text{conj}(x(6)))/288230376151711744) + 1.6449*((\text{conj}(x(2))*((8073429681415833*x(1))/9223372036854775808 + $

(1970790184916889 * x(2))/2305843009213693952 +
(6683753439994961 * x(3))/9223372036854775808 -
(7046010600114469 * x(4))/9223372036854775808 -
(6641653358332737 * x(5))/4611686018427387904) +
conj(x(1)) * ((2717304553306813 * x(1))/2305843009213693952 +
(8073429681415833 * x(2))/9223372036854775808 +
(7712556027101853 * x(3))/9223372036854775808 -
(1660012122899581 * x(4))/1152921504606846976 -
(2725530648242183 * x(5))/1152921504606846976) -
conj(x(5)) * ((2725530648242183 * x(1))/1152921504606846976 +
(6641653358332737 * x(2))/4611686018427387904 +
(1811939507090653 * x(3))/576460752303423488 -
(2305713701861193 * x(4))/36028797018963968 -
(7376045621792849 * x(5))/72057594037927936) -
conj(x(4)) * ((1660012122899581 * x(1))/1152921504606846976 +
(7046010600114469 * x(2))/9223372036854775808 +
(1128166550520681 * x(3))/576460752303423488 -
(3126171735784191 * x(4))/72057594037927936 -
(2305713701861193 * x(5))/36028797018963968) +
conj(x(3)) * ((7712556027101853 * x(1))/9223372036854775808 +
(6683753439994961 * x(2))/9223372036854775808 +
(5921893686378719 * x(3))/4611686018427387904 -
(1128166550520681 * x(4))/576460752303423488 -
(1811939507090653 * x(5))/576460752303423488))^(1/2)) - 0.1;

%% 遍历遗传算法非线性寻优函数(以繁荣阶段大类资产配置为例):
function ret = nonlinear(chrom,sizepop)
for i = 1:sizepop
A = [-1,0,0,0,0, -1;0,0,0,0,0, -1;0,1,1,0,0,0;0,0,0,1,1,0;
-0.044260266, -0.042260203, -0.053459922, -0.144635967, -0.164450054,
-0.01925476];
    B = [-0.5; -0.1;0.1;0.4; -0.06];

Aeq = [1,1,1,1,1,1];
Beq = [1];
xm = [0.0001,0.0001,0.0001,0.0001,0.0001,0.0001];
xM = [1,1,1,1,1,1];
    x = fmincon(@myobj,chrom(i,:)',A,B,Aeq,Beq,xm,xM,@mycon,options);
    ret(i,:) = x';
end